전산회계운용사

3급 필기

요점정리
+
모의고사
+
기출문제

김갑수, 이유진 저

멘토르스쿨

머리말

독일의 시인 괴테는
「**회계는 사람이 만들어 낸 최고의 발명이다.**」라고 말했다.
괴테가 감탄한 것도 무리는 아니다. 회계의 구조는 참으로 훌륭한 것이기 때문이다.
이 회계는 거대한 기업의 이익도 정확하게 계산할 뿐만 아니라
그 자세한 내용까지도 사진으로 찍은 것처럼 확실하게 표시해 준다.
회계에 조금이라도 관심이 있다면 이 책을 열심히 공부해 보라.

본서는 전산회계운용사 3급 필기 검정을 준비하는 분들을 위하여 다음과 같이 구성하였습니다.

•과거에는 계산문제가 많이 출제되었으나, 최근출제 경향에 맞추어 이론문제 및 분개문제를 강화하였습니다.
•이 한권의 문제집으로 검정최종마무리를 할 수 있게, 모의고사 14회와 기출문제 16회 총 30회로 구성하였습니다.
•한국채택국제회계기준(K-IFRS)을 충실히 반영하였습니다.
•[요점정리]를 간결하게 구성하였으며, [정답 및 해설]을 정확하고 명쾌하게 수록하였습니다.

본서가 대한상공회의소에서 시행되는 전산회계운용사 3급 필기 검정과, 전문계고 학생들의 필수과목인 회계원리에서 높은 점수를 희망하는 여러분께 좋은 지침서가 될 것을 확신하며 수험생여러분의 앞날에 합격의 영광이 있기를 기원합니다.

학습하는데 어려움이 없도록 구성하였으며 오류가 없도록 최선을 다했습니다만, 미처 발견하지 못한 오타나 오류는 정오표를 작성하여 http://www.mtrschool.co.kr[정오표]에 올려놓겠습니다. 부족한 부분은 수험생 여러분의 격려와 충고를 통해 계속하여 보완해 나갈 것을 약속드립니다.

끝으로 본 서적이 나올 수 있도록 많은 협조를 해주신 관계자 모든 분에게 감사드립니다.

김갑수·이유진 씀

⊙ 요점정리

⊙ 전산회계운용사 3급 기출문제

⊙ 실전모의고사

⊙ 정 답

1. 종목소개

컴퓨터의 발달로 대기업은 물론 중소기업의 전산화가 빠르게 진행되면서 ERP회계 프로그램을 이용한 회계처리가 일반화되고 있음. 〈전산회계운용사〉 검정시험은 ERP회계 정보시스템을 이용하여 각종 회계정보를 운용할 수 있는 능력을 평가하는 국가기술자격 시험임.

2. 응시자격

제한없음

3. 시험과목별 문제수 및 제한시간

등급	검정방법	시 험 과 목	문제수(항)	제한시간(분)	출제방법
1 급	필기시험	▶ 재무회계 ▶ 원가회계 ▶ 세무회계	20 20 20	80	객관식
	실기시험	▶ 회계프로그램의 운용	5문제이내	100	작업형
2 급	필기시험	▶ 재무회계 ▶ 원가회계	20 20	60	객관식
	실기시험	▶ 회계프로그램의 운용	5문제이내	80	작업형
3 급	필기시험	▶ 회계원리	25	40	객관식
	실기시험	▶ 회계프로그램의 운용	5문제이내	60	작업형

4. 합격결정기준

(1) 필기 : 매과목 100점 만점에 과목당 40점 이상, 평균 60점 이상
        (전산회계운용사3급은 총 25문제 중 15문제 이상 맞추면 합격입니다)
(2) 실기 : 100점 만점에 70점 이상

5. 원서접수와 합격자 발표

인터넷 대한상공회의소 자격평가사업단(http://license.korcham.net 또는 http://www.passon.co.kr)에서 합니다.

6. 전산회계운용사 2021년 검정일정표

인터넷 대한상공회의소 자격평가사업단(http://license.korcham.net 또는 http://www.passon.co.kr)에서 합니다.

7. 자격증 교부신청

인터넷 대한상공회의소 자격평가사업단(http://license.korcham.net 또는 http://www.passon.co.kr)
각 지역상공회의소에 직접 방문하여 신청 가능합니다.

1. 자산·부채·자본의 분류

1) 자 산

유동자산
- **현금 및 현금성자산** : 현금, 당좌예금, 보통예금, 현금성자산
- **매출채권 및 기타채권** : 외상매출금, 받을어음, 단기대여금, 미수금
- **기타단기금융자산** : 단기금융상품, 당기손익금융자산
- **재고자산** : 상품, 저장품(소모품), 원재료, 재공품, 반제품, 제품
- **기타유동자산** : 선급금, 선급비용, 미수수익

비유동자산
- **장기대여금 및 장기수취채권** : 장기대여금, 장기미수금
- **기타장기금융자산** : 기타포괄손익금융자산, 상각후원가금융자산
- **투자부동산**
- **유형자산** : 토지, 건물, 기계장치, 비품, 차량운반구, 건설중인자산
- **무형자산** : 영업권, 산업재산권(특허권, 실용신안권, 디자인권, 상표권), 광업권, 어업권, 저작권, 라이선스와 프랜차이즈, 컴퓨터소프트웨어, 개발비
- **기타비유동자산** : 장기선급금, 임차보증금

2) 부 채

유동부채
- **매입채무** : 외상매입금, 지급어음
- **기타단기금융부채** : 단기차입금, 미지급금, 예수금, 미지급법인세
- **충당부채** : 제품보증충당부채, 경품충당부채
- **기타유동부채** : 선수금, 미지급비용, 선수수익

비유동부채
- **비유동금융부채** : 장기차입금, 장기미지급금, 사채
- **퇴직급여부채**
- **기타비유동부채** : 장기선수금, 임대보증금

3) 자 본

- **자본금**
- **자본잉여금** : 주식발행초과금, 감자차익, 자기주식처분이익
- **자본조정**
- **기타포괄손익누계액**
- **이익잉여금**

> ■ **재무상태표의 자본표시**
> ① 납입자본 : 자본금, 주식발행초과금
> ② 이익잉여금 : 법정적립금, 임의적립금, 미처분이익잉여금
> ③ 기타자본구성요소 : 기타자본잉여금, 자본조정, 기타포괄손익누계액

4) 재무상태표 : 일정시점 재무상태(자산, 부채, 자본) 파악

5) 자산, 부채, 자본의 뜻

① 자산 : 과거의 거래나 사건의 결과로써 현재 기업실체에 의해 지배되고 미래에 경제적 효익을 창출할 것으로 기대되는 자원이다. (재화, 채권)

② 부채 : 과거의 거래나 사건의 결과로 현재 기업실체가 부담하고 있고 미래에 자원의 유출 또는 사용이 예상되는 의무이다. (채무)

③ 자본 : 기업실체의 자산총액에서 부채 총액을 차감한 잔여액 또는 순자산으로써 기업실체의 자산에 대한 소유주의 잔여청구권이다. 주주지분 또는 자기자본이라고도 한다.

■ 금융자산의 분류

현금 및 현금성자산		현금, 당좌예금, 보통예금, 현금성자산
매출채권 및 기타채권	매 출 채 권	외상매출금, 받을어음
	기 타 채 권	대여금, 미수금
기 타 금 융 자 산	단 기 금 융 상 품	정기예금, 정기적금, 기타 정형화된 금융상품
	당기손익-공정가치측정금융자산	
	기타포괄손익-공정가치측정금융자산	
	상각후원가측정금융자산	

※ 선급금과 선급비용은 재화나 용역을 수취할 예정이므로 금융자산이 아니다.

■ 금융부채의 분류

매입채무 및 기타채무	매 입 채 무	외상매입금, 지급어음
	기 타 채 무	차입금, 미지급금
기 타 금 융 부 채	사채	

※ 선수금과 선수수익은 재화나 용역을 제공해야 하는 것이므로 금융부채가 아니다.

2. 수익과 비용의 분류

1) 수 익

매출액

기타(영업외)수익 : 이자수익, 수수료수익, 배당금수익, 로열티수익, 임대료, 당기손익금융자산처분이익, 당기손익금융자산평가이익, 유형자산처분이익, 잡이익

2) 비 용

매출원가 : 기초상품재고액 + 당기순매입액 - 기말상품재고액

판매비와 관리비 : 운반비, 보관료, 급여, 퇴직급여, 통신비, 접대비, 연구비, 소모품비, 여비교통비, 수도광열비, 복리후생비, 광고선전비, 차량유지비, 도서인쇄비, 경상개발비, 감가상각비, 대손상각비, 무형자산상각비, 세금과공과, 임차료, 보험료

기타(영업외)비용 : 이자비용, 수수료비용, 당기손익금융자산처분손실, 당기손익금융자산평가손실, 유형자산처분손실, 잡손실

3) 포괄손익계산서 : 일정기간 재무성과 (수익, 비용, 순손익) 파악

4) 수익과 비용의 뜻

① 수익 : 주요 경영활동으로써 재화의 생산 판매, 용역의 제공 등에 따른 경제적 효익의 유입으로써, 자산의 증가 또는 부채의 감소 및 그 결과에 따른 자본의 증가로 나타나는 것

② 비용 : 기업실체의 경영활동과 관련된 재화의 판매 또는 용역의 제공 등에 따라 발생하는 자산의 유출이나 사용 또는 부채의 증가로 결과적으로 자본의 감소를 가져오는 것

3. 반대 계정

1) 자산과 부채

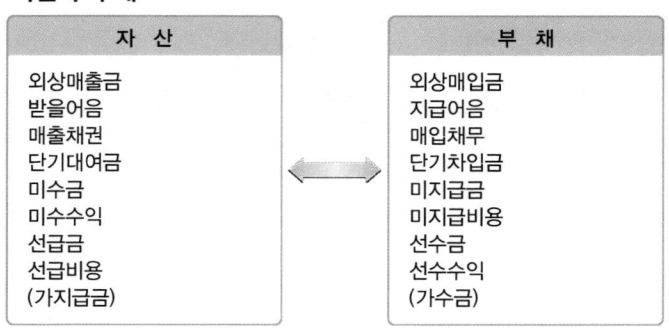

자 산	부 채
외상매출금 받을어음 매출채권 단기대여금 미수금 미수수익 선급금 선급비용 (가지급금)	외상매입금 지급어음 매입채무 단기차입금 미지급금 미지급비용 선수금 선수수익 (가수금)

2) 비용과 수익

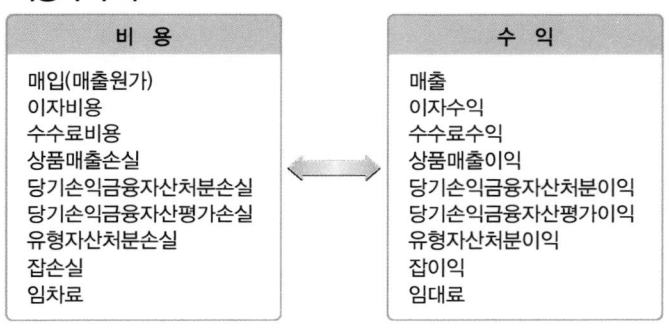

비 용	수 익
매입(매출원가) 이자비용 수수료비용 상품매출손실 당기손익금융자산처분손실 당기손익금융자산평가손실 유형자산처분손실 잡손실 임차료	매출 이자수익 수수료수익 상품매출이익 당기손익금융자산처분이익 당기손익금융자산평가이익 유형자산처분이익 잡이익 임대료

4. 회계의 기본개념

1) 이용자에 따른 회계의 분류

① 재무회계 : 외부용   ② 관리회계 : 내부용

2) 기록계산 방법에 따른 분류

① 단식부기 : 원리원칙이 없다. 소규모상점

② 복식부기 : 원리원칙이 있다. 기업
　　(특징 : 거래의 이중성, 대차평균의 원리, 자기검증능력)

3) 회계단위와 회계기간

① 회계단위 : 장소적범위 ② 회계기간 : 시간적범위

4) 전기와 대체

① 전기 : 분개장에서 총계정원장으로 옮기는 것

② 대체 : 하나의 계정에서 다른 계정으로 이동하는 것

5) 거래의 결합관계(거래의 8요소)

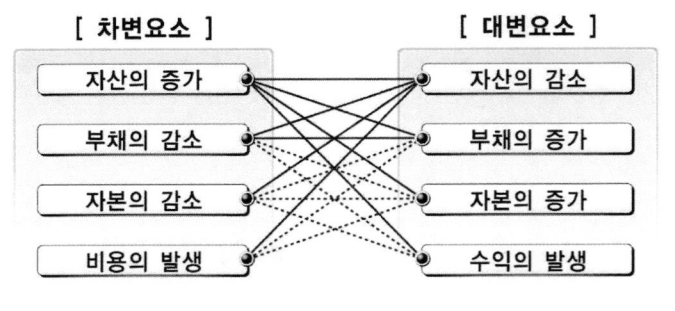

[차변요소]	[대변요소]
자산의 증가	자산의 감소
부채의 감소	부채의 증가
자본의 감소	자본의 증가
비용의 발생	수익의 발생

6) 거래의 종류

① 교환거래 : 자산, 부채, 자본만 나온다.

② 손익거래 : 거래총액이 수익이나 비용인 것

③ 혼합거래 : 교환거래 + 손익거래(원가·매가, 원금·이자)

7) 회계상거래

① 회계상 거래인 것 : 자산, 부채, 자본의 증감변화

② 회계상 거래가 아닌 것 : 주문, 계약, 약속, 보관

8) 회계의 순환과정

분개 → 전기 → 수정전시산표 → 결산분개 → 수정후시산표
→ 재무제표

5. 시산표와 전표

1) 시산표

(1) 시산표란 전기의 오류를 검증한다.(한변 금액 오류)

(2) 시산표종류 : 합계시산표, 잔액시산표, 합계잔액시산표

(3) 시산표등식 : 기말자산 + 총비용
　　　　　　　　 = 기말부채 + 기초자본 + 총수익

잔 액 시 산 표

기 말 자 산	300	기 말 부 채 기 초 자 본	100 100
총 비 용	100	총 수 익	200

2) 거래의 이중성과 대차평균의 원리

① 거래의 이중성 : 거래가 발생하면 언제나 차변요소와 대변요소가 동시에 발생하며, 그 금액도 일치한다.

② 대차평균의 원리 : 차변합계금액과 대변합계금액이 반드시 일치한다.

3) 전표회계 (3전표제도)

① 입금전표 : 현금이 들어오면

② 출금전표 : 현금이 나가면

③ 대체전표 : 현금이 없으면

6. 공식

1) 기본공식

① 기초자산 − 기초부채 = 기초자본

② 기말자산 − 기말부채 = 기말자본

③ 총수익 − 총비용 = 순손익

④ 기말자본 − (기초자본 + 추가출자 − 인출액) = 순손익

2) 상품공식

① 총매입액(매입제비용) − (매입환출 + 매입에누리 + 매입할인)
= 순매입액

② 총매출액 − (매출환입 + 매출에누리 + 매출할인) = 순매출액

③ 기초상품재고액 + 순매입액 − 기말상품재고액 = 매출원가

④ 순매출액 − 매출원가 = 매출총이익

7. 계정

1) 외상매출금 계정

외상매출금(자산)

전기이월(기초잔액)	회수액
외상매출액	환입 및 매출에누리·매출할인
	대손발생액
	차기이월(기말잔액)

2) 외상매입금 계정

외상매입금(부채)

지급액	전기이월(기초잔액)
환출 및 매입에누리·매입할인	
차기이월(기말잔액)	외상매입액

3) 손익법과 자본금계정

■ 손익법 : 총수익 − 총비용 = 순손익

자 본 금

인출액(감자)	전기이월(기초자본금)
당기순손실	추가출자액(증자)
차기이월(기말자본금)	당기순이익

8. 현금

1) 현금의 종류

통화 : 지폐, 주화

통화대용증권 : 타인(동점)발행수표, 자기앞수표, 여행자수표,
가계수표, 송금수표, 우편환증서, 전신환증서,
소액환증서, 배당금지급통지서, 만기가된 국·공채,
공·사채이자표, 국고송금통지서, 일람출급어음,
대체예금환급증서

2) 현금계정

현 금(자산)

전기이월(기초잔액)	현금의 지출액
현금의 수입액	**차기이월(기말잔액)**

3) 현금과부족

(1) 현금부족시 (장부잔액 〉 실제잔액)

	구 분	차 변		대 변	
①	현금 부족시 (장부 〉 실제)	현금과부족	10,000	현 금	10,000
②	원인 판명시	(임 차 료)	7,000	현금과부족	7,000
③	결산시 까지 원인 불명	잡 손 실	3,000	현금과부족	3,000
④	결산시 부족액을 발견한 경우	잡 손 실	10,000	현 금	10,000

(2) 현금과잉액 (장부잔액 〈 실제잔액)

	구 분	차 변		대 변	
①	현금 과잉시 (장부 〈 실제)	현 금	10,000	현금과부족	10,000
②	원인 판명시	현금과부족	7,000	(임 대 료)	7,000
③	결산시 까지 원인 불명	현금과부족	3,000	잡 이 익	3,000
④	결산시 과잉액을 발견한 경우	현 금	10,000	잡 이 익	10,000

9. 당좌예금과 당좌차월

당 좌 예 금(자산)

전기이월(기초잔액)	인 출 액 (수표발행)
당 좌 예 입 액	**차기이월(기말잔액)**

구 분	차 변		대 변	
당좌예금 잔액을 초과하여 수표를 발행하면	매 입	80,000	당 좌 예 금 당 좌 차 월 (단 기 차 입 금)	50,000 30,000
당좌차월이 있는 경우 당좌예입하면	당 좌 차 월 (단 기 차 입 금) 당 좌 예 금	30,000 70,000	매 출	100,000

10. 당기손익금융자산(국채, 사채, 공채, 주식)

1) 당기손익금융자산의 구입과 처분

구 분	차 변		대 변	
구 입 시	당기손익금융자산 수 수 료 비 용	50,000 1,000	미 지 급 금 현 금	50,000 1,000
처 분 시 (처분가액>장부가액)	미 수 금	60,000	당기손익금융자산 당기손익금융자산처분이익	51,000 9,000
처 분 시 (처분가액<장부가액)	미 수 금 당기손익금융자산처분손실	40,000 11,000	당기손익금융자산	51,000

2) 당기손익금융자산의 평가

구 분	차 변		대 변	
증가시 (장부가액<공정가액)	당기손익금융자산	5,000	당기손익금융자산평가이익	5,000
감소시 (장부가액>공정가액)	당기손익금융자산평가손실	5,000	당기손익금융자산	5,000

11. 상품

1) 3분법에 의한 분개

(1) 상품 매입시

구 분	차 변		대 변	
상품매입시	매　입	××	외상매입금	××
환출 및 매입에누리시	외상매입금	××	매　입	××
매입할인시	외상매입금	××	매　입 현　금	×× ××

(2) 상품 매출시

구 분	차 변		대 변	
상품매출시	외상매출금	××	매　출	××
환입 및 매출에누리시	매　출	××	외상매출금	××
매출할인시	매　출 현　금	×× ××	외상매출금	××

2) 3분법계정

이월상품(자산)

전기이월 (기초잔액)	**차기이월** (기말잔액)

매입(비용)

총매입액 (매입제비용)	환출 및 매입에누리 매입할인
	순매입액

매출(수익)

환입 및 매출에누리 매출할인	총매출액
순매출액	

손익(집합계정)

매입(매출원가)	매출(순매출액)
매출총이익	

3) 상품운임

구 분	차 변		대 변	
상품매입시(인수운임)	매　입	××	현　금	××
상품매출시(발송운임)	운 반 비	××	현　금	××

운임을 대신 지급시는 외상에서 조정합니다.

4) 상품재고장

상품재고장은 상품의 재고관리를 위하여 종류별로 입고와 출고를 수량, 단가, 금액으로 구분하여 그 변동내역을 매입원가로 기록하는 보조원장이다.

(1) 선입선출법(FIFO) : 먼저 매입한 상품을 먼저 인도하는 형식으로 인도단가를 결정하는 방법이다.

　특징 ① 과거 매입액이 매출원가가 된다.
　　　　② 최근 매입액이 기말상품재고액이 된다.
　　　　③ 물가상승시 매출원가가 적고 매출이익은 크게 표현된다.
　　　　④ 일반적 물량흐름과 일치한다.

(2) 후입선출법(LIFO) : 최근에 매입한 상품을 먼저 인도하는 형식으로 인도단가를 결정하는 방법이다.

　특징 ① 최근 매입액이 매출원가가 된다.
　　　　② 과거 매입액이 기말재고액이 된다.
　　　　③ 물가상승시 매출원가가 크고 매출이익은 적게 표현된다.

(3) 이동평균법(MAM) : 상품 매입시마다 평균단가를 구하여 인도단가로 결정하는 방법이다.

　특징 ① 실제재고조사법에서는 사용불가

(4) 총평균법(TAM) : 기초재고액과 일정기간에 대한 순매입액의 합계액을 기초수량과 순매입수량을 합산한 수량으로 나누어서 총평균단가를 구하고 이를 인도단가로 결정하는 방법이다.

　특징 ① 장부마감시 일정기간의 말일까지 기다려야 된다.

> ■ ① 물가상승시 기말재고액과 매출총이익의 크기
> 　　선입선출법 〉 이동평균법 〉 총평균법 〉 후입선출법
>
> 　② 물가상승시 매출원가의 크기
> 　　선입선출법 〈 이동평균법 〈 총평균법 〈 후입선출법

> ※ **상품재고장 작성시 주의사항**
> ① 단일상품 원가기장
> ② 매출에누리, 매출할인, 매출제비용은 기장생략

12. 받을어음과 지급어음

1) 약속어음

구 분	차 변		대 변	
수　취　인	받 을 어 음	10,000	매출(외상매출금)	10,000
발 행 (지급) 인	매입(외상매입금)	10,000	지 급 어 음	10,000

2) 환어음

구 분	차 변		대 변	
수　취　인	받 을 어 음	30,000	매출(외상매출금)	30,000
발　행　인	매입(외상매입금)	30,000	외 상 매 출 금	30,000
인 수 (지급) 인	외 상 매 입 금	30,000	지 급 어 음	30,000

> ◆ 환어음의 발행인은 어음상 채권·채무가 발생하지 않는다.

3) 어음대금의 결제

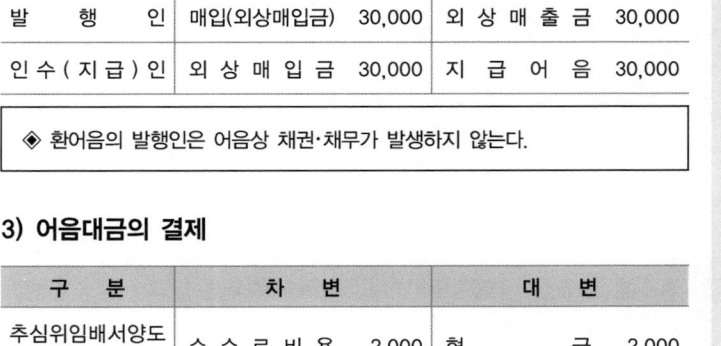

구 분	차 변		대 변	
추심위임배서양도 추 심 료 지 급	수 수 료 비 용	2,000	현　　　　금	2,000
추 심 완 료 시	당 좌 예 금	30,000	받 을 어 음	30,000
어음대금지급시	지 급 어 음	30,000	당 좌 예 금	30,000

4) 받을어음계정과 지급어음계정

받을어음(자산)

전기이월(기초잔액)	어음대금추심(회수)액
약속어음수취 환어음수취	
	차기이월(기말잔액)

지급어음(부채)

어음대금 지급액	전기이월(기초잔액)
	약속어음 발행 환어음 인수
차기이월(기말잔액)	

5) 금융어음(기타어음)

구 분	차 변	대 변
현금을 대여하고 약속어음을 수취하면	단 기 대 여 금 50,000	현 금 50,000
현금을 차입하고 약속어음을 발행하면	현 금 50,000	단 기 차 입 금 50,000
토지를 처분하고 약속어음을 수취하면	미 수 금 80,000	토 지 80,000
토지를 취득하고 약속어음을 발행하면	토 지 80,000	미 지 급 금 80,000

6) 어음의 배서양도와 할인

구 분	차 변	대 변
소지어음의 배서양도	매입(외상매입금) 50,000	받 을 어 음 50,000
소지어음의 할인시	당 좌 예 금 47,000 매출채권처분손실 3,000	받 을 어 음 50,000

13 기타 채권과 채무

1) 단기대여금(자산)과 단기차입금(부채)

구 분	차 변	대 변
현금을 빌려주면	단 기 대 여 금 50,000	현 금 50,000
단기대여금과 이자를 회수시	현 금 52,000	단 기 대 여 금 50,000 이 자 수 익 2,000
현금을 빌려 오면	현 금 50,000	단 기 차 입 금 50,000
단기차입금과 이자를 지급시	단 기 차 입 금 50,000 이 자 비 용 2,000	현 금 52,000

2) 미수금(자산)과 미지급금(부채)

구 분	차 변	대 변
비품 외상 처분시	미 수 금 100,000	비 품 100,000
비품 외상 구입시	비 품 100,000	미 지 급 금 100,000

3) 선급금(자산)과 선수금(부채)

구 분	차 변	대 변
상품 계약금 지급시	선 급 금 10,000	현 금 10,000
상품 인수시	매 입 100,000	선 급 금 10,000 외 상 매 입 금 90,000
상품 계약금 수입시	현 금 10,000	선 수 금 10,000
상품 인도시	선 수 금 10,000 외 상 매 출 금 90,000	매 출 100,000

4) 가지급금과 가수금

구 분	차 변	대 변
여비 개산액 지급시	가 지 급 금 200,000	현 금 200,000
출장비 정산하면	여 비 교 통 비 180,000 현 금 20,000	가 지 급 금 200,000
출장사원의 송금시	보 통 예 금 600,000	가 수 금 600,000
가수금 내용 판명시	가 수 금 600,000	외 상 매 출 금 600,000

5) 예수금(부채), 상품권선수금(부채)

구 분	차 변	대 변
급여지급시	급 여 1,500,000	단 기 대 여 금 30,000 소득세예수금 30,000 보험료예수금 10,000 현 금 1,430,000
해당기관에 납부시	소득세예수금 30,000 보험료예수금 10,000	현 금 40,000

구 분	차 변	대 변
상품권 발행시	현 금 50,000	상품권선수금 50,000
상품 인도시	상품권선수금 50,000	매 출 50,000

14. 대손

1) 대손을 예상(설정)하다. 〈결산시〉

대손계산공식	매출채권 × 대손율 − 대손충당금잔액 = ×× (외상매출금+받을어음)

구 분	차 변	대 변
(+), 부족 시	대 손 상 각 비 ××	대 손 충 당 금 ××
(−), 과 잉 시	대 손 충 당 금 ××	대손충당금환입 ××

◈ 대손상각비(비용), 대손충당금환입(판매비와관리비의 부(−)의 계정),
　대손충당금(차감적 평가계정)

2) 대손 발생시

구 분	차 변	대 변
대손충당금 있다.	대 손 충 당 금 ××	외 상 매 출 금 ××
대손충당금 없다.	대 손 상 각 비 ××	외 상 매 출 금 ××

3) 대손된 것 회수시

구 분	차 변	대 변
전기 대손된 것 회수시	현 금 ××	대 손 충 당 금 ××
당기 대손된 것 회수시	현 금 ××	대 손 충 당 금 (대 손 상 각 비) ××

4) 대손충당금 계정

대손충당금

대손 발생액 대손충당금환입액	전기이월(기초잔액)
차기이월(기말잔액)	대손추가 설정액 대손된 것 회수액

15. 유형자산

토지, 건물, 기계장치, 건설중인자산, 비품, 차량운반구

1) 유형자산의 구입과 처분

구 분	차 변		대 변	
유형자산 구입	건 물	50,000	당 좌 예 금	50,000
유형자산 처분시 (처분가액)장부가액)	감가상각누계액 미 수 금	20,000 40,000	건 물 유형자산처분이익	50,000 10,000
유형자산 처분시 (처분가액(장부가액)	감가상각누계액 미 수 금 유형자산처분손실	20,000 20,000 10,000	건 물	50,000

2) 유형자산의 감가상각

(1) 감가상각비 계산

구 분	계산공식
① 정액법 (직선법)	$\dfrac{취득원가 - 잔존가액}{내용연수} = ××$
② 정률법 (체감법)	(취득원가−감가상각누계액) × 정률 = ××

(2) 기장방법

구 분	차 변		대 변	
① 직 접 법	감 가 상 각 비	××	(건 물)	××
② 간 접 법	감 가 상 각 비	××	감가상각누계액	××

◈ 감가상각비(비용), 감가상각누계액(차감적 평가계정)
◈ 감가상각의 3요소 : 내용연수, 취득원가, 잔존가액
◈ **토지와 건설중인자산**은 감가상각을 하지 않는다.

3) 유형자산의 취득후 지출

1) 자산으로 처리하는 경우 : 내용년수 증가, 가치증가, 구조변경,
능률향상, 사용전수리비

2) 비용으로 처리하는 경우 : 현상유지, 능률유지, 도색

구 분	차 변		대 변	
자산으로 처리한 경우	건 물	××	현 금	××
비용으로 처리한 경우	수 선 비	××	현 금	××

4) 건설중인자산

건물을 신축하는 경우 공사착수금이나 중도금을 지급하면 건설중인
자산으로 하였다가 건물이 완공되면 건물계정에 대체한다. 또한 건
물 등을 취득하기 위하여 지급된 계약금도 선급금계정이 아닌 건설
중인자산으로 처리한다.

구 분	차 변		대 변	
건물 완공전 지급	건설중인자산	××	당 좌 예 금	××
건물 완공시	건 물	××	건설중인자산 당 좌 예 금	×× ××

16. 개인기업의 세금

구 분	차 변		대 변	
재산세, 자동차세, 상공회의소회비 등 지급시	세 금 과 공 과	××	현 금	××
종합(사업)소득세 지급시	인 출 금	××	현 금	××
근로소득세 지급시	소득세 예수금	××	현 금	××
취득세, 등록세 지급시	(유 형 자 산)	××	현 금	××

17. 판매용을 사용

구 분	차 변		대 변	
판매용을 영업용으로 사용	비 품	××	매 입	××(원가)
판매용을 기업주가 사용	인 출 금	××	매 입	××(원가)
판매용을 종업원이 사용	단기대여금	××	매 입	××(원가)

18. 사채의 발행

구 분	차 변		대 변	
사채를 발행하면	당 좌 예 금	××	사 채	××
이자지급 하면	이 자 비 용	××	당 좌 예 금	××

◈ 발행방법 : 평가(액면)발행, 할증발행, 할인발행

19. 장부

• 주요부 : 분개장, 총계정원장
• 보조부 보조기입장 : 현금출납장, 매입장, 받을어음기입장, 당좌
예금출납장, 매출장, 지급어음기입장
• 보조원장 : 상품재고장, 매출처원장, 매입처원장

20. 손익의 정리

구 분	차 변		대 변	
비용의 선급액(미경과액)	선 급 비 용	××	(비 용)	××
수익의 선수액(미경과액)	(수 익)	××	선 수 수 익	××
수익의 미수액(경과액)	미 수 수 익	××	(수 익)	××
비용의 미지급액(경과액)	(비 용)	××	미 지 급 비 용	××

◈ 소모품비(비용) → 사용액   소모품 (자산) → 미사용액

비 용	
전기선급액(기초)	전기미지급액(기초)
지급액	손익(당기분)
당기미지급액(기말)	당기선급액(기말)

수 익	
전기미수액(기초)	전기선수액(기초)
손익(당기분)	수입액
당기선수액(기말)	당기미수액(기말)

21. 결산의 절차

1) 결산의 예비절차

① 시산표 작성

② 재고조사표 작성

③ 원장의 수정기입

④ 정산표 작성

2) 결산의 본 절차

(1) 총계정원장 마감

① 수익, 비용계정 마감 → 손익(손익계산서 계정마감)

② 손익계정 마감 → 자본금

③ 자산, 부채, 자본계정 마감 → "**차기이월**"(재무상태표 계정마감)

(2) 분개장 및 기타장부 마감

3) 결산보고서(재무제표) 작성절차

① 재무상태표 작성

② 포괄손익계산서 작성

22. 재무제표

1) 재무제표의 종류

① 기말 재무상태표

② 기간 포괄손익계산서

③ 기간 현금흐름표

④ 기간 자본변동표

⑤ 주석(유의적인 회계정책의 요약 및 그 밖의 설명으로 구성)

2) 재무제표 작성과 표시의 일반목적

(1) 공정한 표시와 한국채택국제회계기준의 준수

① 재무제표는 기업의 재무상태, 재무성과 및 현금흐름을 공정하게 표시해야 한다.

② 한국채택국제회계기준을 준수하여 재무제표를 작성하는 기업은 그러한 준수 사실을 주석에 명시적이고 제한없이 기재한다.

③ 한국채택국제회계기준을 준수하여 작성된 재무제표는 국제회계 기준을 준수하여 작성된 재무제표임을 주석으로 공시할 수 있다.

(2) 계속기업

경영진은 재무제표를 작성할 때 계속기업으로서의 존속가능성을 평가 해야 한다.

(3) 발생기준 회계

기업은 현금흐름 정보를 제외하고는 발생기준 회계를 사용하여 재무 제표를 작성한다.

(4) 중요성과 통합표시

유사한 항목은 중요성 분류에 따라 재무제표에 구분하여 표시한다. 상 이한 성격이나 기능을 가진 항목은 구분하여 표시한다. 다만 중요하지 않은 항목은 성격이나 기능이 유사한 항목과 통합하여 표시할 수 있다.

(5) 상계

한국채택국제회계기준에서 요구하거나 허용하지 않는 한 자산과 부 채 그리고 수익과 비용은 상계하지 아니한다.

(6) 보고빈도

전체 재무제표(비교정보를 포함)는 적어도 1년마다 작성한다.

(7) 비교정보

한국채택국제회계기준이 달리 허용하거나 요구하는 경우를 제외하 고는 당기 재무제표에 보고되는 모든 금액에 대해 전기 비교정보를 공시한다.

(8) 표시의 계속성

재무제표 항목의 표시와 분류는 매기 동일하여야 한다.

(9) 재무제표의 식별

(1) 재무제표는 동일한 문서에 포함되어 함께 공표되는 그 밖의 정보 와 명확하게 구분되고 식별되어야 한다.

(2) 각 재무제표와 주석은 명확하게 식별되어야 한다.

3) 재무제표의 명칭과 함께 기재하는 내용

① 회사명

② 보고기간말일 또는 회계기간

③ 보고통화 및 금액단위

Memo

※ 다음 문제를 읽고 알맞은 것을 골라 답안카드의 답란(①, ②, ③, ④)에 표기하시오.

제1과목 → 회계원리

01 다음에서 설명하는 재무제표의 종류로 옳은 것은?

일정기간 동안 기업의 경영성과에 대한 정보를 제공하는 재무보고서로 미래 이익의 예측에 유용한 정보를 제공한다.

① 자본변동표　　　　② 재무상태표
③ 현금흐름표　　　　④ 포괄손익계산서

02 다음 중 결산 예비 절차에서 작성되는 내용으로 옳지 않은 것은?

① 이월시산표　　　　② 재고조사표
③ 수정전 시산표　　　④ 수정후 시산표

03 다음은 결산 전 총계정원장의 잔액이다. 이를 토대로 작성한 잔액시산표 차변 합계 금액은 얼마인가?

가. 현금	₩100,000	나. 외상매출금	₩50,000
다. 이월상품	₩30,000	라. 외상매입금	₩50,000
마. 자본금	₩100,000	바. 매출	₩150,000
사. 매입	₩50,000	아. 급여	₩70,000

① ₩150,000　　　　② ₩180,000
③ ₩250,000　　　　④ ₩300,000

04 미지급비용에 관한 거래를 결산 정리분개에서 누락한 경우 재무 제표에 미치는 영향으로 옳은 것은?

① 부채가 과대 계상된다.
② 비용이 과소 계상된다.
③ 수익이 과소 계상된다.
④ 자산이 과대 계상된다.

05 다음 중 재무상태표에 대한 설명으로 옳지 않은 것은?

① 부채는 유동부채와 비유동부채로 분류한다.
② 자산에서 유동자산은 당좌자산과 투자자산을 포함하고, 비유동자산은 재고자산, 유형자산, 무형자산, 기타비유동자산을 포함한다.
③ 기업이 일정시점 현재에 보유하고 있는 경제적 자원인 자산, 경제적 의무인 부채 그리고 자본에 대한 정보를 제공하는 재무보고서이다.
④ 자본은 자본금, 자본잉여금, 자본조정, 기타포괄손익누계액 및 이익잉여금(또는 결손금)으로 분류할 수 있다.

06 다음 중 유동자산에 해당하지 않는 것은?

① 재고자산　　　　② 매출채권
③ 영업권　　　　　④ 현금및현금성자산

07 다음은 (주)상공의 원장내역이다. 이 원장 거래 기록에 대한 해석으로 옳지 않은 것은?

	현	금	
제좌	103,000		

	단기금융상품		
		현 금	100,000

	이 자 수 익		
		현 금	3,000

① 정기적금(6개월 만기)이 만기가 되어 원금 ₩100,000과 이자 ₩3,000을 현금으로 받다.
② 소지하고 있던 기업어음(5개월 만기)이 만기가 되어 금융회사에 제시하고 원금 ₩100,000과 이자 ₩3,000을 현금으로 받다.
③ 소지하고 있던 사채(장부금액 ₩100,000)(3년 만기)가 만기가 되어 이자 ₩3,000과 함께 현금으로 받다.
④ 대한은행으로부터 구입한 양도성예금증서(7개월 만기)가 만기가 되어 원금 ₩100,000과 이자 ₩3,000을 현금으로 받다.

08 다음 중 현금 및 현금성자산이 아닌 것은?

① 취득 당시의 만기가 1년 이내에 도래하는 정기적금

② 취득 당시의 만기가 3개월 이내에 도래하는 채권

③ 취득 당시 3개월 이내에 만기가 도래하는 금융기관 취급 단기금융상품

④ 환매채(취득당시 3개월 이내의 환매조건)

09 정액자금선급법을 채택하고 있는 상공상사는 일상적인 사무실 경비를 사용하기 위해 ₩100,000의 수표를 발행하여 선급하였을 경우의 회계과 분개로 옳은 것은?

① (차) 소액현금 100,000　(대) 당좌예금 100,000

② (차) 당좌예금 100,000　(대) 소액현금 100,000

③ (차) 제 경 비 100,000　(대) 소액현금 100,000

④ (차) 제 경 비 100,000　(대) 당좌예금 100,000

10 (주)상공은 단기시세 차익을 목적으로 시장성이 있는 (주)대한이 발행한 주식을 ₩2,000,000(100주, 1주당 ₩20,000)에 구입 하였던 바, 결산시 주식의 공정가치가 ₩2,500,000(100주, 1주당 ₩25,000)이 되었다. 이에 대한 결산시 분개로 옳은 것은?

① (차) 당기손익-공정가치측정금융자산 500,000
　(대) 당기손익-공정가치측정금융자산평가이익 500,000

② (차) 당기손익-공정가치측정금융자산 500,000
　(대) 당기손익-공정가치측정금융자산처분이익 500,000

③ (차) 기타포괄손익-공정가치측정금융자산 500,000
　(대) 기타포괄손익-공정가치측정금융자산평가이익 500,000

④ (차) 기타포괄손익-공정가치측정금융자산 500,000
　(대) 기타포괄손익-공정가치측정금융자산처분이익 500,000

11 다음 자료에서 금융자산의 합계액을 계산하면 얼마인가?

- 선급금 ₩3,000　• 매출채권 ₩20,000
- 선급비용 ₩1,000　• 당기손익-공정가치측정금융자산 ₩4,000
- 현금및현금성자산 ₩10,000

① ₩14,000　　　② ₩23,000

③ ₩34,000　　　④ ₩38,000

12 (주)상공기업은 단기시세차익을 목적으로 1주 액면 ₩5,000의 주식 1,000주를 ₩6,000에 취득하고 수수료 ₩30,000과 함께 현금으로 지급하였다. 주식의 취득원가는 얼마인가?

① ₩5,000,000　　② ₩6,000,000

③ ₩5,030,000　　④ ₩6,030,000

13 다음은 (주)상공의 상품매매와 관련된 거래이다. 이를 분개한 것으로 옳은 것은? 단, 상품매매는 3분법에 의한다.

수원상회에 상품 ₩70,000을 외상으로 매출하고 당점 부담 운임 ₩3,000을 현금으로 지급하다.

① (차) 외상매출금　73,000　(대) 매　　출　70,000
　　　　　　　　　　　　　　현　　금　3,000

② (차) 외상매출금　70,000　(대) 매　　출　73,000
　　운 반 비　3,000

③ (차) 외상매출금　73,000　(대) 매　　출　73,000

④ (차) 외상매출금　70,000　(대) 매　　출　70,000
　　운 반 비　3,000　　　현　　금　3,000

14 다음 거래 내용을 회계 처리 시 옳은 것은?

서울상회에서 상품을 매입하고 대금 ₩3,000,000 중 ₩1,000,000은 당좌수표를 발행 지급하고 잔액은 외상으로 하다. 그리고 동점 부담 인수 운임 ₩10,000을 당점이 현금으로 대신 지급하다.

① 외상매입 대금은 ₩2,010,000이다.

② 인수 운임은 운반비 계정으로 처리한다.

③ 상품의 매입원가는 ₩3,000,000이다.

④ 보통예금 계정이 ₩1,000,000이 감소한다.

15 종업원급여 ₩1,000,000 중 근로소득세 ₩30,000을 공제하고 잔액을 현금으로 지급하는 거래를 분개할 시 대변에 기입되는 계정과목으로 옳은 것은?

① 복리후생비　　　② 세금과공과

③ 종업원급여　　　④ 소득세예수금

16 상공상점에 상품 ₩100,000을 매출하고, 대금은 당점이 발행한 상품권으로 받은 경우를 분개할 때, 차변에 기입될 계정과목은?

① 예수금　　　　　② 외상매출금

③ 미수금　　　　　④ 상품권선수금

17 (주)서울의 당 회계연도의 상품에 대한 변동내역이 다음과 같을 때, 선입선출법으로 계산된 기말재고액은 얼마인가?

> 가. 기초 상품 : 100개 (@₩100)
> 나. 기중 매입 : 300개 (@₩200)
> 다. 기중 판매 : 320개

① ₩8,000
② ₩10,000
③ ₩12,000
④ ₩16,000

18 재고자산 수량결정 방법에 대한 설명이다. 옳지 않은 것은?

① 실지재고조사법을 사용할 경우 재고자산 감모손실 파악이 어렵다.
② 계속기록법을 사용할 경우 기중에도 재고수량 및 금액의 파악이 가능하다.
③ 계속기록법의 경우 재고자산의 기록유지비용이 적게 발생한다.
④ 일반적으로 계속기록법은 내부관리목적에 부합하는 방법이다.

19 (주)서울은 영업용 건물을 구입하였던 바, 그에 따른 취득세 ₩400,000을 현금으로 납부한 경우 분개로 옳은 것은?

① (차) 세금과공과 400,000 (대) 현 금 400,000
② (차) 취 득 세 400,000 (대) 현 금 400,000
③ (차) 건   물 400,000 (대) 현 금 400,000
④ (차) 수수료비용 400,000 (대) 현 금 400,000

20 다음 중 거래에 따른 회계 처리시 계정 과목과 그 연결이 옳지 않은 것은?

① 소모품 구입(비용처리시) – 소모품비
② 업무용차량의 주유비 지출 – 차량유지비
③ 거래처 직원의 결혼 축의금 지출 – 접대비
④ 직원의 회계업무 교육 강사비 지출 – 종업원급여

21 다음 중 부채를 발생시키는 거래로 옳지 않은 것은?

① 화재보험에 가입하면서 2년간의 보험료로 현금 ₩20,000을 지급하다.
② 상품 매출을 계약하고 계약금으로 ₩200,000을 자기앞수표로 받다.
③ 업무용 책상을 ₩200,000에 구입하고 대금은 월말에 지급하기로하다.
④ 은행으로부터 현금 ₩200,000을 차입하다.

22 수익과 비용에 대한 설명으로 옳지 않은 것은?

① 수익을 통해서 자산이 증가하거나 부채가 감소하면 그 결과 자본이 증가한다.
② 수익은 특정 보고기간 동안에 발생한 자본의 증가(단, 영업외적인 수익 제외)를 의미한다.
③ 주요 경영활동 이외의 부수적인 거래나 사건에서 발생하는 차익과 차손을 포함한다.
④ 비용은 특정 보고 기간 동안에 발생한 경제적 효익의 감소를 뜻한다.

23 다음 상품재고장을 이용하여 이동평균법에 의한 기말재고액을 계산하면 얼마인가?

> 6월 1일 전월이월 100개 @₩600 ₩60,000
> 　　5일 매　출 60개 @₩800 ₩48,000
> 　　22일 매　입 40개 @₩650 ₩26,000
> 　　27일 매　출 60개 @₩800 ₩48,000

① ₩13,000
② ₩12,500
③ ₩12,300
④ ₩12,000

24 결산일에 종업원급여 계정을 결산 마감하고자 한다. 종업원급여 계정 (가) 잔액을 (나) 계정으로 대체시켜야 한다. (가) 와 (나)의 내용으로 옳은 것은?

① 차변, 예수금
② 차변, 손익
③ 대변, 차기이월
④ 대변, 자본금

25 다음 중 감가상각의 대상에서 제외되는 자산으로 옳은 것은?

① 건물
② 차량운반구
③ 기계장치
④ 토지

※ 무 단 전 재 금 함	형별	**A형**	제한 시간	**40분**	수험번호	성 명

※ 다음 문제를 읽고 알맞은 것을 골라 답안카드의 답란(①, ②, ③, ④)에 표기하시오.

제1과목 ➡ 회계원리

01 다음 중 시산표에 대한 설명으로 옳지 않은 것은?

① 결산 예비 절차에서 작성한다.
② 잔액시산표, 합계시산표, 합계잔액시산표가 있다.
③ 총계정원장에 정확하게 전기되었는가를 검증하기 위해 작성한다.
④ 시산표 등식은 '기말자산 + 총비용 = 기말부채 + 기말자본 + 총수익' 이다.

02 거래의 이중성에 따라 거래 하나하나의 차변과 대변 금액은 일치 한다. 아무리 많은 거래가 발생하여도 전체 거래의 차변과 대변의 합계 금액은 항상 일치하는 것을 무엇이라 하는가?

① 발생주의
② 복식부기
③ 대차평균의 원리
④ 일반기업회계기준

03 다음 자료의 결산 정리 사항을 반영 후 당기순이익 금액으로 옳은 것은?

가. 결산 정리 전 순이익 ₩500,000
나. 결산 정리 사항
− 이자 미수액   ₩10,000
− 급여 미지급액   ₩50,000
− 보험료 선급액   ₩20,000

① ₩420,000
② ₩480,000
③ ₩500,000
④ ₩520,000

04 결산 수정 사항에 대한 내용으로 적절하지 않은 것은?

① 광고선전비 ₩100,000을 현금으로 지급하고 장부에 계상하다.
② 원인을 알 수 없는 현금 부족액 ₩10,000이 발생하다.
③ 매출채권에 대하여 ₩50,000을 대손금액으로 추정하다.
④ 당기손익을 목적으로 보유중인 주식 100주(장부금액 @ ₩5,000)를 @₩6,000으로 평가하다.

05 다음 분개를 통해 거래 내용을 추정한 것으로 옳은 것은?

(차) 상품 ₩100,000   (대) 당좌예금 ₩100,000

① 상품 ₩100,000을 매입하고, 대금은 현금으로 지급하다.
② 상품 ₩100,000을 매입하고, 대금은 당좌수표를 발행하여 지급하다.
③ 상품 ₩100,000을 매입하고, 대금은 1개월 후에 지급하기로 하다.
④ 상품 ₩100,000을 매입하고, 국민은행 발행의 자기앞수표로 지급하다.

06 유동부채와 비유동부채의 분류가 바르게 짝지어진 것은?

	유동부채	비유동부채
①	사채	선수수익
②	매입채무	미지급비용
③	선수수익	미지급법인세
④	예수금	장기차입금

07 현금 ₩500,000을 출자하여 영업을 개시한 상공상점의 1년 후 자산 총액은 ₩1,800,000이고, 부채 총액은 ₩1,200,000이다. 당기순손익을 계산한 금액으로 옳은 것은? 단, 출자 후 당기순손익 외의 자본의 변동은 없다.

① 당기순이익 ₩100,000
② 당기순이익 ₩600,000
③ 당기순손실 ₩100,000
④ 당기순손실 ₩600,000

08 다음은 유통업을 영위하는 A사의 수익 및 비용이다. 포괄손익계산서(기능별) 상 기타수익 금액을 계산하면 얼마인가?

영업이익 ₩200,000	기부금 ₩30,000
이자수익 ₩10,000	이자비용 ₩50,000
법인세차감전순이익 ₩150,000	

① ₩10,000
② ₩20,000
③ ₩50,000
④ ₩60,000

09 시장성이 있는 당기손익-공정가치측정금융자산의 설명으로 옳지 않은 것은? 단, 당기손익-공정가치측정금융자산은 2016년 중에 취득했다.

종목	취득원가	2016년 말 공정가치	2017년 말 공정가치
㈜ 상공	₩2,000,000	₩2,500,000	₩2,200,000

① 2016년 말 당기손익-공정가치측정금융자산평가이익은 ₩500,000이다.
② 2017년 말 당기손익-공정가치측정금융자산평가손실은 ₩300,000이다.
③ 2016년 말 재무상태표에 반영될 당기손익-공정가치측정금융자산의 금액은 ₩2,000,000이다.
④ 2017년 말 재무상태표에 반영될 당기손익-공정가치측정금융자산의 금액은 ₩2,200,000이다.

10 결산시 현금의 장부금액 ₩100,000과 실제금액 ₩90,000의 차이가 발생하였음을 발견하였으나 그 원인을 알 수 없었다. 분개로 옳은 것은?

① (차) 현   금 10,000 (대) 잡 이 익 10,000
② (차) 현   금 10,000 (대) 현금과부족 10,000
③ (차) 잡 손 실 10,000 (대) 현   금 10,000
④ (차) 현금과부족 10,000 (대) 현   금 10,000

11 다음 중 기타포괄손익으로 옳지 않은 것은?

① 유형자산처분손익
② 자산재평가잉여금
③ 해외사업환산이익
④ 기타포괄손익-공정가치측정금융자산평가손익

12 다음 거래의 회계처리 시 차변 계정과목과 금액으로 옳은 것은?

(가)	상품 ₩500,000을 외상매입하고 운반비 ₩50,000 현금으로 지급하다.
(나)	상품 ₩200,000을 외상매출하고 운반비 ₩20,000 현금으로 지급하다.

① (가) 상   품 500,000 (나) 외상매출금 200,000
② (가) 상   품 550,000 (나) 외상매출금 200,000
　　　　　　　　　　　　　　　　운 반 비 20,000
③ (가) 상   품 500,000 (나) 외상매출금 220,000
　　　　　　　　　　　　　　　　운 반 비 50,000
④ (가) 상   품 550,000 (나) 외상매출금 220,000

13 다음 중 단기금융상품으로 처리 할 수 있는 것은?

① 만기가 결산일로부터 1년 이내에 도래하는 정기예·적금
② 보고기간 종료일로부터 만기가 3년 후에 도래하는 정기적금
③ 보고기간 종료일로부터 만기가 3년 후에 도래하는 대여금
④ 보고기간 종료일로부터 상환기간이 1년 이내에 도래하는 은행 대출금

14 다음 거래의 분개로 옳은 것은?

㈜상공기업은 10월분 종업원 급여 ₩2,000,000 중 근로소득세 ₩100,000, 국민건강보험료 ₩50,000, 국민연금 ₩50,000을 원천징수하고 잔액은 보통예금 계좌에서 종업원 계좌로 이체하다.

① (차) 종업원급여 1,800,000 (대) 보통예금 1,800,000
② (차) 종업원급여 1,800,000 (대) 보통예금 1,800,000
　　　　세금과공과 200,000 　　　예 수 금 200,000
③ (차) 종업원급여 2,000,000 (대) 보통예금 1,800,000
　　　　　　　　　　　　　　　　예 수 금 200,000
④ (차) 종업원급여 2,000,000 (대) 보통예금 1,800,000
　　　　　　　　　　　　　　　　가 수 금 200,000

15 다음의 설명에 해당하는 자산의 분류로 옳은 것은?

• 정상적인 영업과정에서 판매를 위하여 보유중인 자산
• 정상적인 영업과정에서 판매를 위하여 생산중인 자산
• 생산이나 용역 제공에 사용될 원재료와 소모품

① 당좌자산
② 유형자산
③ 투자자산
④ 재고자산

16 다음 거래의 분개로 옳은 것은?

출장 중인 사원 이대한으로부터 받은 내용 불명의 송금액 ₩300,000 중 ₩270,000은 매출처 상공상점에 대한 외상매출금 회수분이고, 나머지는 상품 주문 대금으로 받은 것임이 확인되다.

① (차) 가　수　금 300,000 (대) 외상매출금 270,000
　　　　　　　　　　　　　　　선　수　금　30,000

② (차) 외상매출금 270,000 (대) 가　지　급　금 300,000
　　　선　수　금　30,000

③ (차) 가　지　급　금 300,000 (대) 외상매출금 270,000
　　　　　　　　　　　　　　　선　수　금　30,000

④ (차) 외상매출금 270,000 (대) 가　수　금 300,000
　　　선　수　금　30,000

17 먼저 매입한 상품을 먼저 매출하는 방식으로써 기말재고자산이 최근 구입한 가격으로 표시되는 단가 결정 방법은?

① 선입선출법　　　　　② 후입선출법
③ 이동평균법　　　　　④ 총평균법

18 다음 자료는 상공기업의 매입장 일부이다. 관련 자료를 이용하여 6월 11일 현재 외상매입금 잔액을 계산하면 얼마인가? 단, 제시된 자료 외에는 고려하지 않는다.

매　입　장

월	일	적　　요		금액
6	9	(대한기업)　　　　외상		
		A상품 100개 @₩3,000	300,000	
		운반비 현금 지급	2,000	302,000
	11	(대한기업)　　　　환출		
		A상품 10개 @₩3,000	30,000	30,000

① ₩30,000　　　　　② ₩270,000
③ ₩272,000　　　　④ ₩332,000

19 다음은 개인기업인 대한상점의 회계정보를 나타낸 것이다. (가)의 금액을 추정한 것으로 옳은 것은?

가. 기초 자본금　　　　₩1,000,000
나. 추가 출자액　　　　（　가　）
다. 당기 수익총액　　　₩2,500,000
라. 당기 비용총액　　　₩1,800,000

기말 재무상태표

자산	3,500,000	부채	1,000,000
		자본	2,500,000

① ₩500,000　　　　② ₩700,000
③ ₩800,000　　　　④ ₩900,000

20 상공상점의 거래 중 매출채권이 증가하는 거래로 옳은 것은?

① 상품 ₩150,000을 매입하고 대금은 외상으로 하다.
② 상품 ₩200,000을 매출하고 대금은 동점발행 약속어음으로 받다.
③ 사용 중이던 비품을 ₩100,000에 처분하고 대금은 1달 후에 받기로 하다.
④ 외상매입금 ₩250,000을 지급하기 위하여 소유하고 있던 일등상점 발행의 약속어음을 배서양도하다.

21 다음은 ㈜상공의 거래 내역이다. (가), (나)의 차변계정과목에 해당하는 것으로 옳은 것은?

(가) 영업부 사원 결혼 축의금 ₩500,000을 현금으로 지급하다.
(나) 경리부 직원 회식비 ₩300,000을 현금으로 지급하다.

① 기부금　　　　　② 잡손실
③ 접대비　　　　　④ 복리후생비

22 자본의 분류 중 이익잉여금에 해당하지 않는 것은?

① 이익준비금　　　　② 임의적립금
③ 미처분이익잉여금　④ 자기주식처분이익

23 다음 자료를 토대로 건물(영업용으로 사용함)을 처분할 경우 유형자산처분손익은?

가. 건물의 취득가액	₩5,000,000
나. 건물 감가상각누계액	₩3,000,000
다. 건물의 처분가액(현금수취)	₩2,500,000

① 유형자산처분이익 ₩500,000
② 유형자산처분손실 ₩500,000
③ 유형자산처분이익 ₩2,500,000
④ 유형자산처분손실 ₩2,500,000

24 주식과 사채에 대한 설명으로 옳지 않은 것은?

① 주식을 발행하면 자기자본이 증가하고 사채를 발행하면 타인 자본이 증가한다.
② 주식에 투자하면 배당금을 받고 사채에 투자하면 이자를 받는다.
③ 회사 청산시에 사채권자는 주주에 비해 우선적으로 잔여재산을 분배받을 수 있다.
④ 주주는 경영에 참가할 수 없지만, 사채권자는 참가할 수 있다.

25 다음 자료와 관련하여 수익이 인식되는 시기로 옳은 것은?

도매업을 하는 상공전자는 수원전자로부터 5월에 에어컨 10대(@₩1,450,000)을 매입하겠다는 전화를 받았다. 6월 납품일자가 되어 7월에 대금을 받기로 하고 에어컨 10대를 거래처에 발송하였다. 7월 수원전자로부터 외상대금 전액을 보통예금계좌로 송금 받았다.

① 5월   ② 6월
③ 7월   ④ 8월

※ 다음 문제를 읽고 알맞은 것을 골라 답안카드의 답란(①, ②, ③, ④)에 표기하시오.

제1과목 ➡ 회계원리

01 다음 중 계산 수식이 옳지 않은 것은?

① 총수익 − 총비용 = 당기순손익
② 순매출액 − 매출원가 = 매출총손익
③ 기말상품재고액 + 당기순매입액 − 기초상품재고액 = 매출원가
④ 매출총손익 − 판매비와관리비 = 영업손익

02 다음 중 금융자산에 속하지 않는 것은?

① 현금   ② 선급비용
③ 단기대여금   ④ 외상매출금

03 다음은 (주)대한상공의 당좌예금 계정의 기입 내용이다. (가)에 해당 하는 거래 내용으로 옳은 것은? 단, 거래금액 표시는 생략됨.

```
                   당좌예금
        (가)          |
```

① 현금을 당좌예입하다.
② 당좌수표를 발행하여 현금으로 인출하다.
③ 상품 매입 대금을 당좌수표로 지급하다.
④ 비품 구입 대금을 동점 발행 수표로 지급하다.

04 결산 절차 중에서 예비 절차에 해당하는 것은?

① 시산표 작성
② 분개장의 마감
③ 재무상태표 작성
④ 총계정원장의 마감

05 다음 ㈜대한상공의 회계담당자가 결산 후 오류를 발견한 내용이다. 이를 정정하지 않았을 경우 재무제표에 나타난 결과로 옳은 것은?

> 결산일에 장기 차입금에 대한 이자 미지급분 ₩50,000을 계상하지 않았다.

① 비용이 ₩50,000 과대 계상되었다.
② 수익이 ₩50,000 과소 계상되었다.
③ 부채가 ₩50,000 과소 계상되었다.
④ 자산이 ₩50,000 과소 계상되었다.

06 다음 자료를 이용하여 도매업을 영위하는 ㈜대한의 영업이익을 계산한 금액으로 옳은 것은?

가. 매출원가	₩500,000	나. 당기 순매출액	₩800,000
다. 급여	₩100,000	라. 광고선전비	₩30,000
마. 접대비	₩20,000	바. 이자수익	₩50,000

① ₩100,000   ② ₩150,000
③ ₩200,000   ④ ₩400,000

07 비용을 기능별로 분류할 때 관리비에 속하는 계정과목으로 옳지 않은 것은?

① 이자비용   ② 감가상각비
③ 대손상각비   ④ 여비교통비

08 회계 상 현금으로 처리하는 통화대용증권을 나열한 것으로 옳은 것은?

① 수입인지, 우편환증서
② 환어음, 송금수표, 타인발행수표
③ 공사채만기이자표, 송금수표, 타인발행수표
④ 약속어음, 우편환증서

09 다음은 상공상사의 8월 중 당좌예금출납장의 내용이다. 당월에 당좌예금에서 인출한 총액은 얼마인가?

당좌예금출납장

(단위 : 원)

2015년		적요	예입액	인출액	차.대	잔액
8	1	전월이월	300,000		차	300,000
		:	:	:	:	:
	31	차월이월		200,000		
		합계	1,000,000	1,000,000		

① ₩200,000
② ₩300,000
③ ₩800,000
④ ₩1,000,000

10 상공상점의 결산결과 당기순이익이 ₩100,000이 산출되었으나, 다음과 같은 사항이 누락되었음을 발견하였다. 수정 후의 당기순이익을 계산하면 얼마인가? 단, 보험료 지급시 비용계정으로 임대료는 수입 시 수익계정으로 처리하였다.

가. 보험료 선급액	₩5,000
나. 이자 미수액	₩3,000
다. 임대료 선수액	₩10,000

① ₩98,000
② ₩102,000
③ ₩108,000
④ ₩112,000

11 다음 중 금융부채에 대한 설명으로 옳은 것은?

① 금융기관의 상품 종류를 뜻하는 것으로 선수금 등이 있다.
② 기업의 지분상품을 뜻하는 것으로 기업이 매입한 다른 회사의 주식 등이 있다.
③ 거래 상대방에게 현금 등 금융자산을 수취할 계약상의 권리를 뜻하는 것으로 매출채권 등이 있다.
④ 거래 상대방에게 현금 등 금융자산을 인도하기로 한 계약상의 의무를 뜻하는 것으로 매입채무 등이 있다.

12 다음의 결산 정리 분개로 옳은 것은?

기말 결산시 단기 매매차익 목적으로 보유 중인 주식 100주를 @₩15,000으로 평가하다. 단, 주식의 액면가액은 @₩10,000이고, 결산 전 장부금액은 @₩11,000이다.

	(차)	(대)
①	당기손익금융자산평가손실400,000	당기손익금융자산400,000
②	당기손익금융자산평가손실500,000	당기손익금융자산500,000
③	당기손익금융자산400,000	당기손익금융자산평가이익400,000
④	당기손익금융자산500,000	당기손익금융자산처분이익500,000

13 다음 거래의 분개로 옳은 것은?

가전마트에서 사무실용 벽걸이 선풍기를 ₩160,000에 구입하고 대금은 보통예금 직불카드로 결제하였다.

① (차) 비   품 160,000 (대) 보 통 예 금 160,000
② (차) 비   품 160,000 (대) 미 지 급 금 160,000
③ (차) 상   품 160,000 (대) 미 지 급 금 160,000
④ (차) 상   품 160,000 (대) 보 통 예 금 160,000

14 다음은 상공상점의 7월 중 갑상품 거래 내역이다. 선입선출법에 의한 갑상품의 7월말 재고금액은 얼마인가?

가. 7월 1일 전월이월	100개	@₩1,000	₩100,000
나. 7월 10일 매 입	100개	@₩1,200	₩120,000
다. 7월 15일 매 출	50개	@₩2,000	₩100,000

① ₩120,000
② ₩160,000
③ ₩165,000
④ ₩170,000

15 다음은 소모품에 대한 회계 처리 분개이다. 분개에 대한 설명으로 옳은 것은?

2016년 10월 2일 (차) 소 모 품 100,000 (대) 현   금 100,000
　　　　 12월31일 (차) 소모품비 60,000 (대) 소 모 품 60,000

① 10월 2일 소모품 매입 시 비용처리법으로 처리하였다.
② 당기분 소모품 사용액은 ₩40,000이다.
③ 결산 시 소모품 재고액은 ₩60,000이다.
④ 포괄손익계산서에 기입될 소모품비는 ₩60,000이다.

16 다음 거래를 분개 시 차변에 해당하는 계정과목과 금액으로 옳은 것은? 단, 상품에 관한 거래는 3분법에 의하며 부가가치세는 고려하지 않는다.

> 상공가구는 대한가구로부터 판매용 책상 20대, @₩50,000을 외상으로 매입하고 운임과 하역료 ₩100,000은 현금으로 지급하였다.

① 매입 ₩1,000,000
② 매입 ₩1,100,000
③ 비품 ₩1,000,000
④ 비품 ₩1,100,000

17 다음 거래를 알맞게 분개한 것으로 옳은 것은?

> 영업부 직원들이 상공회관에서 저녁식사 후 식대 ₩150,000을 법인신용카드로 결제하다.

① (차) 복리후생비 150,000 (대) 단기차입금 150,000
② (차) 복리후생비 150,000 (대) 미 수 금 150,000
③ (차) 복리후생비 150,000 (대) 미 지 급 금 150,000
④ (차) 복리후생비 150,000 (대) 외상매입금 150,000

18 다음 자료에 의하여 순매입액을 계산하면 얼마인가?

> 가. 기초상품재고액 ₩30,000   나. 총매입액 ₩500,000
> 다. 매입환출액 ₩30,000   라. 매입에누리액 ₩10,000
> 마. 매입할인액 ₩40,000   바. 인수운임 ₩20,000
> 사. 매출할인액 ₩10,000

① ₩400,000   ② ₩420,000
③ ₩440,000   ④ ₩500,000

19 다음은 상공상사의 유형자산 취득, 감가상각 및 처분에 대한 내역이다. 유형자산 처분 손익을 계산한 금액으로 옳은 것은?

취득 내역	감가상각	처분내역
– 취득일 : 2015년 7월 1일 – 취득 금액 : ₩1,000,000	– 상각방법 : 정액법 – 내용연수 : 5년 – 잔존가치 : ₩0 – 결산일 : 12월31일 – 월할상각	– 처분일 : 2016년 6월 30일 – 처분금액 : ₩700,000

① 처분이익 ₩100,000   ② 처분손실 ₩100,000
③ 처분이익 ₩200,000   ④ 처분손실 ₩200,000

20 다음은 2016년 초에 개업한 개인기업인 상공상사의 2016년 12월 31일 재무상태와 당기의 수익과 비용을 나타낸 것이다. 2016년 초에 출자한 자본금을 계산한 것으로 옳은 것은? 단, 기중의 다른 자본 거래는 없는 것으로 가정한다.

> 가. 12월 31일 재무상태
>   – 기말자산   ₩1,000,000
>   – 기말부채   ₩400,000
> 나. 당기의 수익과 비용
>   – 매출총이익   ₩500,000
>   – 급여   ₩300,000
>   – 임차료   ₩100,000
>   – 이자수익   ₩100,000

① ₩400,000
② ₩500,000
③ ₩600,000
④ ₩700,000

21 주식회사의 자본잉여금에 해당하는 항목으로 옳지 않은 것은?

① 감자차익   ② 이익준비금
③ 주식발행초과금   ④ 자기주식처분이익

22 수익의 인식에 해당하지 않는 것은?

① 재화의 소유에 따른 유의적인 위험과 보상이 구매자에게 이전된 경우
② 상품을 고객에게 제공하고 상품권을 회수한 경우
③ 상품을 판매하고 대금을 3년에 걸쳐 나누어 받기로 한 경우
④ 새로 개발한 상품을 고객에게 시험적으로 사용하게 하기 위해 발송한 경우

23 이번 달 종업원 급여 ₩10,000을 지급하면서 소득세 ₩200을 차감한 잔액은 현금으로 지급하다. 이 거래에 대한 분개로 옳은 것은?

① (차) 현　　　금　10,000　(대) 급　　　여　10,000
② (차) 급　　　여　10,000　(대) 현　　　금　9,800
　　　　　　　　　　　　　　　예　수　금　200
③ (차) 급　　　여　10,000　(대) 현　　　금　10,000
④ (차) 급　　　여　10,200　(대) 현　　　금　10,000
　　　　　　　　　　　　　　　예　수　금　200

24 다음은 비유동자산을 분류한 것이다. (가)에 해당하는 계정과목이 나타나는 거래로 옳지 않은 것은?

비유동자산	투자자산
	유형자산
	(가)
	기타비유동자산

① 컴퓨터소프트웨어 ₩500,000을 현금으로 구입하다.
② 건물에 대한 임차보증금 ₩500,000을 현금으로 지급하다.
③ 신제품 개발을 위한 개발비 ₩500,000을 현금으로 지급하다.
④ 신상품에 대한 특허권 ₩500,000을 취득하고 등록비 ₩10,000 과 함께 현금으로 지급하다.

25 다음 중 물가가 지속적으로 상승하고 있는 경우, 기말재고수량이 기초재고수량보다 많을 때 당기순이익이 크게 계상되는 순서로 옳은 것은?

① 선입선출법 > 이동평균법 > 후입선출법
② 후입선출법 > 이동평균법 > 선입선출법
③ 이동평균법 > 선입선출법 > 후입선출법
④ 이동평균법 > 후입선출법 > 선입선출법

※ 다음 문제를 읽고 알맞은 것을 골라 답안카드의 답란(①, ②, ③, ④)에 표기하시오.

제1과목 ➔ 회계원리

01 다음 중 대차평균의 원리에 관한 설명으로 옳은 것은?

① 자본의 증가는 반드시 자산의 감소를 가져온다.
② 장부 기록에 대한 자기 검증 능력을 갖게 된다.
③ 자산의 총액은 부채 총액에서 자본 총액을 차감한 금액과 일치한다.
④ 모든 거래를 분개하였을 때 차변합계액보다 대변의 합계액이 커야 한다.

02 다음 중 재무상태표 (가)에 기입되는 계정과목으로 옳은 것은?

재무상태표	
(가)	(나)
	자본

① 보험료
② 이자수익
③ 지급어음
④ 외상매출금

03 다음 그림은 결산 절차를 나타낸 것이다. (가)에 해당되는 내용으로 옳은 것은?

결산의 예비절차	⇨	(가)	⇨	결산보고서 작성 절차

① 시산표의 작성
② 정산표의 작성
③ 재무상태표의 작성
④ 총계정원장의 마감

04 다음 중 재고자산과 관련된 설명으로 옳지 않은 것은?

① 판매목적으로 보유하는 자산이다.
② 상품 매입 과정에서 지출되는 부대비용은 판매관리비로 처리한다.
③ 재고자산의 대표적인 예는 상품, 제품이다.
④ 재고자산은 감가상각을 하지 않는다.

05 다음 자료에 의하여 계산한 (주)상공의 기말부채의 금액으로 옳은 것은?

• 2016 회계연도 경영성과	
- 총수익 : ₩800,000	- 총비용 : ₩600,000
• 2016 회계연도 재무상태	
- 기초자산 : ₩500,000	- 기초부채 : ₩200,000
- 기말자산 : ₩700,000	

① ₩200,000
② ₩300,000
③ ₩500,000
④ ₩700,000

06 다음은 (주)상공의 2016년도 손익계정과 잔액시산표(수정 후)의 일부이다. 이에 대한 설명으로 옳은 것은? 단, 기초상품재고액은 ₩30,000이다.

손익			
매입	200,000	매출	350,000
:		:	

잔액시산표(수정후)		
: :		
이월상품	20,000	
: :		

① 순매출액은 ₩200,000이다.
② 매출원가는 ₩180,000이다.
③ 상품매출이익은 ₩70,000이다.
④ 당기순매입액은 ₩190,000이다.

07 다음 거래를 분개할 경우 대변에 기입될 계정과목은?

> 상품 ₩500,000을 매입하고 대금은 신용카드로 결제하다.

① 미수금　　　　　　② 미지급금
③ 외상매입금　　　　④ 외상매출금

08 다음 중 재무상태표와 관련한 내용으로 옳지 않은 것은?

① 기업 실체의 일정 시점에 재무상태를 나타내는 회계보고서이다.
② 기업의 권리(자산), 의무(부채), 순자산(자본)에 관한 정보를 제공한다.
③ 재무상태표 계정의 차기이월액을 집계한 이월시산표를 기초로 작성한다.
④ 기말 재무상태표의 자본이 기초 자본을 초과하는 경우 당기순손실이 발생한 것이다. 단, 손익 거래 외 자본의 증감거래는 발생하지 않는 것으로 가정한다.

09 다음은 (주)상공의 2016년 7월 중 매출처원장이다. 이에 대한 설명으로 옳지 않은 것은?

매출처 원장			
(주)서울			
7/ 1 전월이월	10,000	7/ 3 매　　출	7,000
7/15 매　　출	150,000	7/31 차월이월	153,000
	160,000		160,000
(주)경기			
7/ 1 전월이월	20,000	7/ 7 현　　금	80,000
7/ 5 매　　출	200,000	7/31 차월이월	140,000
	220,000		220,000

① 7월 중 외상매출금 회수액은 ₩80,000이다.
② 7월 중 외상매출 총액은 ₩350,000이다.
③ 7월 중 외상매출금 미회수액은 ₩140,000이다.
④ 7월 중 매출환입 및 매출에누리액은 ₩7,000이다.

10 다음 중 한국채택국제회계기준(K-IFRS)에 따른 포괄손익계산서 구성항목으로 옳은 것은?

① 이익잉여금　　　　② 당기순손익
③ 유동자산　　　　　④ 자본조정

11 다음 중 한국채택국제회계기준(K-IFRS)에서 비용을 기능별분류 방법에 따라 분류하였을 때, 항목과 계정과목 연결이 옳지 않은 것은?

① 물류원가 - 운반비　　② 관리비 - 감가상각비
③ 기타비용 - 임차료　　④ 금융원가 - 이자비용

12 다음의 거래를 분개한 것으로 옳은 것은?

> (주)상공은 당기손익차익 목적으로 보유하고 있는 (주)서울의 주식 50주를 현금 ₩500,000에 매각하였다. (주)서울의 주식에 대한 직전 연도말 장부 금액은 ₩400,000이다.

① (차) 현　　금 500,000 (대) 당기손익금융자산 400,000
　　　　　　　　　　　　　　　당기손익금융자산 100,000
　　　　　　　　　　　　　　　처　분　이　익
② (차) 현　　금 400,000 (대) 당기손익금융자산 500,000
　　　당기손익금융자산 100,000
　　　처　분　이　익
③ (차) 현　　금 500,000 (대) 당기손익금융자산 500,000
④ (차) 현　　금 500,000 (대) 당기손익금융자산 400,000
　　　　　　　　　　　　　　　이　자　수　익 100,000

13 다음은 ㈜상공의 받을어음 계정의 기입 내용이다. 이를 토대로 거래를 추정한 것으로 옳지 않은 것은?

받을어음			
1/10 매　　출	100,000	7/ 5 당좌예금	150,000
5/ 7 외상매출금	200,000	8/21 매　　입	50,000

① 1월 10일 상품 ₩100,000을 매출하고 대금은 동점발행 약속어음으로 받다.
② 5월 7일 거래처의 외상대금 ₩200,000을 동점발행 약속어음으로 받다.
③ 7월 5일 소지하고 있던 약속어음 ₩150,000을 현금으로 받아 은행에 당좌예입하다.
④ 8월 21일 상품 ₩50,000을 매입하고 2개월 만기 당점발행 약속어음으로 지급하다.

14 다음의 결산 절차 중 수정전 시산표 작성과 동일한 결산 절차에서 이루어지는 내용으로 옳은 것은?

① 분개장의 마감　　　② 이월시산표 작성
③ 재무상태표의 작성　④ 결산 정리 사항 수정

15 다음 중 수익적 지출에 해당하는 것은?

① 건물에 피난시설 설치
② 1층에서 2층으로 증축
③ 건물에 엘리베이터 설치
④ 파손된 유리의 교체

16 다음은(주)상공의 2016년 7월 중 상품재고장과 매출 거래를 나타낸 것이다. 이에 대한 설명으로 옳은 것은?

상품재고장
주상공 품명 : 갑상품 (단위:원)

2016	적요	인수			인도			잔액		
		수량	단가	금액	수량	단가	금액	수량	단가	금액
7 1	전월이월	50	600	30,000				50	600	30,000
10	매입	30	700	21,000				{50 30	600 700	30,000 21,000
24	매출				{50 20	600 700	30,000 14,000	10	700	7,000
31	차월이월				10	700	7,000			
		80		51,000	80		51,000			
8 1	전월이월	10	700	7,000				10	700	7,000

7월 24일 매출거래처 (주)수원에 갑상품 70개(@₩900)를 판매한 것이다.

① 7월 중 갑상품의 매출원가는 ₩51,000이다.
② 7월 중 갑상품의 매출총이익은 ₩19,000이다.
③ 이동평균법으로 인도단가를 결정하여 기입한 것이다.
④ 7월 24일 매출을 후입선출법으로 기입할 경우 매출원가는 더 적어진다.

17 수익과 비용의 대응원칙에 따라 비용을 인식하는 방법 중 직접대응에 해당하는 비용으로 옳은 것은?

① 임차료
② 매출원가
③ 광고선전비
④ 통신비

18 다음 거래의 회계처리에 대한 설명으로 옳은 것은?

(주)상공은 3년 만기 정기예금 ₩1,000,000과 이자 ₩50,000을 현금 수령하여 그 중 ₩700,000은 보통예금에 입금하였다.

① 대변에 현금 계정 ₩350,000이 기입된다.
② 차변에 보통예금 계정 ₩700,000이 기입된다.
③ 차변에 정기예금 계정 ₩1,000,000이 기입된다.
④ 대변에 이자비용 계정 ₩50,000이 기입된다.

19 다음의 거래를 분개할 경우 옳은 것은?

종업원에 대한 급여 ₩1,500,000을 자기앞수표로 지급하다.

① (차) 종업원급여 1,500,000 (대) 현　　금 1,500,000
② (차) 종업원급여 1,500,000 (대) 자기앞수표 1,500,000
③ (차) 종업원급여 1,500,000 (대) 당 좌 예 금 1,500,000
④ (차) 종업원급여 1,500,000 (대) 보 통 예 금 1,500,000

20 다음은 대한상사의 총계정원장 일부이다. 자료를 통하여 (가)의 계정과목과 (나)의 금액으로 옳은 것은?

총 계 정 원 장

임대료

12/31 선수수익	30,000	6/1 현　　금	100,000
12/31 손　익	70,000		

(가)

12/31 차기이월	×××	12/31 임 대 료	(나)

① 손　　익　₩30,000
② 선수수익　₩30,000
③ 손　　익　₩70,000
④ 선수수익　₩70,000

21 다음은 (주)상공의 재무상태 및 경영성과에 대한 자료이다. 기말자산과 기말자본을 계산한 것으로 옳은 것은?

가. 기초자산	₩500,000
나. 기초부채	₩200,000
다. 기말부채	₩300,000
라. 기중 수익총액	₩600,000
마. 기중 비용총액	₩400,000

　[기말자산]　　　　[기말자본]
① ₩600,000　　　₩300,000
② ₩600,000　　　₩400,000
③ ₩800,000　　　₩400,000
④ ₩800,000　　　₩500,000

22 다음 중 현금및현금성자산에 속하지 않는 것은?

① 취득 당시 1년 만기의 정기예금
② 취득 당시 상환일까지의 기간이 3개월 이내인 상환주
③ 해외 바이어로부터 수령한 외화현금
④ 취득 당시 만기가 3개월 이내인 양도성예금

23 다음 (가)와 (나)의 거래를 분개할 때 공통으로 기입되는 계정 과목으로 옳은 것은?

> (가) 종업원에 대한 급여 ₩1,500,000을 지급하면서 원천징수 세액(소득세 등) ₩110,000을 제외한 잔액은 보통예금 계좌에서 이체하여 지급하다.
> (나) 지난 달 종업원 급여 지급 시 원천징수한 세액(소득세 등) ₩110,000을 관할세무서 등에 현금으로 납부하다.

① 현금　　　　　　　　② 예수금
③ 보통예금　　　　　　④ 종업원급여

24 다음에서 설명하고 있는 자산으로 분류되는 계정과목으로 옳은 것을 〈보기〉에서 고른 것은?

> 식별 가능한 비화폐성 자산으로 물리적 형체가 없지만 기업이 통제하고 있으며 장기에 걸쳐 미래에 기업에 효익을 제공하는 자산이다.
>
> 〈보기〉
> ㉠ 영업권　　㉡ 저작권　　㉢ 창업비　　㉣ 교육훈련비

① ㄱ, ㄴ　　　　　　　② ㄱ, ㄷ
③ ㄴ, ㄷ　　　　　　　④ ㄷ, ㄹ

25 다음 거래 내용에 대한 분개로 옳은 것은?

> (주)상공은 영업용 건물 ₩100,000을 구입하고 대금은 대한은행 앞 자기앞수표로 지급하였다. 그리고 취득세와 중개수수료 ₩5,000은 현금으로 지급하다.

① (차) 건　　　　　물　105,000　(대) 현　　　　　금　105,000
② (차) 건　　　　　물　105,000　(대) 당좌예금　100,000
　　　　　　　　　　　　　　　　　　현　　　　　금　　5,000
③ (차) 건　　　　　물　100,000　(대) 당좌예금　100,000
　　　수수료비용　　5,000　　　　현　　　　　금　　5,000
④ (차) 건　　　　　물　100,000　(대) 현　　　　　금　105,000
　　　수수료비용　　5,000

※ 다음 문제를 읽고 알맞은 것을 골라 답안카드의 답란(①, ②, ③, ④)에 표기하시오.

제1과목 ➡ 회계원리

01 다음 중 회계의 역할에 대한 설명으로 옳지 않은 것은?

① 회계 거래를 기록, 계산하여 유용한 정보로 정리한다.
② 기업의 사회적 책임 수행 정도를 평가하는 기능이 있다.
③ 경영자의 능력을 평가할 수 있는 비계량적 정보를 제공한다.
④ 회계 정보를 이해관계자의 이용 목적에 따라 효과적으로 제공한다.

02 다음 ㈜상공기업의 2017년 12월 31일 결산 시 결산 정리 분개 후 포괄손익계산서에 표시될 보험료 금액은 얼마인가?

(주)상공기업은 2017년 4월 1일 자동차 보험에 가입 하고 1년분 보험료 ₩120,000을 현금으로 지급하였다.

① ₩30,000
② ₩60,000
③ ₩90,000
④ ₩120,000

03 다음은 결산 전 총계정원장의 잔액이다. 이를 토대로 작성한 잔액시산표 차변 합계 금액은 얼마인가?

가. 현금	₩100,000	나. 외상매출금	₩ 50,000
다. 이월상품	₩ 30,000	라. 외상매입금	₩ 50,000
마. 자본금	₩100,000	바. 매출	₩150,000
사. 매입	₩ 50,000	아. 급여	₩ 70,000

① ₩150,000
② ₩180,000
③ ₩250,000
④ ₩300,000

04 다음은 결산 절차를 나타낸 것이다. (가)에 해당하는 내용으로 옳지 않은 것은?

예비절차	→	본절차 (가)	→	재무제표작성

① 수익과 비용계정은 집합손익계정에 대체한다.
② 영미식 마감법에서는 이월시산표를 작성한다.
③ 주요부 및 보조부 장부를 마감하는 단계이다.
④ 본절차의 마지막 단계에서 정산표를 작성한다.

05 다음 중 회계상 거래에 해당되는 것은?

① 상품을 구입하기로 계약하다.
② 유능한 영업부장을 영입하다.
③ 종업원의 급여 중 일부만 지급하다.
④ 인천에 새로운 영업소 사무실을 임차하기로 결정하다.

06 다음 자료를 회계처리하기 위한 분개로 옳은 것은?

당기에 발생하였으나, 회계기간 말 현재 지급되지 않은 이자

① (차) 이 자 비 용 *** (대) 미 지 급 이 자 ***
② (차) 미 지 급 이 자 *** (대) 이 자 수 익 ***
③ (차) 미 수 이 자 *** (대) 이 자 수 익 ***
④ (차) 이 자 비 용 *** (대) 미 수 이 자 ***

07 당기 말에 임대료 미수액의 계상을 누락하였을 경우, 그 결과 당기의 재무제표에 미치는 영향으로 옳은 것은?

① 수익의 과대계상
② 부채의 과대계상
③ 당기순이익의 과소계상
④ 자산의 과대계상

08 다음 중 포괄손익계산서 비용의 기능별 분류와 성격별 분류에서 동일한 명칭으로 표시되는 과목은?

① 관리비
② 물류원가
③ 기타비용
④ 매출총이익

09 다음 중 포괄손익계산서에 대한 설명으로 옳지 않은 것은?

① 수익은 매출액과 기타수익 및 금융수익으로 구분·표시 된다.
② 일정시점에 있어서 기업의 재무상태를 제공하기 위한 재무제표이다.
③ 비용을 성격별 분류와 기능별 분류 방법을 제시하고 있다.
④ 금융비용은 기업이 재무활동(타인자금의 조달)을 수행함에 따라 발생하는 비용을 말한다.

10 다음 자료를 토대로 계산한 판매비와 관리비의 총금액은 얼마인가?

| - 종업원급여 | ₩500,000 | - 광고선전비 | ₩ 30,000 |
| - 이자비용 | ₩ 20,000 | - 기부금 | ₩ 50,000 |

① ₩100,000
② ₩ 530,000
③ ₩ 550,000
④ ₩ 600,000

11 다음의 회계정보이용자 중 내부이용자에 해당하는 것은?

① 채권자
② 경영자
③ 주주
④ 정부

12 다음 중 어음에 대한 설명으로 옳지 않은 것은?

① 받을어음은 매출채권에, 지급어음은 매입채무에 포함된다.
② 어음의 만기일에 발행인의 지급거절 또는 지급불능이 된 경우, 이를 부도어음이라 한다.
③ 어음을 받고 현금을 대여한 경우, 받을어음 계정의 차변에 기입한다.
④ 환어음은 발행인이 지명인에 대하여 지급기일에 어음금액을 수취인에게 지급하도록 지시한 증서이다.

13 다음 계정의 기입 내용을 설명한 것으로 옳지 않은 것은?

현 금

1/1	전 기 이 월	100,000	4/15	매 입	130,000
3/6	매 출	300,000	6/30	현금과 부족	20,000
9/2	외상매출금	250,000	12/31	차 기 이 월	500,000
		650,000			650,000

현금과부족

| 6/30 | 현 금 | 20,000 | 7/15 | 수도광열비 | 20,000 |

① 6월 30일 현재 금고 속의 현금 실제액은 ₩250,000이다.
② 6월 30일 현재 현금의 실제액이 장부잔액보다 ₩20,000 많음을 발견하다.
③ 9월 2일 거래처로부터 외상매출금 ₩250,000을 현금으로 회수하다.
④ 7월 15일 현금과부족 ₩20,000이 수도요금 지급의 기장 누락으로 판명되어 정리하다.

14 다음 중 현금 및 현금성자산에 해당하지 않는 것은?

① 지급기일이 도래한 채권 이자표
② 취득당시 만기가 3개월 이내 도래하는 수익증권
③ 타인이 발행한 수표
④ 취득당시 만기가 6개월 후인 정기예금

15 (주)상공기업은 단기 시세 차익을 목적으로 1주 액면 ₩5,000의 주식 1,000주를 주당 ₩6,000에 취득하고 수수료 ₩30,000과 함께 현금으로 지급하였다. 주식의 취득원가는 얼마인가?

① ₩5,000,000
② ₩6,000,000
③ ₩5,030,000
④ ₩6,030,000

16 다음 중 금융자산으로 분류되는 계정과목으로 옳지 않은 것은?

① 선급금
② 현금성자산
③ 단기대여금
④ 당기손익-공정가치측정금융자산

17 "신용카드로 매입한 상품 대금 ₩500,000이 카드 결제일에 보통예금에서 인출되다"의 거래를 분개한 것으로 옳은 것은?

① (차) 매 입 500,000 (대) 외상매입금 500,000
② (차) 매 입 500,000 (대) 보 통 예 금 500,000
③ (차) 외상매입금 500,000 (대) 보 통 예 금 500,000
④ (차) 보 통 예 금 500,000 (대) 매 입 500,000

18 다음 자료에서 밑줄 친 ㉠과 ㉡에 해당하는 재고자산으로 옳은 것은?

> 재고자산은 기업이 정상적인 영업활동 과정에서 ㉠ 판매를 목적으로 외부로부터 구입한 물품이나 생산한 물품, ㉡ 생산 중에 있는 물품 또는 판매할 물품을 생산하는데 사용될 자재 및 저장품 등을 말한다.

① ㉠ 상품　　㉡ 원재료
② ㉠ 상품　　㉡ 재공품
③ ㉠ 제품　　㉡ 상품
④ ㉠ 제품　　㉡ 원재료

19 다음 거래를 분개할 때 차변 계정과목과 금액으로 옳은 것은? 단, 상품에 관한 거래는 3분법에 의한다.

> 상공가구는 거래처로부터 판매용 의자 100개 @₩2,000을 외상으로 매입하고 인수운임 ₩10,000은 현금으로 지급하였다.

① 매입　　　　₩210,000
② 상품　　　　₩200,000
③ 운반비　　　₩10,000
④ 외상매입금 ₩200,000

20 다음 제품 생산에 사용할 신형 기계장치를 구입하고 다음의 자료와 같이 대금을 지급하였다. 기계장치의 취득원가를 계산하면 얼마인가?

| 구입대금 | ₩500,000 | 설치비 | ₩20,000 |
| 시운전비 | ₩10,000 | 사용전수리비 | ₩15,000 |

① ₩500,000
② ₩520,000
③ ₩530,000
④ ₩545,000

21 다음은 본사 건물의 감가상각에 관한 내용이다. 2017년도 말 결산 재무제표에 보고되는 건물의 장부가액은 얼마인가?

> 가. 취득일 : 2015년 1월 1일
> 나. 취득원가 : ₩1,000,000
> 다. 내용연수 : 10년
> 라. 잔존 가액 : 없음
> 마. 상각 방법 : 정액법
> 바. 결산일 : 매년 12월 31일

① ₩1,000,000
② ₩900,000
③ ₩800,000
④ ₩700,000

22 다음은 ㈜대한의 비유동자산 취득 관련 거래이다. ㈜대한이 취득한 자산의 특징으로 옳지 않은 것은? 단, 자산의 인식기준을 충족한 것으로 본다

> 4월 5일 ㈜대한은 신제품 개발을 위하여 ₩50,000,000을 보통예금계좌에서 이체하여 지급하다

① 물리적 형태가 없다.
② 식별가능한 화폐성 자산이다.
③ 자산의 취득원가를 신뢰성 있게 측정할 수 있다.
④ 기업에 미래 경제적 효익이 유입될 가능성이 높다.

23 다음 중 주식회사의 주식 할증발행에 대한 설명으로 옳은 것은?

① 발행금액과 액면금액이 같다.
② 주식 발행 결과 자본 총액이 증가한다.
③ 할증발행의 결과 자본조정이 변동된다.
④ 발행가액과 액면가액의 차액을 주식할인발행차금으로 처리한다.

24 다음 중 포괄손익계산서(기능별)의 구성 항목 중 매출원가의 증가로 인하여 변동될 수 있는 내용으로 옳은 것은? 단, 다른 항목은 변동이 없는 것으로 가정한다.

① 매출총이익의 증가
② 영업이익의 감소
③ 물류원가의 증가
④ 당기순이익의 증가

25 다음은 ㈜상공의 영업부 종업원에 대한 이달분 급여 지급내역이다. 거래 내용에 대한 분개로 옳은 것은?

총급여액	원천징수액 (소득세 및 주민세)	차감지급액	지급수단
₩1,500,000	₩110,000	₩1,390,000	보통예금 통장 계좌 이체

① (차)종업원급여 1,390,000 　(대)현　　　금 1,500,000
　　　예　수　금　　110,000

② (차)종업원급여 1,500,000 　(대)예　수　금　　110,000
　　　　　　　　　　　　　　　　　현　　　금 1,390,000

③ (차)종업원급여 1,390,000 　(대)보 통 예 금 1,500,000
　　　예　수　금　　110,000

④ (차)종업원급여 1,500,000 　(대)예　수　금　　110,000
　　　　　　　　　　　　　　　　　보 통 예 금 1,390,000

※ 다음 문제를 읽고 알맞은 것을 골라 답안카드의 답란(①, ②, ③, ④)에 표기하시오.

제1과목 ⊙ 회계원리

01 거래의 이중성에 따라 거래 하나하나의 차변과 대변 금액은 일치한다. 아무리 많은 거래가 발생하여도 전체 거래의 차변과 대변의 합계 금액은 항상 일치하는 것을 무엇이라 하는가?

① 발생주의
② 복식부기
③ 대차평균의 원리
④ 현금주의

02 다음의 거래에 해당하는 거래 요소의 결합 관계로 옳은 것은?

> 건물에 대한 임차료 ₩100,000을 현금으로 지급한다.

① (차변) 자산의 증가 　　(대변) 자산의 감소
② (차변) 부채의 감소 　　(대변) 자산의 감소
③ (차변) 비용의 발생 　　(대변) 자산의 감소
④ (차변) 수익의 발생 　　(대변) 자산의 감소

03 다음은 ㈜대한상공의 잘못 기입한 이월시산표이다. 이월시산표를 수정한 후에 이에 대한 설명으로 옳은 것은?

이 월 시 산 표

㈜대한상공　　　2017년 12월 31일　　　(단위: 원)

차변	원면	계정과목	대변
300,000		현금	
		상품	250,000
100,000		받을어음	
80,000	생략	외상매출금	
		지급어음	350,000
200,000		미지급금	
		자본금	180,000
680,000			780,000

① 매출채권은 ₩350,000이다.
② 당기순이익은 ₩180,000이다.
③ 기말자산 총액은 ₩680,000이다.
④ 기말상품재고액은 ₩250,000이다.

04 다음 중 기업이 시산표를 작성하는 이유로 옳은 것은?

① 분개장에서 총계정원장의 전기가 정확한지를 파악하기 위함이다.
② 잔액시산표의 작성을 통해 정확한 당기순이익을 산출하기 위함이다.
③ 회계상 거래가 분개장에 정확히 분개되었는가를 확인하기 위함이다.
④ 거래의 이중성에 의해 분개장의 기록이 정확한지를 파악하기 위함이다.

05 상공상점의 거래 내용이다. 회계 기간말인 2017년 12월 31일의 보험료 결산정리 분개로 옳은 것은?

> 2017년 11월 1일 1년분 보험료 ₩240,000을 현금으로 지급하다.(단, 지급 시 자산으로 처리하였다.)

① (차) 보　　험　　료　40,000 (대) 선급보험료　40,000
② (차) 보　　험　　료 200,000 (대) 선급보험료 200,000
③ (차) 선급보험료　40,000 (대) 보　　험　　료　40,000
④ (차) 선급보험료 200,000 (대) 보　　험　　료 200,000

06 회계 정보 이용자의 이용 목적에 따라 회계를 분류할 때 밑줄 친 ㉠과 ㉡에 해당하는 회계의 분류로 옳은 것은?

> **회계 정보 활용에 관한 보고서**
> 이해 관계자에 따라 다양한 회계 정보가 제공되고 활용된다. 예를 들면 ㉠ 기업에 투자를 하고자 하는 외부 투자자에게 회계정보를 제공하거나 ㉡ 기업의 성장과 발전을 도모하고자 경영자에게 경영의 계획과 통제를 위한 회계 정보를 제공하기도 한다. (생략)

① ㉠ 관리회계　　㉡ 세무회계
② ㉠ 관리회계　　㉡ 재무회계
③ ㉠ 세무회계　　㉡ 관리회계
④ ㉠ 재무회계　　㉡ 관리회계

07 제조업을 영위하는 ㈜상공전자의 영업이익이 증가될 수 있는 요인으로 옳은 것은?

① 매출액의 증가
② 접대비의 증가
③ 매출원가의 증가
④ 배당금수익의 증가

08 다음 중 포괄손익계산서의 구성 요소로 볼 수 없는 것은?

① 영업이익   ② 매출채권
③ 매출액   ④ 매출원가

09 다음의 자료를 토대로 계산한 당기 총포괄손익 금액으로 옳은 것은?

가. 수익(매출)	₩200,000	나. 매출원가	₩100,000
다. 급여	₩50,000	라. 보험료	₩30,000
마. 기타포괄손익-공정가치측정금융자산평가손실			₩30,000

① 손실 ₩10,000   ② 이익 ₩20,000
③ 손실 ₩30,000   ④ 이익 ₩100,000

10 다음 중 현금 및 현금성자산에 포함되는 내용으로 바르게 짝지어진 것은?

① 자기앞수표, 당좌예금
② 보통예금, 상품
③ 송금수표, 받을어음
④ 송금환, 당기손익-공정가치측정금융자산

11 금융자산과 금융부채에 대한 설명으로 옳은 것은?

① 금융자산의 종류로는 현금, 당좌예금, 선급금, 매출채권이 있다.
② 금융부채의 종류로는 매입채무, 미지급금, 차입금, 선수수익이 있다.
③ 선급비용은 재화나 용역을 수취할 예정이므로 금융자산에 포함된다.
④ 선수금은 재화나 용역을 제공해야 하는 것이므로 금융부채가 아니다.

12 다음 자료에서 금융자산의 합계액을 계산하면 얼마인가?

선급금	₩3,000	매출채권	₩20,000
선급비용	₩1,000	당기손익-공정가치측정금융자산	₩4,000
현금및현금성자산	₩10,000		

① ₩14,000   ② ₩23,000
③ ₩34,000   ④ ₩38,000

13 다음 거래의 분개로 옳은 것은?

㈜서울은 외상매입금 ₩200,000을 지급하기 위해 ㈜경기로부터 받아 보관중인 어음을 배서양도하였다.

① (차) 외상매입금 200,000 (대) 지 급 어 음 200,000
② (차) 외상매입금 200,000 (대) 받 을 어 음 200,000
③ (차) 지 급 어 음 200,000 (대) 외상매입금 200,000
④ (차) 받 을 어 음 200,000 (대) 외상매입금 200,000

14 다음 매출처원장에 기입된 내용에 대한 설명으로 옳은 것은?

매출처원장

갑상점

1/1	전 기 이 월	40,000	6/3	당 좌 예 금	30,000
6/1	매 출	80,000			

을상점

1/1	전 기 이 월	60,000	6/3	현 금	50,000
6/7	매 출	120,000			

① 당기 외상매출금 증가액은 ₩300,000이다.
② 6월중 외상으로 매출한 금액은 ₩200,000이다.
③ 6월중 외상매출금 회수액은 ₩220,000이다.
④ 6월말 외상매출금 미회수액은 ₩120,000이다.

15 다음 거래를 분개 시 대변의 계정과목으로 옳은 것은?

거래처에서 상품을 매입하고
대금은 법인신용카드로 결제하였다.

① 미지급금   ② 보통예금
③ 지급어음   ④ 외상매입금

16 다음의 설명에 해당하는 자산의 분류로 옳은 것은?

• 정상적인 영업과정에서 판매를 위하여 보유중인 자산
• 정상적인 영업과정에서 판매를 위하여 생산중인 자산
• 생산이나 용역 제공에 사용될 원재료와 소모품

① 당좌자산   ② 유형자산
③ 투자자산   ④ 재고자산

17 아래 자료를 보고 차량운반구의 취득원가를 계산하시오.

가. 승용차 구입	₩10,000,000
나. 차량취득세	₩ 110,000
다. 자동차세	₩ 200,000

① ₩10,000,000   ② ₩10,110,000

③ ₩10,200,000   ④ ₩10,310,000

18 다음 자료에 의하여 ㈜상공기업의 토지 취득원가를 계산하면 얼마인가?

㈜상공기업은 공장용 건물 신축을 위하여 토지를 ₩5,000,000에 구입하고 대금은 수표를 발행하여 지급하였다. 이에 따른 취득세 ₩60,000, 등기비용 ₩40,000, 중개수수료 ₩200,000은 현금으로 지급하였다.

① ₩5,000,000   ② ₩5,100,000

③ ₩5,200,000   ④ ₩5,300,000

19 다음 자료는 ㈜상공전자의 비용 지출내역이다. 회계처리 시 계정과목으로 사용하지 않은 것은?

- 회사 전화요금
- 거래처직원과 식사
- 불우이웃 돕기 성금
- 회사홍보용 기념품제작비

① 광고선전비   ② 복리후생비

③ 통신비   ④ 기부금

20 ㈜상공의 7월 중 일부 거래 내용이다. 다음 거래에서 계정과목으로 발생하지 않은 것은?

7월 9일 본사 영업부 사원 김회계의 결혼 축하금 ₩100,000을 현금으로 지급하다.

7월16일 회사의 업무 수행을 위해 국내 출장을 다녀온 김사원으로부터 식대, 교통비, 숙박비 ₩250,000에 대한 증빙을 제출받아 처리하다.

7월23일 공장 건물로 사용하고 있는 건물에 대한 사용료 ₩300,000을 현금으로 지급하다.

① 접대비   ② 복리후생비

③ 여비교통비   ④ 임차료

21 다음 중 회계 처리 시 이자수익에 해당하는 것으로 옳은 것은?

① 부동산을 임대하고 받은 사용료

② 사채를 상환하고 생긴 상환 이익

③ 주식 발행회사로부터 받은 이익 분배금

④ 채권 만기 시 수취액과 액면금액과의 차액

22 다음은 상공기업의 급여 지급 거래이다. 거래를 분개할 경우, 종업원 급여 계정에 기입되는 포괄손익계산서(기능별) 항목과 금액으로 옳은 것은?

5월분 관리팀 종업원 급여 ₩700,000에 대하여 소득세 ₩15,000과 건강보험료 ₩20,000을 원천징수하고 보통예금 계좌에서 이체하여 지급하다.

① 금융비용   ₩665,000

② 기타비용   ₩665,000

③ 매출원가   ₩700,000

④ 판매비와관리비   ₩700,000

23 다음 거래의 회계처리에 대한 수정 분개로 옳은 것은?

종업원에 대한 급여 ₩1,500,000을 지급하고 원천징수세액(소득세 등) ₩110,000을 제외한 잔액은 보통예금 계좌에서 이체하여 지급한 거래에 대하여 다음과 같이 분개 하였다.

(차) 종업원급여 1,500,000 (대) 가 수 금   110,000
　　　　　　　　　　　　　　　　　보 통 예 금 1,390,000

① (차) 가 수 금 110,000 (대) 가 지 급 금 110,000

② (차) 가 수 금 110,000 (대) 예 수 금 110,000

③ (차) 가 수 금 110,000 (대) 미 지 급 금 110,000

④ (차) 가 수 금 110,000 (대) 미 수 금 110,000

24 다음 자료와 관련하여 수익이 인식되는 시기로 옳은 것은?

도매업을 하는 상공전자는 수원전자로부터 5월에 에어컨 10대(@₩1,450,000)를 매입하겠다는 전화를 받고, 6월 납품일자가 되어 에어컨 10대를 거래처에 발송하였다. 대금은 2차례로 나누어 받기로 하고 7월에 ₩725,000을 보통예금 계좌로 송금받고, 8월에 ₩725,000을 회수하였다.

① 5월   ② 6월

③ 7월   ④ 8월

25 다음 거래의 분개로 옳은 것은?

남대문 상사의 파산으로 외상매출금 잔액 ₩100,000이 회수 불능 되었다. 단, 대손충당금 잔액은 ₩20,000이 있다.

① (차) 대손충당금 20,000 (대) 외상매출금 20,000

② (차) 대손충당금 100,000 (대) 외상매출금 100,000

③ (차) 대손상각비 20,000 (대) 외상매출금 100,000
　　　대손충당금 80,000

④ (차) 대손충당금 20,000 (대) 외상매출금 100,000
　　　대손상각비 80,000

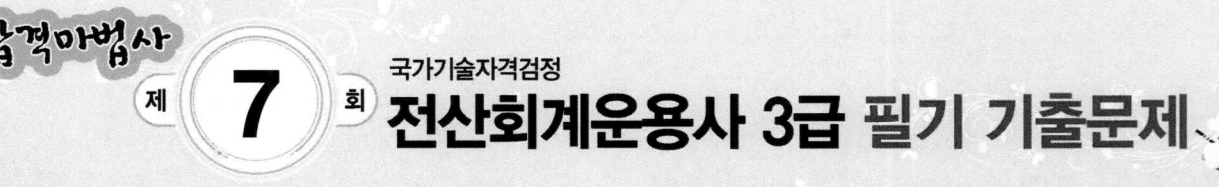
※ 다음 문제를 읽고 알맞은 것을 골라 답안카드의 답란(①, ②, ③, ④)에 표기하시오.

제1과목 ➡ 회계원리

01 재무회계 정보를 통해 경제적 의사결정을 하는 기업의 외부 정보 이용자로 옳지 않은 것은?

① 경영자
② 소비자
③ 채권자
④ 투자자

02 다음 중 기업의 재무상태를 나타내는 항목으로만 짝지어진 것은?

① 부채, 비용
② 자본, 수익
③ 수익, 비용
④ 자산, 자본

03 다음 중 복식부기에 대한 특징으로 옳지 않은 것은?

① 자기검증기능으로 오류를 발견할 수 있다.
② 기록, 계산 방식이 매우 단순하여 기업의 종합적인 재정상태를 파악할 수 있다.
③ 대차평균의 원리에 의해 차변과 대변의 합계는 항상 일치한다.
④ 거래의 이중성에 따른 인과관계를 기록한다.

04 회계상의 거래로 옳지 않은 것은? 단, 거래금액 표시는 생략됨

① 상품이 화재로 소실되다.
② 사원을 채용하기로 하다.
③ 상품을 현금으로 매입하다.
④ 외상대금을 어음으로 지급하다.

05 시산표에 대한 설명으로 옳은 것은?

① 회계기간 말에 작성하는 재무제표이다.
② 합계시산표는 총계정원장의 각 계정의 잔액을 산출하여 작성한다.
③ 시산표등식은 기말자산 + 총비용 = 기말부채 + 기말자본 + 총수익이다.
④ 분개장에서 총계정원장으로의 전기가 정확한가를 검증하기 위해 작성하는 계정집계표이다.

06 당기순손익 외에 자본의 변동이 없다고 가정할 때, 다음 자료를 토대로 당기순손익을 계산한 금액으로 옳은 것은?

가. 기초자산	₩300,000	나. 기초부채	₩200,000
다. 기말자산	₩400,000	라. 기말부채	₩250,000

① 순이익 ₩50,000
② 순손실 ₩50,000
③ 순이익 ₩150,000
④ 순손실 ₩150,000

07 다음 (주)대한상공의 소모품과 관련된 거래이다. 결산수정분개로 옳은 것은?

7월 1일	사무용 소모품 ₩100,000을 현금으로 구입하다. (구입시 비용으로 처리함)
12월 31일	결산시 사무용 소모품 미사용액은 ₩10,000이다.

① (차) 소 모 품 10,000 (대) 소모품비 10,000
② (차) 소 모 품 90,000 (대) 소모품비 90,000
③ (차) 소모품비 10,000 (대) 소 모 품 10,000
④ (차) 소모품비 90,000 (대) 소 모 품 90,000

08 다음 임대료 계정을 통해 알 수 있는 내용으로 옳은 것은?

임 대 료			
12/31 선수임대료	180,000	10/1 현 금	240,000
12/31 손 익	60,000		
	240,000		240,000

① 임대료 차기분은 ₩180,000이다.
② 재무상태표에 기입될 선수임대료는 ₩60,000이다.
③ 포괄손익계산서에 기입될 임대료는 ₩240,000이다.
④ 임대료 당기분을 차기로 이월하는 것을 수익의 예상이라 한다.

09 다음은 (주)상공의 자료이다. (주)상공의 판매비와 관리비의 금액으로 옳은 것은?

가. 광고선전비	₩1,000,000
나. 세금과공과	₩ 120,000
다. 복리후생비	₩ 250,000
라. 이자비용	₩ 20,000
마. 기부금	₩ 50,000
바. 급여	₩ 500,000

① ₩1,750,000
② ₩1,820,000
③ ₩1,870,000
④ ₩1,890,000

10 한국채택국제회계기준(K-IFRS)에 따른 포괄손익계산서(기능별)에서 영업이익을 계산하는 방법으로 옳은 것은?

① 순매출액 - 매출원가
② 매출총이익 - (물류원가 + 관리비)
③ 법인세비용차감전순이익 - 법인세비용
④ 매출총이익 + 기타수익 - (기타비용 + 금융원가)

11 한국채택국제회계기준(K-IFRS)에 따른 비용의 기능별 분류 시 관리비에 해당하는 계정과목으로 옳은 것은?

① 접대비
② 이자비용
③ 종업원급여
④ 당기손익-공정가치측정금융자산처분손실

12 다음은 (주)상공기업의 약식 포괄손익계산서이다. (가)에 들어갈 당기순손익과 관련된 과목으로 옳은 것은?

포괄손익계산서
2017년 1월 1일부터 2017년 12월 31일까지

㈜상공기업			(단위 : 원)
급 여	500,000	상품매출이익	800,000
임 차 료	100,000	수 수 료 수 익	200,000
이 자 비 용	200,000		
(가)	200,000		
	1,000,000		1,000,000

① 손익
② 자본금
③ 당기순손실
④ 당기순이익

13 다음 중 영업외수익으로 옳지 않은 것은?

① 임차료
② 이자수익
③ 유형자산처분이익
④ 당기손익-공정가치측정금융자산평가이익

14 다음 거래를 분개 시 차변에 나타나는 계정과목으로 옳은 것은?

만기가 60일 남은 채권을 구입하고 대금은 수표를 발행하여 지급하다.

① 사채
② 정기예금
③ 현금성자산
④ 당기손익-공정가치측정금융자산

15 다음 중 현금성자산으로 옳지 않은 것은?

① 취득 당시 3개월 이내의 환매 조건이 있는 환매채
② 취득 당시 만기가 3개월 이내에 도래하는 정기예금
③ 취득 당시 만기가 3개월 이내에 도래하는 받을어음
④ 취득 당시 상환일까지의 기간이 3개월 이내인 상환 우선주

16 다음과 같은 특징을 지닌 금융자산의 종류로 옳은 것은?

• 최초 인식 시 공정가치로 측정한다.
• 평가손익을 기타포괄손익으로 인식한다.
• 평가손익 누계액은 재무상태표 자본 항목으로 표시한다.

① 당기손익-공정가치측정금융자산
② 기타포괄손익-공정가치측정금융자산
③ 대여금
④ 수취채권

17 다음 중 금융부채에 해당하지 않는 것은?

① 사채　　　　　　　　② 선수금
③ 지급어음　　　　　　④ 외상매입금

18 의류도매업을 경영하는 (주)상공이 다음의 거래를 분개할 때 대변 계정과목으로 옳은 것은?

> (주)수원가구로부터 사무실 업무용 책상과 의자 5조를 ₩1,000,000에 구입하고, 대금은 외상으로 하다.

① 미수금　　　　　　　② 미지급금
③ 외상매입금　　　　　④ 외상매출금

19 다음 자료의 거래를 분개할 때 (가)와 (나)의 대변 계정과목을 표시한 것 중 옳은 것은?

> (가) 대전전자로부터 사무실 업무용 컴퓨터 1대를 ₩800,000에 매입하고, 대금은 신용카드로 결제하다.
> (나) 수원문구에서 사무용소모품 ₩100,000을 매입하고, 대금은 직불카드로 결제하다. 단, 직불카드의 결제계좌는 보통예금이며 사무용소모품은 비용으로 처리하다.

① (가) 미수금　　　(나) 보통예금
② (가) 미지급금　　(나) 보통예금
③ (가) 외상매입금　(나) 미지급금
④ (가) 외상매출금　(나) 미수금

20 그림은 어음과 관련된 거래를 나타낸 것이다. A기업 입장에서 7월 5일 거래를 분개한 것으로 옳은 것은?

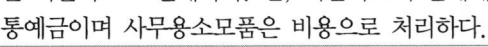

① (차) 매　　　입 100　(대) 지 급 어 음 100
② (차) 매　　　입 100　(대) 받 을 어 음 100
③ (차) 지 급 어 음 100　(대) 매　　　입 100
④ (차) 받 을 어 음 100　(대) 매　　　입 100

21 상품매매업을 영위하는 회사인 (주)대한은 (주)상공에서 상품 ₩500,000을 매입하고 대금은 신용카드로 결제하였다. 이를 분개할 때 대변에 기입될 계정과목으로 옳은 것은?

① 미수금
② 선급금
③ 미지급금
④ 외상매입금

22 다음은 노트북 판매 대리점을 운영하고 있는 상공의 자산내역 일부이다. 재고자산의 합계금액을 계산하시오.

판매용노트북	₩10,000,000
업무용노트북	₩ 1,000,000
건물	₩15,000,000
투자목적소유토지	₩30,000,000

① ₩56,000,000
② ₩26,000,000
③ ₩11,000,000
④ ₩10,000,000

23 한국채택국제회계기준(K-IFRS)에서의 재고자산감모손실 및 재고자산평가손실을 처리하는 기준에 대한 설명으로 옳지 않은 것은?

① 재고자산감모손실이 발생하면 일반적으로 이월상품이 감소한다.
② 재고자산을 순실현가능가치로 감액한 평가손실은 감액이 발생한 기간에 매출원가에 산입한다.
③ 정상적으로 발생한 재고자산감모손실은 재고자산에 포함한다.
④ 비정상적인 재고자산감모손실은 감모가 발생한 기간에 기타비용으로 인식한다.

24 아래 자료는 종업원 박상공의 9월분 급여내역이다. 회계처리 시 나타나는 계정과목과 금액으로 옳지 않은 것은?

9월분		급여	
급여	₩2,000,000	가불액(8/5)	₩100,000
		소득세	₩ 30,000
		국민연금	₩ 70,000
		건강보험료	₩ 50,000
		차감지급액 (보통예금)	₩1,750,000

① 종업원급여　　　　　₩1,750,000
② 단기대여금　　　　　₩100,000
③ 보통예금　　　　　　₩1,750,000
④ 예수금(항목통합시)　₩150,000

25 다음의 결산 절차 중 수정전시산표 작성과 동일한 결산 절차에서 이루어지는 내용으로 옳은 것은?

① 분개장의 마감
② 이월시산표의 작성
③ 재무상태표의 작성
④ 결산 정리 사항 수정

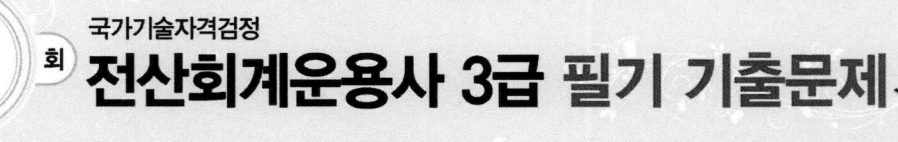
※ 다음 문제를 읽고 알맞은 것을 골라 답안카드의 답란(①, ②, ③, ④)에 표기하시오.

제1과목 → 회계원리

01 다음 중 계정의 기입 방법에 대한 설명으로 옳은 것은?

① 자산계정은 증가를 차변에, 감소를 대변에 기입하며, 잔액은 대변에 남는다.

② 부채계정은 증가를 대변에, 감소를 차변에 기입하며, 잔액은 차변에 남는다.

③ 자본계정은 증가를 대변에, 감소를 차변에 기입하며, 잔액은 차변에 남는다.

④ 수익계정은 발생을 대변에, 소멸을 차변에 기입하며, 잔액은 대변에 남는다.

02 다음 이월시산표와 관련된 내용으로 옳지 않은 것은?

① 결산의 본절차 과정에서 작성한다.

② 영미식으로 마감하였을 때 검증하는 절차이다.

③ 재무상태표를 작성하는 기초자료가 된다.

④ 자산 · 부채 · 자본 · 수익 · 비용 순으로 작성한다.

03 다음 중 시산표에 대한 설명으로 옳은 것은?

① 작성 시기에 따라 합계, 잔액, 합계잔액 시산표로 분류할 수 있다.

② 분개내용의 정확성을 검증할 수 있다.

③ 시산표를 통해 모든 오류를 검증 할 수 있다.

④ 총계정원장에의 전기가 정확한가를 파악할 수 있다.

04 다음 거래를 전표에 기표할 때 전표의 종류와 계정과목으로 옳은 것은? (단, 상품매매는 3분법, 전표제도는 3전표제에 의한다.)

청량상점에 상품 100개 (@₩2,000)를 매출하고, 대금은 동점 발행 당좌수표로 받다.

① 입금전표, 매출

② 입금전표, 상품

③ 출금전표, 매출

④ 대체전표, 매출

05 기업의 재무상태표를 통하여 얻는 정보로 옳지 않은 것은?

① 기업의 성공적인 자금조달 방법을 예측하는데 유용한 정보를 제공한다.

② 기업의 재무적 건전성과 재무구조에 대한 유용한 정보를 제공한다.

③ 기업의 유동성과 보유중인 경제적 자원에 대한 유용한 정보를 제공한다.

④ 기업의 재무성과정보를 통해서 기업이 현재의 자원으로부터 현금을 창출할 수 있는 능력을 예측하는데 유용한 정보를 제공한다.

06 포괄손익계산서(기능별)에 관한 설명으로 옳지 않은 것은?

① 순매출액에서 매출원가를 차감하여 매출총이익을 계산한다.

② 일정기간에 기업의 재무성과를 나타내는 회계 보고서이다.

③ 총포괄손익은 당기순손익과 기타포괄손익의 모든 구성요소를 포함한다.

④ 보험료, 감가상각비, 세금과공과, 이자비용 등은 관리비로 분류한다.

07 다음 자료에 의하여 포괄손익을 계산하면 얼마인가? (단, 제시된 자료 외에 법인세 비용 등은 고려하지 말 것)

종업원급여	₩25,000	매출총이익	₩40,000
이자비용	₩ 2,000	보험료	₩ 4,000
기부금	₩ 5,000	유형자산처분이익	₩ 7,000
임차료	₩ 1,500	해외사업환산이익	₩ 3,000

① 포괄손실 ₩11,000   ② 포괄이익 ₩12,500
③ 포괄이익 ₩14,000   ④ 포괄손실 ₩12,500

08 다음은 유동자산으로 분류되는 내용이다. 옳지 않은 것은?

① 주로 단기매매목적으로 보유하고 있다.
② 영업주기내에 결제해야 할 것으로 예상하고 있다.
③ 보고기간 후 12개월 이내에 실현될 것으로 예상한다.
④ 현금이나 현금성자산으로서, 교환이나 부채 상환 목적으로의 사용에 대한 제한 기간이 보고기간 후 12개월 이내이다.

09 다음 거래의 분개로 옳은 것은?

결산 시 현금과부족 계정 대변잔액 ₩20,000 중 ₩9,000은 임차료 ₩45,000을 지급한 것을 ₩54,000으로 오기하였음을 발견하고, 나머지는 원인이 밝혀지지 않았다.

① (차) 임차료   9,000   (대) 현금과부족 9,000
② (차) 현금과부족 9,000   (대) 임차료   9,000
③ (차) 임차료   9,000   (대) 현금과부족 20,000
　　　 잡손실   11,000
④ (차) 현금과부족 20,000   (대) 임차료   9,000
　　　　　　　　　　　　　　　　　　 잡이익   11,000

10 다음 거래의 분개로 옳은 것은? (단, 정액자금선급법을 사용한다.)

회계과는 용도계에 제 경비 지급을 위한 자금으로 당좌수표 ₩200,000을 발행하여 선급하다.

① (차) 선급금   200,000   (대) 당좌예금 200,000
② (차) 선수금   200,000   (대) 소액현금 200,000
③ (차) 가지급금 200,000   (대) 당좌수표 200,000
④ (차) 소액현금 200,000   (대) 당좌예금 200,000

11 시장성이 있는 당기손익-공정가치측정금융자산의 설명으로 옳지 않은 것은? (단, 당기손익-공정가치측정금융자산은 20X1년 12월 중에 취득하였다.)

종목	취득원가	20X1년 말 공정가치	20X2년 말 공정가치
(주)상공	₩2,000,000	₩2,500,000	₩2,200,000

① 20X1년 말 당기손익-공정가치측정금융자산평가이익은 ₩500,000이다.
② 20X2년 말 당기손익-공정가치측정금융자산평가손실은 ₩300,000이다.
③ 20X1년 말 재무상태표에 반영될 당기손익-공정가치측정금융자산의 금액은 ₩2,000,000이다.
④ 20X2년 말 재무상태표에 반영될 당기손익-공정가치측정금융자산의 금액은 ₩2,200,000이다

12 한국(사)은 소액현금제도의 정액자금선급법을 채택하고 있다. 다음 거래의 날짜별 분개로 옳은 것은?

● 11월 1일 회계과는 용도계에 소액경비 지급을 위하여 ₩1,000,000의 당좌수표를 발행하여 선급하다.
● 11월 30일 용도계로부터 다음의 경비가 지출되었음을 보고 받다.
　- 사무용품비: ₩350,000
　- 교통비: ₩200,000
　- 통신비: ₩50,000
　- 소액현금 실제 잔액: ₩380,000
　- 소액현금의 과부족액은 원인을 알 수 없음.
● 12월 1일 회계과는 용도계에 전월말 보고액과 동액의 당좌수표를 발행하여 보급하다.

① **11월 1일**
　(차) 소액현금 1,000,000   (대) 현금   1,000,000
② **11월 30일**
　(차) 소모품비   350,000   (대) 소액현금 600,000
　(차) 여비교통비 200,000
　(차) 통신비   50,000
③ **11월 30일**
　(차) 소모품비   350,000   (대) 당좌예금 620,000
　(차) 여비교통비 200,000
　(차) 통신비   50,000
　(차) 현금과부족   20,000
④ **12월 1일**
　(차) 소액현금   620,000   (대) 당좌예금 620,000

 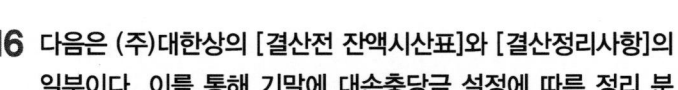

13 다음 거래에 대하여 분개할 경우 ( )안에 동일하게 들어갈 계정과목으로 옳은 것은?

> • 5월 1일 영업사원 김봉달을 부산에 출장을 보내고, 여비개산액 ₩100,000을 현금으로 지급하다.
> • 5월 20일 출장 간 영업사원 김봉달이 돌아와 여비개산액 전부를 여비교통비로 사용하였음을 정산하다.

분개 일자	차변		대변	
	계정과목	금액	계정과목	금액
5월 1일	( )	100,000	현금	100,000
5월 20일	여비교통비	100,000	( )	100,000

① 선급금
② 가수금
③ 가지급금
④ 여비교통비

14 다음 자료를 이용하여 금융자산 총액을 계산하면 얼마인가?

선급금	₩ 20,000	상품	₩ 150,000
특허권	₩ 70,000	선수수익	₩ 40,000
단기대여금	₩ 80,000	선수금	₩ 30,000
당기손익-공정가치측정금융자산			₩ 50,000

① ₩130,000
② ₩150,000
③ ₩220,000
④ ₩370,000

15 다음 자료를 토대로 재무상태표에 계상할 현금 및 현금성자산의 금액으로 옳은 것은? (단, 만기는 취득시점에서의 만기이다.)

가. 타인발행수표		₩ 200,000
나. 양도성예금증서(만기 : 2개월 남음)		₩ 10,000
다. 만기일전 약속어음		₩ 100,000
라. 송금수표		₩ 70,000
마. 정기적금(만기 : 6개월 남음)		₩ 90,000

① ₩270,000
② ₩280,000
③ ₩370,000
④ ₩470,000

16 다음은 (주)대한상의 [결산전 잔액시산표]와 [결산정리사항]의 일부이다. 이를 통해 기말에 대손충당금 설정에 따른 정리 분개로 옳은 것은?

[결산전 잔액시산표]

잔액시산표

현 금	182,000	외상매입금	100,000
외상매출금	150,000	미 지 급 금	200,000
받 을 어 음	170,000	대손충당금	2,000
비 품	100,000	자 본 금	300,000
	⋮		⋮
	xxx		xxx

[결산정리사항]
기말 매출채권 잔액에 대하여 1%의 대손을 예상하다.

① (차) 대손상각비 1,200 (대) 대손충당금 1,200
② (차) 대손충당금 1,200 (대) 대손상각비 1,200
③ (차) 대손상각비 3,200 (대) 대손충당금 3,200
④ (차) 대손충당금 3,200 (대) 대손상각비 3,200

17 다음 거래를 분개한 것으로 옳은 것은? (단, 상품계정은 3분법에 의한다.)

> 판매용 컴퓨터 1대를 ₩500,000(원가 ₩400,000)에 매출하고, 대금은 신용카드로 결제 받다.

① (차) 미수금 500,000 (대) 비품 400,000
　　　　　　　　　　　 유형자산처분이익 100,000
② (차) 외상매출금 500,000 (대) 상품 400,000
　　　　　　　　　　　 상품매출이익 100,000
③ (차) 외상매출금 500,000 (대) 매출 500,000
④ (차) 미수금 500,000 (대) 매출 500,000

18 다음 중 상품과 관련된 설명 중 적절하지 않은 것은?

① 매입자가 부담한 운반비는 매입한 자산의 최초원가에 포함시킨다.
② 판매과정에서 발생한 운반비는 당기비용으로 처리한다.
③ 상품구입 시 매입에누리가 발생하면, 상품의 취득원가는 동 금액만큼 증가한다.
④ 기말상품재고액은 판매가능상품원가에서 매출원가를 차감하여 구할 수 있다.

19 다음은 계정과목에 대한 설명이다. (가)~(다)에 해당하는 계정과목으로 옳은 것은?

> (가) 상품을 매입하기 위하여 대금의 일부를 계약금의 형태로 지급하는 금액을 말한다.
> (나) 현금의 수입은 있었으나 계정과목이 확정되어있지 않은 경우를 말한다.
> (다) 일반적인 상거래이외의 거래에서 발생한 채무를 말한다.

	가	나	다
①	선급금	가지급금	미지급금
②	선급금	가수금	미지급금
③	선수금	가수금	미수금
④	선수금	가지급금	미수금

20 다음 상품의 순매입액으로 옳은 것은?

> – 총매입액 : ₩1,000,000
> – 운반비 : ₩150,000(당사 부담)
> – 매출처에서 계속적인 거래를 위하여 ₩100,000 할인해 줌

① ₩1,000,000 ② ₩1,050,000
③ ₩1,150,000 ④ ₩1,250,000

21 다음은 상품재고장의 일부이다. 이를 근거로 9월 중 갑상품의 순매입액과 매출원가를 계산한 것으로 옳은 것은? (단, 매입환출 및 에누리는 인수란에 주기하여 차감하였고, 매입할인과 매출할인은 없다.)

상품재고장

선입선출법   품명 : 갑상품   단위 : 개, 원

월일	적요	인수			인도			잔액		
		수량	단가	금액	수량	단가	금액	수량	단가	금액
9 1	전월이월	20	1,000	20,000				20	1,000	20,000
		⋮	⋮	⋮	⋮	⋮	⋮	⋮	⋮	⋮
30	차월이월				20	1,200	24,000			
		180		360,000	180		360,000			

	순매입액	매출원가
①	₩ 20,000	₩ 24,000
②	₩340,000	₩316,000
③	₩340,000	₩336,000
④	₩360,000	₩336,000

22 다음 거래에 대한 분개를 결산 시에 수정분개한 것으로 옳은 것은?

> 거래 : 종업원의 급여 ₩1,000,000을 지급할 때 종업원이 부담할
> 소득세 ₩50,000을 차감하고 현금으로 지급하였다.
> 분개 : (차) 종업원급여 950,000 (대) 현   금 950,000

① (차) 종업원급여 50,000 (대) 현금 50,000
② (차) 종업원급여 50,000 (대) 소득세예수금 50,000
③ (차) 소득세 50,000 (대) 현금 50,000
④ (차) 소득세 50,000 (대) 소득세예수금 50,000

23 다음은 개인기업인 대한상점의 회계정보를 나타낸 것이다. (가)의 금액을 추정한 것으로 옳은 것은?

> 가. 기초 자본금   ₩1,000,000
> 나. 추가 출자액   (가   )
> 다. 당기 수익총액   ₩2,500,000
> 라. 당기 비용총액   ₩1,800,000

기말 재무상태표

자산	3,500,000	부채	1,000,000
		자본	2,500,000

① ₩500,000 ② ₩700,000
③ ₩800,000 ④ ₩900,000

24 다음 내용에서 상공할인점의 자본금으로 옳은 것은?

> 김갑돌씨는 다니던 직장에서 받은 퇴직금 ₩5,000,000과 은행대출금 ₩2,000,000을 원천으로 상공할인점을 창업한 후, ₩3,000,000은 현금으로 보유하고 ₩4,000,000은 건물을 취득하는데 사용하였다.

① ₩3,000,000 ② ₩4,000,000
③ ₩5,000,000 ④ ₩7,000,000

25 다음 거래에 대한 분개로 옳은 것은?

> 업무용 건물에 대한 재산세 ₩150,000과 상공회의소 회비 ₩100,000을 현금으로 지급하다.

① (차) 인출금 250,000 (대) 현금 250,000
② (차) 세금과공과 250,000 (대) 현금 250,000
③ (차) 건물 150,000 (대) 현금 250,000
　　　 세금과공과 100,000
④ (차) 인출금 150,000 (대) 현금 250,000
　　　 세금과공과 100,000

※ 다음 문제를 읽고 알맞은 것을 골라 답안카드의 답란(①, ②, ③, ④)에 표기하시오.

제1과목 ➡ 회계원리

01 다음 자료에 의하여 (가)와 (나)에 기입될 금액으로 옳은 것은?

> 2018 회계연도 재무성과
> – 당기 수익총액 ₩70,000
> – 당기 비용총액 ₩50,000
> 2018 기중 변동 사항
> – 2017년도 말 대비 2018년도 말 부채가 ₩20,000 감소
>
> | 재무상태표 2017년 12월 31일 | | 재무상태표 2018년 12월 31일 | |
> |---|---|---|---|
> | 자산 90,000 | 부채 60,000 자본 ( ) | 자산 (가) | 부채 ( ) 자본 (나) |

	(가)	(나)
①	₩80,000	₩40,000
②	₩80,000	₩50,000
③	₩90,000	₩50,000
④	₩90,000	₩60,000

02 재무제표의 작성에 대한 1차적 책임자로 옳은 것은?

① 주주
② 경영자
③ 회계담당자
④ 정부기관

03 다음 중 오류검증 과정에서 시산표 작성 시에 발견할 수 있는 오류로 옳은 것은?

① 급여 ₩1,000,000을 현금 지급한 것은 이중으로 두 번 기재하고 전기하였다.
② 상품 외상대금 ₩180,000을 미지급금 ₩180,000으로 잘못 처리하였다.
③ 현금 ₩200,000을 보통예금계좌에 예입한 것을 당좌예금 계정으로 잘못 처리하였다.
④ 소모품 ₩50,000을 현금으로 구입한 후 차변에는 소모품 ₩50,000으로 기입하였으나 대변에는 현금 ₩500,000으로 기입하였다.

04 다음은 상공상사의 건물 임차와 관련된 거래이다. 결산 시 재무제표에 미치는 영향으로 옳은 것은?

> 10월 1일 건물을 2년간 임차하기로 계약하고, 임차보증금 ₩1,000,000과 임차료 12개월분 ₩240,000을 현금으로 지급하였다.

① 당기순이익 ₩60,000이 증가한다.
② 임차료 선급분 ₩180,000은 유동자산으로 처리한다.
③ 임차보증금 ₩1,000,000은 비유동부채로 처리한다.
④ 당기분 포괄손익계산서에 비용으로 처리되는 금액 ₩240,000이다.

05 회계의 순환과정 중 결산의 절차를 바르게 나타낸 것은?

① 결산정리분개 – 시산표 작성 – 보고서 작성 – 원장의 마감
② 보고서 작성 – 결산정리분개 – 원장의 마감 – 시산표 작성
③ 시산표 작성 – 결산정리분개 – 원장의 마감 – 보고서 작성
④ 원장의 마감 – 시산표 작성 – 보고서 작성 – 결산정리분개

06 다음 설명 내용에 해당하는 것으로 옳은 것은?

> 결산을 원활하게 하기 위해 작성하는 것으로 분개장에서 총계정원장으로의 전기가 정확하게 이루어졌는지 확인하기 위해 작성하는 계정 집계표를 말한다. 자산과 비용 계정의 잔액은 차변에 기입되고, 부채와 자본, 수익의 잔액은 대변에 기입된다.

① 정산표
② 잔액시산표
③ 손익계산서
④ 재무상태표

07 결산시 업무용 건물에 대한 임차료 미지급분 ₩60,000에 대한 결산 정리분개로 옳은 것은?

① (차) 미지급임차료 60,000 (대) 임차료 60,000
② (차) 임차료 60,000 (대) 미지급임차료 60,000
③ (차) 임차료 60,000 (대) 선급임차료 60,000
④ (차) 선급임차료 60,000 (대) 임차료 60,000

08 한국채택국제회계기준(K-IFRS) 상의 재무제표 종류로 옳지 않은 것은?

① 재무상태표
② 현금흐름표
③ 포괄손익계산서
④ 이익잉여금처분계산서

09 다음 중 기능별 포괄손익계산서 작성에 관한 설명으로 옳지 않은 것은?

① 당기 매출액에서 매출원가를 차감하여 매출총손익을 표시한다.
② 당기 매출액은 총매출액에서 매출환입 및 에누리, 매출할인 등을 차감한 금액이다.
③ 당기 상품변동액을 당기 상품매입액에 가감하는 방법으로 표시한다.
④ 포괄손익계산서상 이자수익과 이자비용은 총액에 의하여 기재하여야 하며, 서로 상계하지 아니함을 원칙으로 한다.

10 다음 거래에 대한 설명으로 옳지 않은 것은?

(가) 영업활동에 활용할 목적으로 건물 ₩1,000,000을 구입하고 대금은 수표를 발행하여 지급하다.
(나) 비영업용인 토지 ₩2,000,000을 투자의 목적으로 구입하고 대금은 현금으로 지급하다.

① (가)는 차변에 건물계정으로 분개한다.
② (가)의 회계처리로 유형자산이 증가한다.
③ (나)는 차변에 토지계정으로 분개한다.
④ (나)의 회계처리로 투자자산이 증가한다.

11 다음 거래 중 당좌예금 계정에 기입하는 거래로 옳지 않은 것은?

① 상품 ₩50,000을 매출하고 대금은 타인발행 당좌수표로 받다.
② 상품 ₩50,000을 매입하고 당좌수표를 발행하여 지급하다.
③ 외상매출금 ₩50,000을 현금으로 받아 즉시 당좌예금하다.
④ 은행과 당좌거래 계약을 체결하고 현금 ₩50,000을 당좌예금하다.

12 다음의 금융자산에 대한 설명 중 옳은 것은?

① 채권과 관련되어 발생한 이자를 보고기간 말에 아직 받지 못하였으나 기간이 경과해서 이미 발생한 부분에 대해서는 이자수익으로 인식한다.
② 금융자산이 유동자산인지 비유동자산인지 여부는 취득일로부터 1년 이내에 처분이나 회수기일이 도래하는지 여부로 결정된다.
③ 금융자산을 최초로 취득할 때나 재무제표를 작성하기 위해 보고기간 말에 취득원가로 평가하면 금융자산의 경제적 실질을 잘 나타낼 수 있다.
④ 금융자산은 거래상대방에게 현금 등 금융자산을 인도하기로 한 계약상의 의무를 나타낸다.

13 다음은 받을어음 계정에 대한 설명이다. 옳지 않은 것은?

① 상품을 매출하고 대금을 약속어음으로 받은 경우 차변에 기록한다.
② 약속어음이 만기가 되어 거래은행에 추심위임 배서한 경우 대변에 기록한다.
③ 상품 매입 대금으로 거래처 발행 약속어음을 배서 양도하는 경우 대변에 기록한다.
④ 거래은행에 소유하고 있는 약속어음을 매각거래로 할인하는 경우 대변에 기록한다.

14 다음 자료에 의하여 기말상품재고액을 계산한 것으로 옳은 것은?

가. 당기 총매출액 ₩ 500,000	나. 매출에누리액 ₩ 20,000
다. 당기 총매입액 ₩ 300,000	라. 매입할인액 ₩ 10,000
마. 기초상품재고액 ₩ 100,000	바. 매출총이익 ₩ 200,000

① ₩90,000
② ₩100,000
③ ₩110,000
④ ₩120,000

15 (주)상공은 다음 달 급여에서 차감하기로 하고 종업원 갑에게 현금 ₩150,000을 빌려주었다. 이를 분개한 것으로 옳은 것은?

① (차) 장기대여금 150,000 (대) 현금 150,000
② (차) 장기차입금 150,000 (대) 현금 150,000
③ (차) 단기대여금 150,000 (대) 현금 150,000
④ (차) 단기차입금 150,000 (대) 현금 150,000

16 다음 A상품 관련 매매 자료에 의하여 총평균법으로 5월 인도 단가를 계산한 것으로 옳은 것은(단, 원미만 버림)

월일	적요	수량	단가	금액
5월 7일	전기이월	300개	@₩500	₩150,000
12일	매 입	200개	@₩700	₩140,000
15일	매 출	300개	@₩1,500	₩450,000
31일	매 입	100개	@₩1,000	₩100,000

① @₩500
② @₩933
③ @₩650
④ @₩1,500

17 다음 중 한국채택국제회계기준(K-IFRS)에서 규정하고 있는 단기종업원급여에 해당하지 않는 것은?

① 국민연금
② 이익분배금
③ 상여금
④ 퇴직급여

18 상품재고장에 관한 설명으로 옳지 않은 것은?

① 상품의 종류별로 인수, 인도 및 잔액을 알 수 있도록 기입하는 보조 원장이다.
② 상품재고장의 인수, 인도 및 잔액란의 모든 단가와 금액은 매입원가로 기입한다.
③ 매출한 상품에 불량품이 있어 에누리하여 준 금액은 인도란에 붉은 글씨로 기입한다.
④ 매입단가가 다른 경우 인도단가를 결정하는 방법으로는 선입선출법, 이동평균법, 총평균법 등이 있다.

19 재고자산에 대한 설명으로 옳지 않은 것은?

① 판매되지 않은 위탁품은 기말재고자산에 포함하여야 한다.
② 정상적인 영업활동 과정에서 판매를 위하여 보유 중인 자산을 말한다.
③ 매입 의사표시를 하지 않은 시송품은 기말재고자산에 포함하여야 한다.
④ 도착지인도기준에 의하여 매입할 경우 매입운임은 반드시 매입원가에 포함하여야 한다.

20 한국상사는 재고자산의 구입원가에 20%의 이윤을 가산하여 판매가를 결정한다. 기초재고액이 ₩300,000, 당기매입액이 ₩1,500,000, 기말재고액 ₩400,000이라면 연간 매출액과 매출총이익은?

① 매출액 : ₩1,320,000　매출총이익 : ₩220,000
② 매출액 : ₩1,680,000　매출총이익 : ₩280,000
③ 매출액 : ₩1,800,000　매출총이익 : ₩400,000
④ 매출액 : ₩2,160,000　매출총이익 : ₩760,000

21 다음 중 자본 및 자본금에 대한 설명으로 가장 적절하지 않은 것은?

① 개인기업의 자본금은 자산 총액에서 부채 총액을 차감한 순자산액을 의미한다.
② 주식회사의 자본금은 상법에 의한 법정자본금으로 발행주식의 발행금액으로 표시한다.
③ 잉여금이란 순자산액 중 법정자본금을 초과한 부분으로, 자본잉여금과 이익잉여금으로 구분된다.
④ 한국채택국제회계기준(K-IFRS)에서 자본은 재무상태표에 납입자본, 이익잉여금, 기타자본구성요소로 분류 표시한다.

22 비용을 기능별로 분류할 경우 그 성격이 다른 계정과목으로 옳은 것은?

① 보험료
② 임차료
③ 이자비용
④ 감가상각비

23 다음 자료에 의하여 (가), (나)에 들어갈 차변 계정과목으로 옳은 것은?

| 영업 활동과 관련 있는 비용 | 거래처 직원의 축의금 지급 | (가) |
| 영업 활동과 관련 없는 비용 | 불우 이웃 돕기 성금 지급 | (나) |

① (가) 접대비　(나) 기부금
② (가) 접대비　(나) 세금과공과
③ (가) 복리후생비　(나) 광고선전비
④ (가) 복리후생비　(나) 기부금

24 다음 거래를 바르게 분개한 것은?

> 직원 갑에게 이달분 급여 ₩3,000,000을 지급함에 있어 국민
> 연금 ₩100,000, 건강보험료 ₩100,000을 제외한 금액을 당좌
> 수표 발행하여 지급하다.

① (차) 종업원급여 3,000,000 (대) 당좌예금 3,000,000
② (차) 종업원급여 3,000,000 (대) 예수금 200,000
　　　　　　　　　　　　　　　　　 당좌예금 2,800,000
③ (차) 종업원급여 2,800,000 (대) 당좌예금 3,000,000
　　　　 예수금 200,000
④ (차) 종업원급여 2,800,000 (대) 당좌예금 2,800,000

25 다음의 계산식 중 매출원가가 산출되지 않는 것은?

① 판매가능상품원가 - 기말상품재고원가
② 기초상품재고원가 + 당기상품순매입원가 - 기말상품재고
　 원가
③ 판매가능상품원가 - 매출총이익
④ 순매출액 - 매출총이익

※ 다음 문제를 읽고 알맞은 것을 골라 답안카드의 답란(①, ②, ③, ④)에 표기하시오.

제1과목 ➡ 회계원리

01 다음은 거래요소의 결합관계를 나타낸 것이다. 이에 해당하는 거래로 옳은 것은?

[차변요소]	[대변요소]
자산의 증가 ------------	자산의 감소

① 현금 ₩1,000,000을 출자하여 영업을 개시하다.
② 사무용 비품 ₩500,000을 구입하고, 대금은 신용카드로 결제하다.
③ 업무용 토지를 ₩8,000,000에 구입하고, 대금은 취득세 등 ₩400,000과 함께 현금으로 지급하다.
④ 단기 매매차익 목적으로 주식 100주를 ₩600,000에 구입하고, 대금은 수수료 ₩2,000과 함께 현금으로 지급하다.

02 다음과 동일한 거래요소의 결합관계를 나타내는 거래로 옳은 것은?

종업원 야근식사비 ₩100,000을 법인신용카드로 결제하다.

① 상품 ₩200,000을 매출하고 대금은 외상으로 하다.
② 인터넷사용료 ₩100,000을 보통예금에서 이체하다.
③ 비품 ₩120,000을 구입하고 대금은 수표를 발행하여 지급하다.
④ 홍보용 볼펜을 구입하고 대금 ₩400,000을 월말에 지급하기로 하다.

03 다음 중 시산표에 대한 설명으로 옳지 않은 것은?

① 시산표의 종류에는 합계시산표, 잔액시산표, 합계잔액시산표가 있다.
② 시산표 등식으로는 기말자산 + 총비용 = 기말부채 + 기초자본 + 총수익
③ 대차평균의 원리에 의해 오류를 찾아내는 자기검증의 기능을 가지고 있다.
④ 시산표 계정과목은 자산→부채→자본→비용→수익계정의 순으로 배열한다.

04 다음의 설명에 해당하는 회계자료는 무엇인가?

전기의 정확성을 검증할 목적으로 작성하며 대차평균의 원리에 의해 차변, 대변 금액이 일치하는가를 확인 할 수 있다.

① 시산표
② 재무상태표
③ 현금흐름표
④ 자본변동표

05 다음 중 포괄손익계산서에 대한 설명으로 옳지 않은 것은?

① 매출총손익은 매출액에서 매출원가를 차감하여 계산한다.
② 수익항목과 비용항목을 직접 상계하여 잔액만 표시하는 것을 원칙으로 한다.
③ 일정기간 기업의 경영성과에 대한 정보를 제공하는 보고서이다.
④ 기타포괄손익 항목의 구성 항목들은 당기손익에서 제외된다.

06 다음 중 부채에 대한 설명 중 옳지 않은 것은?

① 부채의 본질적인 특징은 기업이 미래에 제공해야 할 현재시점의 의무이다.
② 부채는 과거의 거래나 그 밖에 사건에서 발생한다.
③ 부채의 측정기준으로 사용하는 현재가치는 정상적인 영업과정에서 그 부채를 상환할 때 필요할 것으로 예상되는 미래순현금유출액의 현재가치 할인액을 의미한다.
④ 부채는 미래에 경제적 효익을 창출할 자원이어야 한다.

07 다음 중 재무상태표에 표시되는 현금및현금성자산의 변동에 영향을 주는 거래로 옳은 것은?

① 현금 ₩500,000을 보통예금계좌에 예입하다.
② 외상매출 대금 ₩200,000을 약속어음으로 받다.
③ 1년 만기 정기예금 ₩1,000,000이 만기가 되어 현금으로 인출하다.
④ 취득당시 환매조건이 2개월인 환매체 ₩500,000을 매입하고 대금은 수표발행하여 지급하다.

08 다음은 외상매입금 계정과 당기매입 관련 자료이다. 외상매입금의 지급액을 구하면 얼마인가? (단, 상품매매는 모두 외상거래이다.)

가. 전기이월액 ₩ 20,000	나. 총매입액 ₩ 400,000
다. 환출액 ₩ 10,000	라. 차기이월액 ₩ 25,000
마. 인수운임(현금지급) ₩ 5,000	

① ₩380,000
② ₩385,000
③ ₩390,000
④ ₩395,000

09 다음 거래에 대한 분개로 옳은 것은?

2018년 10월 20일 현금의 실제 잔액이 장부 잔액보다 ₩10,000이 많음을 발견하다. 단, 결산일은 12월 31일이다.

① (차) 잡손실 10,000 (대) 현금 10,000
② (차) 현금 10,000 (대) 잡손실 10,000
③ (차) 현금과부족 10,000 (대) 현금 10,000
④ (차) 현금 10,000 (대) 현금과부족 10,000

10 (주)대한상사는 (주)상공상점에 상품 ₩500,000을 매출하고 대금은 (주)대한상사가 발행하였던 약속어음으로 받은 경우 올바른 분개는? (단, 상품에 대한 거래는 3분법에 의한다.)

① (차) 매입 500,000 (대) 당좌예금 500,000
② (차) 매입 500,000 (대) 지급어음 500,000
③ (차) 받을어음 500,000 (대) 매출 500,000
④ (차) 지급어음 500,000 (대) 매출 500,000

11 다음 중 현금및현금성자산으로 분류되지 않는 항목은?

① 통화 및 타인발행수표
② 선일자수표
③ 보통예금
④ 당좌예금

12 다음 중 금융자산으로 분류되는 항목을 모두 고른 것은?

ㄱ. 선급금	ㄴ. 매출채권
ㄷ. 단기대여금	ㄹ. 재고자산
ㅁ. 현금및현금성자산	

① ㄱ
② ㄱ, ㄴ
③ ㄴ, ㄷ, ㄹ
④ ㄴ, ㄷ, ㅁ

13 다음은 당기 중에 발생한 연속 거래이다. 회계 처리 결과에 따른 당기순손익에 미치는 영향으로 옳은 것은? (단, 세금은 무시한다.)

5월 11일 단기 매매차익을 목적으로 (주)대한상사 발행 주식 200주(액면 @₩1,000)를 1주당 ₩1,200에 매입하고, 대금은 매입수수료 ₩10,000과 함께 당좌수표를 발행하여 지급하다.
9월 20일 위의 주식 100주를 1주당 ₩1,300에 처분하고, 수수료 ₩5,000을 차감한 실수금은 현금으로 받다.

① ₩5,000(손실)
② ₩5,000(이익)
③ ₩10,000(손실)
④ ₩10,000(이익)

14 다음의 금융자산 중 투자지분상품에 해당하지 않는 것은?

① 상장주식
② 비상장주식
③ 주식인수옵션
④ 매출채권

15 다음의 자료를 반영한 후 당기순이익을 계산한 금액으로 옳은 것은? (단, 세금은 무시한다.)

가. 수정 전 당기순이익	₩2,500,000
나. 선급보험료	₩20,000
다. 미수이자	₩50,000
라. 선수임대료	₩200,000

① ₩2,330,000
② ₩2,370,000
③ ₩2,630,000
④ ₩2,770,000

16 다음은 (주)대한상사의 매출채권과 관련된 자료이다. 2018년 12월 31일 결산 결과 포괄손익계산서에 계상될 대손상각비의 금액으로 옳은 것은?

- 2017년 12월 31일 대손충당금 잔액	₩40,000
- 2018년 기중 회수불능으로 대손처리된 매출채권	₩50,000
- 2018년 말 매출채권 잔액	₩2,000,000
- 2018년 말 대손 예상액은 매출채권 잔액의 1%이다.	

① ₩20,000
② ₩30,000
③ ₩40,000
④ ₩50,000

17 다음 거래에 대한 회계 처리시 ( )안에 기입될 계정과목으로 옳은 것은?

> • 종업원의 급여 ₩800,000 중 종업원이 부담할 소득세 ₩50,000을 차감하고, 현금으로 지급하다.
> (차변) 종업원급여 800,000 (대변) 현 금 750,000
> ( ) 50,000

① 가지급금 ② 미지급금
③ 세금과공과 ④ 예수금

18 다음의 회계처리 중 옳지 않은 것은? (단, 모든 거래는 단기 거래임)

① 영업용 책상, 의자를 외상으로 매입한 경우 대변에 미지급금 계정으로 처리한다.
② 상품을 매출하고, 신용카드로 결제받은 경우 차변에 외상매출금 계정으로 기입한다.
③ 당월 발생 급여를 지급하지 못한 경우 대변에 외상매입금 계정으로 기입한다.
④ 대표이사가 원인을 밝히지 않고 현금을 인출해 간 경우 차변에 가지급금 계정으로 기입한다.

19 다음과 같은 특징을 가진 재고자산 평가방법으로 옳은 것은?

> • 매출원가 : 먼저 매입한 원가로 구성
> • 기말재고액 : 최근에 매입한 원가로 구성

① 총평균법 ② 선입선출법
③ 이동평균법 ④ 후입선출법

20 다음 중 유형자산에 대한 설명으로 옳지 않은 것은?

① 유형자산의 취득원가는 순수 구입 금액에 부대 비용을 가산하여 산출한다.
② 유형자산은 영업용으로 1년 이상 사용할 목적으로 취득한 비유동자산에 속한다.
③ 유형자산에는 토지, 건물, 기계장치, 구축물, 차량운반구, 컴퓨터소프트웨어 등이 있다.
④ 자산의 내용연수를 연장하거나 개량, 증축 등을 위한 지출과 사용전 수리비는 취득원가에 가산한다.

21 다음 중 K-IFRS에 의한 자본요소가 아닌 것은?

① 주식발행초과금
② 당기손익-공정가치측정 금융자산평가이익
③ 이익잉여금
④ 기타포괄손익누계액

22 다음 중 아래에서 설명하는 자산과 관계 없는 거래는 무엇인가?

> 식별 가능한 비화폐성 자산으로 물리적 형체가 없지만 기업이 통제하고 있으며 장기에 걸쳐 미래에 기업에 효익을 제공하는 자산이다.

① 컴퓨터소프트웨어 ₩500,000을 현금으로 구입하다.
② 건물에 대한 임차보증금 ₩500,000을 현금으로 지급하다.
③ 신제품 개발을 위한 개발비 ₩500,000을 현금으로 지급하다.
④ 신상품에 대한 특허권 ₩500,000을 취득하고 등록비 ₩10,000과 함께 현금으로 지급하다.

23 다음 자료에 의하여 상공상사의 기말자본을 구하면 얼마인가?

> 가. 기초자산 ₩550,000 나. 기초부채 ₩330,000
> 다. 총수익 ₩300,000 라. 총비용 ₩220,000
> 마. 당기 중 배당금 ₩30,000

① ₩200,000 ② ₩270,000
③ ₩290,000 ④ ₩310,000

24 (주)상공은 악세사리 도소매업자이다. 다음 자료를 토대로 계산한 (주)상공의 영업수익은 얼마인가?

> – 악세사리 매출액 ₩9,000,000
> – 상가임대수익 ₩1,000,000
> – 정기예금 이자수익 ₩300,000

① ₩9,000,000
② ₩9,300,000
③ ₩10,000,000
④ ₩10,300,000

25 다음 중 거래에 따른 회계 처리시 계정 과목과 그 연결이 옳지 않은 것은?

① 소모품 구입(비용처리시) – 소모품비
② 업무용차량의 주유비 지출 – 차량유지비
③ 거래처 직원의 결혼 축의금 지출 – 접대비
④ 직원의 회계업무 교육 강사비 지출 – 종업원급여

※ 다음 문제를 읽고 알맞은 것을 골라 답안카드의 답란(①, ②, ③, ④)에 표기하시오.

제1과목 → 회계원리

01 다음에서 설명하는 회계용어로 옳은 것은?

> 기업의 재무상태와 경영성과를 파악하기 위하여 인위적으로 구분한 시간적 범위를 말한다.

① 회계단위
② 회계기간
③ 계정과목
④ 계정계좌

02 (주)상공의 총계정원장 각 계정에 전기한 내용 중 출금전표에 기입되었던 내용으로 옳은 것은? (단, 3전표제에 의한다.)

①
```
            현      금
   미 수 금  50,000  |
```

②
```
            보통예금
           |  현   금  300,000
```

③
```
            매      출
           |  현   금  700,000
```

④
```
            이자비용
   현   금  20,000  |
```

03 다음 자료에 의하여 개인기업인 상공마트의 기말부채를 계산한 금액으로 옳은 것은?(단, 추가 출자 및 인출액은 없다.)

> • 20X1 회계연도 경영성과
> – 총수익 : ₩800,000   – 총비용 : ₩600,000
>
> • 20X1 회계연도 재무상태
> – 기초자산 : ₩500,000   – 기초부채 : ₩200,000
> – 기말자산 : ₩700,000

① ₩200,000
② ₩300,000
③ ₩500,000
④ ₩700,000

04 다음 중 회계순환과정의 각 절차에 관한 설명으로 적절하지 않은 것은?

① 회계 거래를 총계정원장에 일단 기입한 후 분개장에 기입하여야 한다.
② 분개장의 차변에 기입된 금액은 해당 원장의 차변계정에 동일한 금액으로 기입된다.
③ 회계거래가 분개장과 원장에 올바르게 기록되고 집계되면, 모든 원장의 차변계정의 합계액과 대변계정의 합계액이 일치된다.
④ 분개장에는 기업의 영업활동에 관한 자료가 발생순서대로 기입되므로 특정일자나 특정기간의 거래에 대한 정보를 얻고자 할 때 거래의 발생일자만으로 분개장을 통한 추적이 가능하다.

05 다음에서 설명하는 재무제표의 종류로 옳은 것은?

> 일정시점에 있어서 기업의 자산, 부채 및 자본의 금액과 구성요소를 표시하는 재무보고서로 기업이 무엇을 소유하고 있고 자금조달의 원천이 어디서 오는지를 나타낸다.

① 자본변동표
② 재무상태표
③ 현금흐름표
④ 포괄손익계산서

06 다음 중 물가상승시 당기순이익을 최대화하기 위한 재고자산 단가 결정 방법으로 옳은 것은? (단, 재고청산은 없다고 가정한다.)

① 총평균법
② 이동평균법
③ 후입선출법
④ 선입선출법

07 다음 (가)와 (나) 거래 내용을 분개했을 때 차변 계정과목이 재무상태표에 보고되는 계정으로 옳은 것은?

> (가) 현금 ₩100,000을 보통예금에서 인출하다.
> (나) 현금 ₩500,000을 60일 만기 정기예금에 예입하다.

① 기타채권
② 매출채권
③ 장기금융상품
④ 현금및현금성자산

08 다음 중 재무상태표에 표시하는 금융자산의 항목으로 옳지 않은 것은?

① 현금및현금성자산
② 매출채권
③ 당기손익-공정가치측정금융자산
④ 선급비용

09 다음 중 금융부채에 대한 설명으로 옳은 것은?

① 금융기관의 상품 종류를 뜻하는 것으로 선수금 등이 있다.
② 기업의 지분상품을 뜻하는 것으로 기업이 매입한 다른 회사의 주식 등이 있다.
③ 거래 상대방에게 현금 등 금융자산을 수취할 계약상의 권리를 뜻하는 것으로 매출채권 등이 있다.
④ 거래 상대방에게 현금 등 금융자산을 인도하기로 한 계약상의 의무를 뜻하는 것으로 매입채무 등이 있다.

10 다음 거래를 분개할 때 차변에 기입할 계정과목으로 옳은 것은?

상공상점에 상품 ₩500,000을 매출하고, 대금은 동 거래처가 발행한 약속어음으로 받다.

① 당좌예금
② 받을어음
③ 지급어음
④ 미수금

11 다음 중 통제계정과 보조원장을 작성하는 계정으로 옳은 것은?

① 건물
② 현금
③ 보통주자본금
④ 외상매출금

12 다음 거래를 분개한 것으로 옳은 것은?

소유하고 있던 타인발행 수표 ₩200,000을 은행에 당좌예입하다. 단, 당좌 예입 전 당좌차월 잔액이 ₩500,000이다.

① (차) 장기차입금 200,000 (대) 현금 200,000
② (차) 단기차입금 200,000 (대) 현금 200,000
③ (차) 단기차입금 200,000 (대) 당좌예금 200,000
④ (차) 당좌예금 200,000 (대) 단기차입금 200,000

13 다음 중 재무상태표에 표시될 수 없는 계정과목으로 옳은 것은?

ㄱ. 선급금	ㄴ. 가수금
ㄷ. 미지급금	ㄹ. 현금과부족

① ㄱ, ㄷ
② ㄴ, ㄷ
③ ㄴ, ㄹ
④ ㄷ, ㄹ

14 다음과 같이 상품을 취득하는 과정에서 불가피하게 발생한 보험료를 판매비와관리비로 처리한 경우 재무제표에 미치는 영향으로 옳지 않은 것은?

(주)상공으로부터 상품 100개(@₩30,000)를 외상으로 매입하고 보험료 ₩7,000은 현금으로 지급하다.

① 순매입액의 과소 계상
② 매출원가의 과소 계상
③ 매출총이익의 과대 계상
④ 기타비용의 과대 계상

15 다음 거래를 분개 시 차변에 해당하는 계정과목과 금액으로 옳은 것은? 단, 상품에 관한 거래는 3분법에 의하며 부가가치세는 고려하지 않는다.

상공가구는 대한가구로부터 판매용 책상 20대, @₩50,000을 외상으로 매입하고 운임과 하역료 ₩100,000은 현금으로 지급하였다.

① 매입 ₩1,000,000
② 매입 ₩1,100,000
③ 비품 ₩1,000,000
④ 비품 ₩1,100,000

16 상공상사는 회사 업무용으로 사용하는 차량운반구를 개조하였고 개조에 따른 비용은 현금으로 지급하였다. 이에 대한 회계처리로 옳은 것은? 단, 개조에 따른 지출은 유형자산의 인식기준을 충족한다.

① 수익적 지출로 처리한다.
② 수선비 계정으로 처리한다.
③ 차량운반구 계정으로 처리한다.
④ 차량유지비 계정으로 처리한다.

17 (주)대한은 일정기간 근무한 종업원에게 지급하는 이익분배제도를 두고 있다. 다음 자료에 의하여 결산 시 이익 분배로 인식해야 할 정리분개로 옳은 것은?

> 이익분배금 총액은 당기순이익의 2.5%이다.
> 당기순이익은 ₩10,000,000이다. (단, 해당 회계연도에 퇴사자가 없다고 가정한다.)

① (차) 종업원급여 250,000　(대) 미지급급여 250,000
② (차) 종업원급여 300,000　(대) 미지급급여 300,000
③ (차) 선 급 급 여 250,000　(대) 종업원급여 250,000
④ (차) 선 급 급 여 300,000　(대) 종업원급여 300,000

18 다음 중 자본을 증가시키는 거래로 옳지 않은 것은?

① 단기대여금에 대한 이자 ₩350,000을 현금으로 받다.
② 건물의 일부를 빌려주고 사용료 ₩750,000을 현금으로 받다.
③ 상품 판매의 중개를 하고 수수료 ₩100,000을 현금으로 받다.
④ 소지하고 있던 약속어음이 만기가 되어 어음대금 ₩800,000을 현금으로 받다.

19 다음은 급여지급에 관한 거래이다. 분개로 옳은 것은?

> 2월 종업원 급여 ₩2,000,000 중에서 소득세 ₩20,000, 건강보험료 ₩50,000, 국민연금 ₩30,000을 차감하고 보통예금계좌에서 이체하다.

① (차) 종업원급여 1,900,000　(대) 현　　　금 1,900,000
② (차) 종업원급여 1,900,000　(대) 세금과공과 100,000
　　　　　　　　　　　　　　　　보 통 예 금 1,800,000
③ (차) 종업원급여 2,000,000　(대) 예 수 금 100,000
　　　　　　　　　　　　　　　　보 통 예 금 1,900,000
④ (차) 종업원급여 2,000,000　(대) 소 득 세 50,000
　　　　　　　　　　　　　　　　보 험 료 50,000
　　　　　　　　　　　　　　　　보 통 예 금 1,900,000

20 다음 기중 거래를 바르게 분개한 것은?

> 거래처의 파산으로 인해 외상매출금 ₩300,000이 회수 불능 되었다.(단, 대손충당금 잔액은 ₩350,000이다.)

① (차) 대손충당금 300,000　(대) 외상매출금 300,000
② (차) 대손상각비 300,000　(대) 외상매출금 300,000
③ (차) 외상매출금 300,000　(대) 대손충당금 300,000
④ (차) 대손충당금 300,000　(대) 대손상각비 300,000

21 비용을 기능별, 성격별로 분류하는 표시방법 중 옳은 것은?

① 기능별 표시방법: 매출원가를 다른 비용, 즉 물류비, 일반관리비, 마케팅비용 등과 분리해서 표시해야 한다.
② 성격별 표시방법: 매출액에서 매출원가를 차감한 금액을 매출총이익으로 구분하여 표시한다.
③ 기능별 표시방법: 당기 상품변동액을 당기 상품매입액에 가감 하는 방법으로 표시한다.
④ 성격별 표시방법: 비용을 종업원 급여, 감가상각비, 이자비용 등과 같이 성격별로 구분한 다음 매출원가를 반드시 구분 하여 표시한다.

22 상품 보관용 창고로 건물 1동을 빌려서 사용하고, 사용료 ₩100,000을 현금으로 지급한 경우 회계 처리 시 차변 계정과목 으로 옳은 것은?

① 임대료　　　　　　　　　② 임차료
③ 이자비용　　　　　　　　④ 세금과공과

23 다음 자료에 의하여 당기순이익으로 표시될 금액으로 옳은 것은?

> 가. 세금과공과　₩20,000
> 나. 당기손익-공정가치측정금융자산처분이익　₩10,000
> 다. 급여　₩50,000　　라. 임차료　₩30,000
> 마. 이자수익　₩1,000　바. 매출총이익　₩200,000
> 사. 기부금　₩2,000　　아. 잡이익　₩10,000

① ₩81,000　　　　　　　　② ₩98,000
③ ₩119,000　　　　　　　　④ ₩121,000

24 20x3년도 초의 회계처리 결과가 20x3년도 순이익에 미치는 영향으로 옳은 것은?

> 20x1년도 1월 1일에 사무용 컴퓨터 1대를 ₩500,000에 구입하여 20x3년도 1월 1일에 ₩350,000에 처분하고 대금은 1개월 후에 받기로 하다. (단, 감가상각은 정액법, 내용연수는 5년, 잔존가치는 취득원가의 10%이다.)

① ₩30,000(감소)
② ₩30,000(증가)
③ ₩50,000(증가)
④ ₩60,000(감소)

25 다음 중 재무제표에 해당되지 않는 것은?

① 재무상태표
② 현금흐름표
③ 시산표
④ 포괄손익계산서

※ 다음 문제를 읽고 알맞은 것을 골라 답안카드의 답란(①, ②, ③, ④)에 표기하시오.

제1과목 ➜ 회계원리

01 다음은 개인기업인 상공상점의 거래와 분개이다. 이에 대한 12월 31일 결산 정리 분개로 옳은 것은? (단, 결산일은 12월 31일이고, 월할계산 한다.)

> 9월 1일 1년분 임대료 ₩120,000을 현금으로 받다.
> (차변) 현금 ₩120,000　(대변) 임대료 ₩120,000

① (차) 임 대 료 40,000 (대) 선수임대료 40,000
② (차) 임 대 료 80,000 (대) 선수임대료 80,000
③ (차) 미수임대료 40,000 (대) 임 대 료 40,000
④ (차) 미수임대료 80,000 (대) 임 대 료 80,000

02 다음은 (주)상공의 결산 시 소모품 관련 자료이다. 이를 기초로 결산 정리 사항을 분개하였을 때 재무제표에 미치는 영향으로 옳은 것은?

> 수정전 잔액시산표 차변에 소모품 계정 금액은 ₩240,000 이며, 실제로 소모품을 조사한 결과 재고액이 ₩100,000으로 파악되었다.

① 포괄손익계산서의 비용이 ₩140,000만큼 증가한다.
② 당기순이익은 ₩100,000만큼 감소한다.
③ 재무상태표에 자산이 ₩240,000만큼 감소한다.
④ 자본에는 아무런 영향이 없다.

03 다음 (주)대한상공의 결산 정리 누락 사항이다. 이를 회계 처리하지 않았을 때 나타날 재무제표의 결과에 대한 설명으로 옳은 것은?

> 결산일에 장기차입금에 대한 이자 미지급분 ₩50,000을 계상하지 않았다.

① 비용이 ₩50,000 과대 계상되었다.
② 수익이 ₩50,000 과소 계상되었다.
③ 부채가 ₩50,000 과소 계상되었다.
④ 자산이 ₩50,000 과소 계상되었다.

04 다음 거래 중 현금및현금성자산의 금액을 증가시키지 않는 거래는?

① 은행으로부터 현금 ₩100,000을 차입하였다.
② 외상매출금 ₩500,000을 거래처 발행 수표로 받다.
③ 상품 ₩300,000을 매출하고 대금은 당좌예금에 입금되다.
④ 기업어음(만기 1년) ₩1,000,000을 취득하고 금융회사에 수표를 발행하여 입금하다.

05 다음은 개인기업인 상공상점의 결산절차이다. (가) 절차에 해당 하는 내용으로 옳은 것을 〈보기〉에서 모두 고른 것은?

결산의 예비절차	→	(가)	→	결산 보고서 작성

〈보기〉
ㄱ. 주요부와 각종 보조부의 마감
ㄴ. 재무상태표 및 포괄손익계산서 작성
ㄷ. 손익계정의 대변 잔액을 자본금계정 대변에 대체
ㄹ. 정확한 당기 순손익 파악을 위하여 결산수정사항 정리

① ㄱ, ㄴ　　　　　　　② ㄱ, ㄷ
③ ㄴ, ㄹ　　　　　　　④ ㄷ, ㄹ

06 재무상태표를 유동성 순서에 따른 표시방법에 따라 작성할 경우, 순서대로 나열된 것은?

① 현금및현금성자산→매출채권→상품→건물→산업재산권
② 매출채권→건물→산업재산권→상품→현금및현금성자산
③ 건물→산업재산권→상품→현금및현금성자산→매출채권
④ 산업재산권→상품→건물→현금및현금성자산→매출채권

07 다음 중 판매비와 관리비에 포함할 수 없는 항목은?

① 종업원에 대한 급여
② 사무실 임차료
③ 사무실 전기료
④ 수재의연금

08 다음 현금과부족 계정의 기입 내용과 관련 자료에 따라 (가)와 (나)에 해당하는 계정과목으로 옳은 것은?

현금과부족			
12/20 현금 25,000	12/21 (가)	20,000
	12/31 (나)	5,000

○ 관련 자료
- 12월 21일 : 현금 부족액 중 ₩20,000은 사무실 인터넷 사용료 납부 내용을 누락한 것임을 확인하다.
- 12월 31일 : 결산일 현재 현금과부족 차변 잔액 ₩5,000에 대한 원인을 파악하지 못하다.

① (가) 현 금 (나) 잡이익
② (가) 현 금 (나) 잡손실
③ (가) 통신비 (나) 잡이익
④ (가) 통신비 (나) 잡손실

09 다음 중 당좌예금 계정과 관련된 거래인 것은?

① 소유주식에 대한 배당금 통지표를 받다.
② 상품을 매입하고 약속어음을 발행하여 지급하다.
③ 사무용 컴퓨터를 매입하고 대금은 자기앞수표로 지급하다.
④ 거래처에 대한 외상 매입 대금을 당점 발행 수표로 지급하다.

10 다음 중 금융자산이 증가하는 내용의 분개로 옳은 것은?

① (차) 보 통 예 금 XXX (대) 선 수 금 XXX
② (차) 기 계 장 치 XXX (대) 미 지 급 금 XXX
③ (차) 단 기 차 입 금 XXX (대) 현 금 XXX
④ (차) 외 상 매 입 금 XXX (대) 지 급 어 음 XXX

11 다음 ㈜대한의 잔액시산표 내용 중 금융자산의 합계 금액은 얼마인가?

잔 액 시 산 표

㈜대한	20X1년 12월 31일	(단위: 원)
차변	계정과목	대변
150,000	현 금	
40,000	당기손익-공정가치측정 금융자산	
30,000	선 급 금	
220,000	외 상 매 출 금	
180,000	상 품	
	외 상 매 입 금	130,000
	선 수 수 익	10,000
⋮	⋮	⋮

① ₩370,000 ② ₩410,000
③ ₩440,000 ④ ₩580,000

12 다음은 상공상사의 상장주식 관련 자료이다. 아래의 거래와 관련하여 당기 포괄손익계산서에 기타수익(영업외수익)으로 보고될 금액은 얼마인가? (단, 제시된 자료만 고려한다.)

가. 기타포괄손익-공정가치측정 지분상품에 해당함
나. 취득
  - 10월 1일 A사 100주, 매입금액 1주당 ₩5,000 (액면가 1주당 ₩2,000)
  - 취득 시 수수료 ₩10,000이 발생되어 현금으로 지급하다.
다. 처분
  - 12월 1일 A사 100주, 매도금액 1주당 ₩7,000
  - 매도 시 수수료 ₩15,000이 차감되어 당좌예입하다.

① ₩175,000 ② ₩185,000
③ ₩190,000 ④ ₩195,000

13 다음은 (주)한국의 어음 관련 거래이다. 이에 대한 일자별 회계 처리로 옳은 것은?

10월 25일 : 거래처로부터 받은 약속어음 ₩100,000을 거래은행에 추심의뢰하고, 추심수수료 ₩500을 현금으로 지급하였다.
10월 27일 : 위 어음이 정상적으로 추심되어 당점의 예금계좌에 입금된 것을 확인하였다.

① 10월 25일 (차) 수수료비용 500 (대) 현 금 500
　　10월 27일 (차) 매출채권 100,000 (대) 은행예금 100,000
② 10월 25일 (차) 수수료비용 500 (대) 현 금 500
　　10월 27일 (차) 은행예금 100,000 (대) 매출채권 100,000
③ 10월 27일 (차) 수수료비용 500 (대) 현 금 500
　　　　　 (차) 매출채권 100,000 (대) 은행예금 100,000
④ 10월 27일 (차) 수수료비용 500 (대) 현 금 500
　　　　　 (차) 은행예금 100,000 (대) 매출채권 100,000

14 다음 중 거래처의 외상매출금이 회수 불능 된 거래에 대한 회계 처리 시 차변 계정과목으로 옳은 것은? (단, 대손충당금 계정 잔액은 없다.)

① 잡손실 ② 외상매출금
③ 감가상각비 ④ 대손상각비

15 다음은 ㈜서울의 거래 내용이다. 9월 16일에 ㈜서울이 수행할 회계처리로 옳은 것은?

> 8월 30일 (주)서울은 (주)인천에 상품 ₩500,000을 외상매출하다.
> 9월 16일 (주)서울은 매입처인 (주)수원에 외상매입 대금 ₩500,000을 상환하기 위하여 매출처인 (주)인천 앞 환어음을 발행하여 동점의 인수를 받아 (주)수원에 교부하여 주다.

① (차) 매   입 500,000 (대) 지 급 어 음 500,000
② (차) 매   입 500,000 (대) 외상매출금 500,000
③ (차) 외상매입금 500,000 (대) 지 급 어 음 500,000
④ (차) 외상매입금 500,000 (대) 외상매출금 500,000

16 다음 중 금융자산 및 금융부채에 대한 설명이 옳지 않은 것은?

① 재고자산은 금융자산이 될 수 없다.
② 선급금은 화폐를 미리 지불한 것이므로 금융자산이다.
③ 선수금은 미래에 재화나 용역을 제공해야 할 의무이므로 금융부채가 아니다.
④ 특허권은 무형자산이므로 금융자산이 아니다.

17 다음 중 직원의 급여 지급 시 소득세, 국민연금, 건강보험료 등에 대해 일시적으로 차감하여 보관하는 경우 사용하는 계정과목으로 옳은 것은?

① 가수금   ② 미수금
③ 선수금   ④ 예수금

18 다음 중 상품의 구입원가가 계속 상승하는 경우에 기말상품 재고액이 시가에 가장 가깝게 반영되는 재고자산평가방법으로 옳은 것은?

① 총평균법   ② 이동평균법
③ 선입선출법   ④ 후입선출법

19 원자재 가격 상승으로 상품의 매입단가가 계속 오르고 있다. 이때 선입선출법에 의하여 재고자산을 평가할 경우, 이동평균법과 비교하여 재무제표에 미치는 영향으로 옳지 않은 것은?

① 당기의 순이익이 과소계상된다.
② 당기의 매출원가가 과소계상된다.
③ 당기의 기말상품재고액이 과대계상된다.
④ 차기의 기초상품재고액이 과대계상된다.

20 무형자산으로 분류하기 위한 조건으로 옳지 않은 것은?

① 물리적 실체는 없지만 식별가능하다.
② 판매목적으로 보유하고 있어야 한다.
③ 미래경제적효익이 있는 비화폐성자산이다.
④ 미래경제적효익에 대한 제3자의 접근에 대하여 통제력이 있다.

21 다음은 12월말 결산법인인 ㈜상공의 20X1년 12월 31일 현재 재무상태표 일부이다. 20X2년 1월 1일에 건물을 ₩700,000에 처분할 경우 발생하는 손익 계정과목으로 옳은 것은?

재 무 상 태 표
20X1년 12월 31일 현재   (단위: 원)

건 물	1,000,000	
(감 가 상 각 누 계 액	400,000)	600,000
⋮	⋮	⋮

① 유형자산처분손실 ₩300,000
② 유형자산평가손실 ₩300,000
③ 유형자산처분이익 ₩100,000
④ 유형자산평가이익 ₩100,000

22 다음 설명에 해당하는 자본 항목의 계정과목으로 옳은 것은?

> 자본거래를 통해 자본을 변동시키는 항목이지만 자본금과 자본잉여금 중에서 어느 항목으로도 명확하게 확정할 수 없는 항목을 말하는 것으로 자본 전체에 가감하는 형식으로 표시된다.

① 감자차익   ② 자기주식
③ 이익준비금   ④ 자기주식처분이익

23 다음 중 〈보기〉에서 금융자산으로 분류되는 항목만 모두 고른 것은?

〈보기〉
가. 미수금   나. 선급금
다. 보통예금   라. 매출채권
마. 선급비용   바. 상각후원가 측정 금융자산

① 가, 나, 다   ② 가, 다, 마
③ 가, 다, 라, 바   ④ 가, 라, 마, 바

24 다음은 상공상점의 외상매출금 계정 원장이다. (가)에 기입될 거래로 옳은 것은?

외상매출금

| 전기이월 | 150,000 | 현 금 | 300,000 |
| (가) | | | |

① 외상매출금 ₩10,000이 회수 불능 되다.
② 상품 ₩200,000을 매출하고 대금은 10일후에 받기로 하다.
③ 외상으로 매출한 상품 중 파손품이 있어 ₩20,000이 반품되어 오다.
④ 외상으로 매출한 상품 중 불량품이 있어 ₩30,000을 에누리 해 주다.

25 다음 거래에 대한 회계 처리를 누락하였을 때 나타날 수 있는 영향으로 옳은 것은?

이달 분 신문대금 ₩1,000을 미지급하다.

① ₩1,000만큼의 수익계정 과소계상
② 시산표에서 차변과 대변 총계의 불일치
③ ₩1,000만큼의 비용계정의 과대계상
④ ₩1,000만큼의 순이익 과대계상

※ 다음 문제를 읽고 알맞은 것을 골라 답안카드의 답란(①, ②, ③, ④)에 표기하시오.

제1과목 ➡ 회계원리

01 다음 등식 중 옳지 않은 것은?

① 자산 + 부채 = 자본
② 자산 − 자본 = 부채
③ 총비용 − 당기순손실 = 총수익
④ 총수익 − 당기순이익 = 총비용

02 결산이 예비절차, 본절차 및 보고서 작성절차로 이루어 질 경우, 다음 중 결산의 예비절차에 해당하는 것은?

① 분개장의 마감
② 수정전시산표의 작성
③ 총계정 원장의 마감
④ 재무상태표의 작성

03 시산표에서 발견할 수 있는 오류로 옳지 않은 것은?

① 외상매입금 ₩1,000을 현금으로 지급한 거래 전체를 기장 누락하였다.
② 건물 화재보험료 ₩2,000을 현금으로 지급한 거래를 현금계정, 보험료 계정 모두 차변에 기입하였다.
③ 소모품 ₩5,000을 외상으로 구입하고 대변에 미지급금은 기장하였으나 차변 소모품 계정 기장 누락하였다.
④ 상품 ₩50,000을 현금으로 구입한 거래를 상품 계정 차변에는 ₩50,000을 기입하였으나, 대변에 ₩5,000을 기입하였다.

04 다음 중 결산수정사항에 대한 내용으로 옳지 않은 것은?

① 광고선전비를 현금으로 지급하고 장부에 계상하다.
② 기말시점 현재 원인을 알 수 없는 현금 부족액을 발견하다.
③ 기말매출채권에 대한 대손금액을 추정하다.
④ 당기분 감가상각비를 인식하다.

05 다음 중 기능별분류를 적용한 포괄손익계산서와 성격별 분류를 적용한 손익계산서상에서 동일한 명칭으로 표시되는 과목은?

① 관리비
② 물류원가
③ 매출액
④ 매출총이익

06 다음에서 설명하는 재무제표의 종류로 옳은 것은?

일정 시점 현재 기업이 보유하고 있는 경제적 자원인 자산과 경제적 의무인 부채, 그리고 자본에 대한 정보를 제공하는 보고서이다.

① 자본변동표
② 포괄손익계산서
③ 현금흐름표
④ 재무상태표

07 다음 중 금융부채에 해당하지 않는 것은?

① 외상매입금
② 지급어음
③ 단기차입금
④ 가지급금

08 다음 자료에 의하여 당기순이익을 계산하면 얼마인가?

가. 세금과공과   ₩20,000
나. 당기손익−공정가치측정금융자산처분이익   ₩10,000
다. 급여   ₩50,000   라. 임차료   ₩30,000
마. 이자수익   ₩1,000   바. 매출총이익   ₩200,000
사. 기부금   ₩2,000   아. 잡이익   ₩10,000

① ₩81,000
② ₩98,000
③ ₩119,000
④ ₩121,000

09 다음 중 금융자산으로 볼 수 없는 것은?

① 선급금
② 매출채권
③ 정기예금
④ 현금성자산

10 다음 거래에 대한 분개로 옳은 것은?

> 20X1년 9월 24일 상공상점에 상품 ₩200,000을 매출하고, 2개월 만기의 동점발행 약속어음으로 받다.

① (차) 받을어음　200,000　(대) 매　　출　200,000
② (차) 지급어음　200,000　(대) 매　　출　200,000
③ (차) 당좌예금　200,000　(대) 매　　출　200,000
④ (차) 현　　금　200,000　(대) 매　　출　200,000

11 다음 거래를 분개할 경우 대변의 계정과목과 금액으로 옳은 것은?

> 상품 ₩1,000,000을 매입하고 대금 중 ₩600,000은 3개월 만기의 약속어음을 발행하여 주고, 잔액은 매출처로부터 받은 환어음을 배서양도하다.

① 지급어음 600,000, 외상매출금 400,000
② 받을어음 600,000, 외상매입금 400,000
③ 받을어음 600,000, 지급어음　400,000
④ 지급어음 600,000, 받을어음　400,000

12 다음 중 기말재고자산이 기말 현재의 시점에서 가장 가까운 금액으로 평가되는 방법은?

① 선입선출법　　　　② 후입선출법
③ 이동평균법　　　　④ 총평균법

13 토지(원가 ₩100,000)를 갑회사에 ₩120,000 받고 처분하였는데, ₩20,000은 동 회사가 발행한 수표로, 나머지 ₩100,000은 동회사가 발행한 어음으로 받은 경우 재무상태에 미치는 영향은?

① 자산증가, 부채증가　　② 부채증가, 자본증가
③ 부채증가, 자산감소　　④ 자산증가, 자본증가

14 다음 거래의 분개에서 공통적으로 사용되는 계정과목은?

> 가. 사원에게 출장을 명하고 여비 명목으로 ₩200,000을 수표로 발행하여 지급하다.
> 나. 출장 간 사원이 돌아와 출장비를 정산하고 잔액 ₩50,000은 현금으로 반납하다.

① 가수금　　　　　　② 선급금
③ 가지급금　　　　　④ 여비교통비

15 재무제표에 계상하는 유형자산의 취득원가에 대한 설명으로 옳지 않은 것은?

① 건물 구입시 지급한 취득세는 건물의 취득원가에 포함한다.
② 새로운 건물을 짓기 위해서 낡은 건물을 토지와 함께 구입했다면 기존 건물을 철거하고 제거하는 지출까지도 토지 취득원가로 본다.
③ 기계의 경우 취득하여 설치하는 과정에서 지출된 조립비, 설치비, 시운전비도 취득원가에 포함한다.
④ 차량 구입 시 가입한 자동차 보험료는 차량운반구 취득원가에 포함한다.

16 이번 달 종업원 급여 ₩10,000을 지급하면서 소득세 ₩200을 차감한 잔액은 현금으로 지급하다. 이 거래에 대한 분개로 옳은 것은?

① (차) 현　　금　10,000　(대) 급　　여　100,000
② (차) 급　　여　10,000　(대) 현　　금　9,800
　　　　　　　　　　　　　　　 예 수 금　200
③ (차) 급　　여　10,000　(대) 현　　금　100,000
④ (차) 급　　여　10,200　(대) 현　　금　10,000
　　　　　　　　　　　　　　　 예 수 금　200

17 수익과 비용의 대응원칙에 따라 비용을 인식하는 방법 중 인과관계에 의한 직접 대응에 해당하는 비용으로 옳은 것은?

① 임차료　　　　　　② 매출원가
③ 광고선전비　　　　④ 통신비

18 다음 자료에 의하여 당기 중의 매출채권 회수액을 계산한 것으로 옳은 것은? 단, 상품매매는 모두 외상 거래이다.

가. 매출채권 기초잔액 :	₩150,000
나. 매출채권 기말잔액 :	₩200,000
다. 당기 총 매출액 :	₩270,000
라. 당기 중 매출환입액 :	₩50,000
마. 당기 중 대손액 :	₩50,000

① ₩120,000　　　　② ₩150,000
③ ₩200,000　　　　④ ₩220,000

19 다음 중 관리회계와 비교할 때, 재무회계의 특징이 아닌 것은?

① 재무회계는 재무제표 작성을 위해 일반적으로 인정된 회계원칙을 준수한다.
② 재무제표는 정보의 비교가능성을 위해 통일된 형식에 따라 작성 보고된다.
③ 재무회계는 수시로 정보를 제공하기 보다는 정기적으로 재무제표를 보고한다.
④ 재무회계에서는 경영자의 경영의사결정만을 중요시 한다.

20 다음 수정전 잔액시산표와 결산 정리 사항에 의하여 기말의 대손 설정 분개 내용으로 옳은 것은?

	수정전 잔액시산표	
갑상사	20X1년 12월 31일	(단위: 원)
차변	계정과목	대변
50,000	현　　　　　　금	
100,000	외 상 매 출 금	
	대 손 충 당 금	1,500
80,000	이 월 상 품	
	지 급 어 음	70,000
	자　　본　　금	130,000
⋮	⋮	⋮

[결산정리사항]
기말 매출채권 잔액에 대하여 2%의 대손을 예상하다.

① (차) 대손상각비　　500　(대) 대손충당금　　500
② (차) 대손상각비　1,500　(대) 대손충당금　1,500
③ (차) 대손상각비　2,000　(대) 대손충당금　2,000
④ (차) 대손충당금　2,000　(대) 대손상각비　2,000

21 유형자산 취득 후 지출 중에서 자본적 지출로 처리해야 하는 것은?

① 공장설비 유지비　　　② 기계의 보수비
③ 기계부품의 성능개선비　④ 공장 청소비

22 서울(주)는 7월 15일 사무용 소모품 ₩70,000을 현금으로 구입했다.12월 31일 결산 시점에 미사용 소모품을 재고 조사한 결과 ₩12,000이 아직 남아 있었다. 다음의 설명 중 옳지 않은 것은? (단. 회계처리는 자산처리법으로 한다.)

① 7월 15일 분개는 차변에 소모품 70,000원 대변에 현금 70,000원 이다.
② 12월 31일 분개는 차변에 소모품비 12,000원 대변에 소모품 12,000원 이다.
③ 소모품비 ₩58,000이 손익계산서의 비용 항목에 기록된다.
④ 12월 31일 현재 소모품 ₩12,000이 재무상태표 자산 항목에 기록된다.

23 다음 중 주식회사의 주식 할증발행에 대한 설명으로 옳은 것은?

① 발행금액과 액면금액이 같다.
② 주식할증발행 결과 자본 총액이 증가한다.
③ 할증발행의 결과 이익잉여금이 변동된다.
④ 발행가액과 액면가액의 차액을 주식할인발행차금으로 처리 한다.

24 (주)상공상사는 외상매출금 ₩100,000을 약정일보다 미리 회수 하게 되어 ₩2,000을 할인해 주고 잔액은 현금으로 회수하였다. 이 거래와 관련된 올바른 분개는?

① (차) 현　　금　98,000　(대) 외상매출금　100,000
　　　　매　출　　2,000
② (차) 현　　금　98,000　(대) 외상매출금　98,000
③ (차) 현　　금　98,000　(대) 외상매출금
　　　　이 자 비 용　2,000　　　　　　　　100,000
④ (차) 외상매출금　100,000　(대) 매　　출　98,000
　　　　　　　　　　　　　　　　현　　금　　2,000

25 다음 중 현금계정에 포함되지 않는 것은?

① 자기앞수표　　　　② 타인발행당좌수표
③ 배당금수령통지표　④ 수입인지

※무단전재금함	형별	**A형**	제한 시간	**40분**	수험번호	성 명

※ 다음 문제를 읽고 알맞은 것을 골라 답안카드의 답란(①, ②, ③, ④)에 표기하시오.

제1과목 ⊙ 회계원리

01 회계의 궁극적인 목적으로 가장 적절한 것은?

① 채권자들에게 과세 결정의 기초 자료를 제공한다.
② 투자자들에게 경영 방침 및 경영 계획 수립을 위한 자료를 제공한다.
③ 경영자에게 기업의 수익성과 지급 능력을 측정하는 데 필요한 기준 정보를 제공한다.
④ 기업의 모든 이해관계자들이 합리적인 의사결정을 할 수 있도록 유용한 회계정보를 제공한다.

02 (주)상공의 10월 거래를 전표에 기입한 내용은 다음과 같다. 이 전표를 통해서 알 수 있는 내용이 아닌 것은?

입금전표	매　　　출	₩100,000
입금전표	외상매출금	₩20,000
출금전표	종업원급여	₩30,000
대체전표	(차)토지 500,000 (대)미지급금 500,000	

① 현금계정의 증가액은 ₩90,000이다.
② 거래의 발생건수는 4건이다.
③ 입금전표 외상매출금 ₩20,000의 의미는 '상품 ₩20,000을 매출하고 대금을 외상으로 하다' 이다.
④ 토지를 ₩500,000에 구입하고 대금을 아직 지급하지 않았다.

03 20X1년 4월 1일에 1년분 보험료 ₩240,000을 현금으로 지급하고, 이를 자산(선급보험료)으로 기록하였다. 결산일인 20X1년 12월 31일 보험료와 관련한 결산정리분개로 옳은 것은? 단, 보험료는 월할 계산한다.

① (차)보　험　료 60,000　　(대)선급보험료 60,000
② (차)선급보험료 60,000　　(대)보　험　료 60,000
③ (차)보　험　료 180,000　　(대)선급보험료 180,000
④ (차)선급보험료 180,000　　(대)보　험　료 180,000

04 결산시 현금의 장부금액 ₩100,000과 실제금액 ₩90,000의 차이가 발생하였음을 발견하였으나 그 원인을 알 수 없었다. 분개로 옳은 것은?

① (차)현　　　금 10,000　　(대)잡 이 익 10,000
② (차)현　　　금 10,000　　(대)현금과부족 10,000
③ (차)잡 손 실 10,000　　(대)현　　　금 10,000
④ (차)현금과부족 10,000　　(대)현　　　금 10,000

05 다음은 회계순환과정을 나타낸 것이다. (가)~(라)에 들어갈 용어로 옳은 것은?

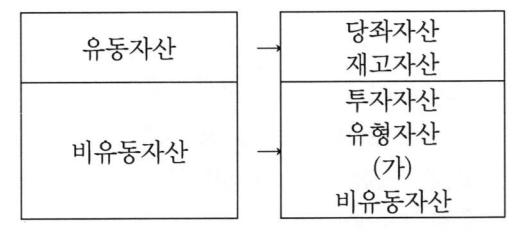

	(가)	(나)	(다)	(라)
①	분개장	총계정원장	시산표	재무제표
②	분개장	시산표	총계정원장	재무제표
③	총계정원장	분개장	시산표	재무제표
④	시산표	재무제표	분개장	총계정원장

06 다음 중 비유동자산으로 분류되는 기타자산에 해당하는 계정과목으로 옳은 것은?

① 선급금　　　　　　　② 임차보증금
③ 선급비용　　　　　　④ 미수수익

07 다음 자산의 분류에서 (가)에 해당하는 계정과목으로 옳은 것은?

유동자산	→	당좌자산 재고자산
비유동자산	→	투자자산 유형자산 (가) 비유동자산

① 비품　　　　　　　② 상품
③ 미수금　　　　　　④ 산업재산권

08 다음 중 포괄손익계산서 구성항목으로 옳은 것은?

① 이익잉여금
② 당기순손익
③ 유동자산
④ 자본조정

09 다음 거래를 분개할 경우 대변에 기입될 계정과목은?

> 상품 ₩500,000을 매입하고 대금은 신용카드로 결제하다.

① 미수금
② 미지급금
③ 외상매입금
④ 외상매출금

10 다음 중 금융자산에 해당하는 계정과목으로 옳게 짝지어진 것은?

① 상품, 비품
② 예수금, 미지급금
③ 외상매출금, 받을어음
④ 미수수익, 미지급비용

11 약속어음과 환어음에 대한 다음 설명 중 옳은 것은?

① 매입처에서 제시한 환어음을 인수하면 어음상의 채권이 발생한다.
② 상품 매출 대금으로 약속어음을 받으면 현금및현금성자산이 증가한다.
③ 상품 매입 대금으로 약속어음을 발행해 주면 어음상의 채권이 발생한다.
④ 상품을 매입하고 매출처앞 환어음을 발행하면 어음상의 채권 채무는 발생하지 않는다.

12 매출처 ㈜상공으로부터 상품의 주문을 받고 계약금 ₩50,000을 현금으로 받은 경우 회계 처리 시 대변 계정과목으로 옳은 것은?

① 가수금
② 선수금
③ 선급금
④ 미수금

13 다음은 ㈜상공의 당좌거래와 관련된 거래이다. 결산 후 재무상태표에 표시될 단기차입금의 금액을 계산한 것으로 옳은 것은? 단, 당좌차월 한도액은 ₩2,000,000이다.

> 9/ 1 당좌예금 잔액 ₩500,000
> 9/15 비품 ₩1,000,000을 구입하고 대금은 당좌수표를 발행하여 지급하다.
> 9/20 상품 ₩300,000을 매출하고 대금은 현금으로 받아 즉시 당좌예입하다.
> 9/30 상품 ₩200,000을 매입하고 대금은 당좌수표를 발행하여 지급하다.

① ₩200,000
② ₩300,000
③ ₩400,000
④ ₩500,000

14 다음 중 매입 계정을 증가시키는 내용으로 옳지 않은 것은? (단, 상품 거래는 3분법에 의한다.)

① 상품의 운송비
② 상품의 하역비
③ 상품의 구입원가
④ 상품의 불량으로 에누리 받은 금액

15 다음 거래의 분개로 옳은 것은?

> ㈜서울은 취득원가₩1,000,000(감가상각누계액 ₩300,000)의 비품을 ₩700,000에 처분하고, 대금은 월말에 받기로 하다.

① (차) 감가상각누계액 300,000 (대) 비 품 1,000,000
　　　 미 수 금 700,000
② (차) 미 수 금 700,000 (대) 비 품 700,000
③ (차) 감가상각누계액 1,000,000 (대) 비 품 1,000,000
④ (차) 미 지 급 금 700,000 (대) 비 품 1,000,000
　　　 감가상각누계액 300,000

16 다음은 자본에 대한 설명이다. 옳지 않은 것은?

① 주식회사의 자본은 그 성격상 자본금, 자본잉여금, 자본조정, 기타포괄손익누계액, 이익잉여금으로 분류되는데, 기말 재무상태표에는 납입자본, 이익잉여금, 기타자본구성 요소로 분류 표시한다.
② 주식할인발행차금은 발생할 당시에 장부상 주식발행초과금 계정 잔액이 있는 경우 그 범위 내에서 주식발행초과금과 상계처리하고 잔액은 자본조정으로 분류한다.
③ 회계기간 말 재무상태표상의 이익잉여금은 주주총회 승인 후의 금액으로 나타내야 한다.
④ 회사가 이미 발행한 주식을 주주로부터 취득한 경우 그 취득 가액으로 자기주식 계정 차변에 기록하며 자본의 차감 항목이다.

17 다음의 거래를 분개할 경우 옳은 것은? 단, 제시된 자료만 고려한다.

> 종업원에 대한 급여 ₩1,500,000을 자기앞수표로 지급하다.

① (차) 종업원급여 1,500,000 (대) 현   금 1,500,000
② (차) 종업원급여 1,500,000 (대) 자기앞수표 1,500,000
③ (차) 종업원급여 1,500,000 (대) 당 좌 예 금 1,500,000
④ (차) 종업원급여 1,500,000 (대) 보 통 예 금 1,500,000

18 어떤 지출이 수익 창출을 기대할 것이 확실하나 특정한 수익과 관련짓기가 어렵거나 혹은 수익 창출을 기대하기 어려울 것으로 판단되면 발생 시점에 비용으로 인식하는데 이를 비용의 간접 대응이라고 한다. 이에 대한 설명으로 옳지 않은 것은?

① 임원급여 등과 같은 관리비가 이에 해당된다.
② 일반적으로 취득과 동시에 혹은 취득 직후 소비되므로 취득 시점에 비용으로 인식된다.
③ 광고비, 판매촉진비 등과 같은 판매비가 이에 해당된다.
④ 상품을 판매할 때 비용인 매출원가가 이에 해당된다.

19 20X1년 6월 1일에 임대료 1년분 ₩120,000을 현금으로 받았으며, 결산일인 20X1년 12월 31일 임대료와 관련 결산정리분개 및 차기 초에 재수정분개 결과를 임대료 계정에 기입한 내용이다. 다음 (가)와 (나)에 해당하는 계정과목과 금액으로 옳게 짝지어진 것은? 단, 임대료는 월할 계산된다.

임 대 료

12/31 선수임대료 (?)		6/1 현금	120,000
12/31 (가)			
120,000			120,000
		1/1 (나)	

	(가)		(나)	
①	손 익	50,000	미 수 임 대 료	50,000
②	손 익	70,000	선 수 임 대 료	50,000
③	손 익	70,000	선 수 임 대 료	70,000
④	선 수 임 대 료	50,000	손 익	70,000

20 (주)영동으로부터 상품 ₩5,000을 매입하고 대금은 당좌수표를 발행하여 지급하였다. 당좌예금 잔액은 ₩4,000 이며 당좌차월 한도액은 ₩3,000이라고 할 때, 적절한 회계처리는?

① (차) 매   입 5,000 (대) 당 좌 예 금 4,000
                              단기차입금 1,000
② (차) 매   입 5,000 (대) 당 좌 예 금 5,000
③ (차) 매   입 5,000 (대) 당 좌 예 금 4,000
                              매 출 채 권 1,000
④ (차) 매   입 5,000 (대) 당 좌 차 월 5,000

21 다음 중 순매출액의 구성요소가 아닌 것은?

① 매출에누리   ② 매출환입
③ 매출할인   ④ 매출원가

22 다음 중 자본적 지출이 아닌 것은?

① 유형자산에 대한 대폭적인 수선을 통하여 실질적인 경제적 내용연수가 연장되는 경우
② 기존 생산설비에 새로운 장치를 추가시켜서 내용연수의 증가는 없지만 생산량이 증가된 경우
③ 기계 장치의 성능을 유지시키기 위해서 윤활유를 교체한 경우
④ 제품의 불량률을 감소시키도록 기존의 부품을 첨단 부품으로 교체한 경우

23 수정분개 전 당기순이익은 ₩540,000이었다. 다음의 기말 정리 사항들을 올바르게 수정 분개 하였을 때, 정확한 당기순이익은 얼마인가?

가. 이자수익 미경과분	₩65,000
나. 수수료 미회수분	₩52,000
다. 급여 미지급액	₩45,000
라. 영업비로 처리한 소모품 미사용액	₩25,000

① ₩507,000
② ₩553,000
③ ₩673,000
④ ₩867,000

24 다음 거래의 분개로 옳은 것은?

> 상품 ₩250,000을 구입하고 대금은 약속어음을
> 발행하여 지급하다.

① (차) 매   입 250,000   (대) 약 속 어 음 250,000
② (차) 매   입 250,000   (대) 지 급 어 음 250,000
③ (차) 받 을 어 음 250,000   (대) 매   출 250,000
④ (차) 약 속 어 음 250,000   (대) 매   출 250,000

25 취득원가 ₩300,000의 비품을 ₩150,000에 처분하여 유형자산처분 이익 ₩30,000이 발생하였다. 처분시점의 비품 감가상각누계액은 얼마인가?

① ₩120,000
② ₩150,000
③ ₩180,000
④ ₩270,000

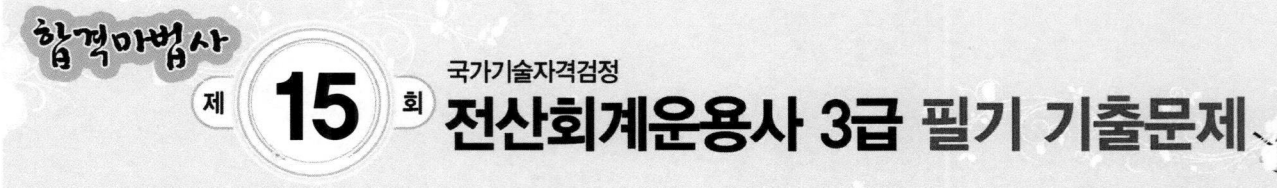
※ 다음 문제를 읽고 알맞은 것을 골라 답안카드의 답란(①, ②, ③, ④)에 표기하시오.

제1과목 ⇒ 회계원리

01 3전표제도에서 입금전표에 기입될 거래로 옳은 것은?

① 전화요금 ₩10,000을 현금으로 지급하다.
② 보통예금에서 현금 ₩500,000을 인출하다.
③ 외상매입대금 ₩2,000,000은 어음을 발행하여 지급하다.
④ 업무용 선풍기를 ₩70,000에 구입하고 대금은 신용카드로 결제하다.

02 20X1년 10월 1일 화재보험료 1년 분 ₩120,000을 현금으로 지급 하였다. 20X1년 12월 31일 결산을 하는 경우 재무상태표에 표시될 선급보험료를 계산한 금액으로 옳은 것은?

① ₩10,000
② ₩30,000
③ ₩90,000
④ ₩120,000

03 다음 중 수익의 이연과 관련 있는 계정과목으로 옳은 것은?

① 선수임대료
② 선급보험료
③ 미수이자
④ 미지급임차료

04 재무제표에 대한 설명으로 옳은 것은?

① 손익계산서의 두 가지 기본요소는 비용과 이익이다.
② 재무상태표는 회계기간의 재산상태 변동을 나타내는 보고서이다.
③ 현금흐름표는 기업의 지급능력 및 미래현금흐름 창출능력에 대한 정보를 제공한다.
④ 주석은 재무제표에 표시된 정보에 대하여 추가로 제공된 정보로서 재무제표에 포함되지 않는다.

05 다음 중 비유동부채에 속하는 계정과목으로 옳은 것은?

① 사채
② 미지급금
③ 예수금
④ 유동성 장기부채

06 다음 중 포괄손익계산서의 구성 항목에 해당하지 않는 것은?

① 매출액
② 용역수익
③ 매출원가
④ 자본조정

07 다음은 ㈜상공의 20X1년 말 현금 및 예금관련 계정 잔액이다. 20X1년도 말 재무상태표에 보고하는 계정들에 대한 설명 중 옳은 것은? (단위:원)

하나은행	우리은행
당좌예금:100,000	당좌예금:△10,000(당좌차월)
보통예금:80,000	정기예금:40,000(만기20X3년말)

① 현금및현금성자산 80,000
 차입금 110,000
 비유동자산(기타금융자산) 40,000
② 현금및현금성자산 190,000
 비유동자산(기타금융자산) 40,000
③ 현금및현금성자산 230,000
④ 현금및현금성자산 180,000
 단기차입금 10,000
 비유동자산(기타금융자산) 40,000

08 (주)상공은 단기 시세차익을 목적으로 1주당 액면 ₩5,000의 주식 1,000주를 주당 ₩6,000에 취득하고 수수료 ₩30,000과 함께 현금으로 지급하였다. 회사는 동 주식을 당기손익-공정가치 측정금융자산으로 분류하였다. 주식의 취득원가는 얼마인가?

① ₩5,000,000
② ₩6,000,000
③ ₩5,030,000
④ ₩6,030,000

09 다음 매입처 원장 각 계정의 기입 내용을 보고 1월말 현재 외상 매입금 미지급액을 계산하면 얼마인가?

갑상점

1/17	현금	20,000	1/1	전기이월	30,000
			1/15	매 입	240,000

을상점

1/25	당좌예금	400,000	1/1	전기이월	20,000
			1/20	매 입	500,000

① ₩340,000
② ₩350,000
③ ₩360,000
④ ₩370,000

10 다음 상품 매매와 관련된 자료를 통하여 계산한 매입채무 잔액은 얼마인가? 단, 기초 매입채무는 잔액이 없었다.

- 현금 매입액: ₩50,000
- 외상 매입액: ₩200,000
- 외상대금 현금 상환액: ₩100,000
- 외상 대금 조기 상환에 따른 할인액: ₩1,000

① ₩99,000
② ₩149,000
③ ₩249,000
④ ₩250,000

11 다음 거래의 차변에 들어갈 계정과목으로 옳은 것은?

(가) 종업원에게 출장을 명하고, 출장여비 ₩200,000을 현금으로 지급하다.
(나) 상품 ₩500,000을 매입하기로 계약하고, 계약금 ₩200,000을 현금으로 지급하다.

① (가) 가지급금 (나) 선수금
② (가) 가지급금 (나) 선급금
③ (가) 가수금   (나) 상품
④ (가) 가수금   (나) 계약금

12 (주)국민의 7월 중 상품 매매에 관련된 자료이다. 선입선출법에 의한 7월 말의 기말재고액과 매출원가를 계산한 금액으로 옳은 것은?

일자	적요	수량	단가
7월 1일	기초재고	100개	₩100
7월 10일	매 입	100개	₩100
7월 15일	매 출	100개	
7월 20일	매 입	100개	₩120
7월 25일	매 출	100개	

① 기말재고액: ₩10,000 매출원가: ₩22,000
② 기말재고액: ₩10,000 매출원가: ₩20,000
③ 기말재고액: ₩12,000 매출원가: ₩20,000
④ 기말재고액: ₩12,000 매출원가: ₩22,000

13 원자재 가격 상승으로 상품의 매입단가가 계속 오르고 있다. 이때 선입선출법에 의하여 재고자산을 평가할 경우, 이동평균법과 비교하여 재무제표에 미치는 영향으로 옳지 않은 것은?

① 당기의 순이익이 과소계상된다.
② 당기의 매출원가가 과소계상된다.
③ 당기의 기말상품재고액이 과대계상된다.
④ 차기의 기초상품재고액이 과대계상된다.

14 다음과 같이 구입한 기계장치의 취득원가를 계산하면 얼마인가?

가.	구입가격	₩500,000
나.	인수운임	₩30,000
다.	사용 전 시운전비	₩20,000

① ₩500,000
② ₩520,000
③ ₩530,000
④ ₩550,000

15 다음 중 결산 시 손익 계정에 대체하는 계정과목으로 옳지 않은 것은?

① 개발비
② 연구비
③ 세금과공과
④ 무형자산상각비

16 종업원급여 지급 시 공제한 소득세 ₩15,000을 현금으로 납부한 경우 차변 계정과목으로 옳은 것은?

① 급여
② 현금
③ 소득세
④ 예수금

17 손익계정 차변에 기입된 내용에 대한 설명으로 옳지 않은 것은?

손익
12/31 자본금   100,000

① 기말자본금 ₩100,000이 증가한다.
② 당기순이익 ₩100,000이 발생하다.
③ 대체분개는 (차) 자본금 100,000 (대) 손익 100,000이다.
④ 손익계정 차변의 자본금 ₩100,000은 자본금계정 대변으로 대체하다.

18 다음 거래를 분개한 것으로 옳은 것은?

협력 업체 체육대회 행사에 기부할 모자 구입 대금 ₩300,000과 당사 직원들을 위한 체력 단련 비용 ₩500,000을 함께 국민은행 보통예금 계좌의 체크카드로 결제하다.

① (차) 복리후생비   800,000 (대) 현   금   800,000
② (차) 기 부 금   300,000 (대) 보통예금   800,000
　　　복리후생비   500,000
③ (차) 접 대 비   300,000 (대) 보통예금   800,000
　　　복리후생비   500,000
④ (차) 접 대 비   300,000 (대) 미지급금   800,000
　　　복리후생비   500,000

19 다음의 회계 자료를 보고, 상품의 매출원가와 상품매출이익을 계산하시오.

가. 기초상품재고액 ₩30,000
나. 당기상품매입액 ₩55,000
다. 당기순매출액 ₩75,000
라. 기말상품재고액 ₩35,000

① 매출원가 ₩55,000   상품매출이익 ₩20,000
② 매출원가 ₩50,000   상품매출이익 ₩25,000
③ 매출원가 ₩35,000   상품매출이익 ₩40,000
④ 매출원가 ₩20,000   상품매출이익 ₩55,000

20 수익을 인식하기 위한 올바른 순서는?

가. 고객과의 계약을 식별
나. 수행의무를 식별
다. 거래가격을 산정
라. 수행의무를 이행할 때 수익을 인식

① 가, 나, 다, 라
② 가, 다, 나, 라
③ 나, 가, 다, 라
④ 나, 다, 가, 라

21 다음 비용을 기능별로 분류한 포괄손익계산서 자료를 이용하여 계산한 영업이익은 얼마인가?

• 매출총이익 ₩800,000   • 물류원가 ₩150,000
• 기타수익   ₩70,000   • 관리비   ₩90,000
• 금융수익   ₩10,000   • 기타비용 ₩40,000

① ₩520,000
② ₩560,000
③ ₩590,000
④ ₩600,000

22 다음 중 아래에서 설명하는 자산과 관계없는 거래는 무엇인가?

식별 가능한 비화폐성 자산으로 물리적 형체가 없지만 기업이 통제하고 있으며 장기에 걸쳐 미래에 기업에 효익을 제공하는 자산이다.

① 컴퓨터소프트웨어 ₩500,000을 현금으로 구입하다.
② 건물에 대한 임차보증금 ₩500,000을 현금으로 지급하다.
③ 신제품 개발을 위한 개발비 ₩500,000을 현금으로 지급하다.
④ 신상품에 대한 특허권 ₩500,000을 취득하고 등록비 ₩10,000과 함께 현금으로 지급하다.

23 다음 중 거래요소의 결합관계로 옳지 않은 것은?

① (차) 자산의 증가   (대) 자산의 감소
　　　　　　　　　　　　　　수익의 발생
② (차) 부채의 감소   (대) 자산의 감소
　　　　　　　　　　　　　　비용의 발생
③ (차) 부채의 감소   (대) 자본의 증가
　　　　　　　　　　　　　　자산의 감소
④ (차) 자본의 감소   (대) 자본의 증가

24 12월 31일이 결산일인 (주)상공은 20X1년 중에 단기시세차익을 목적으로 A회사 주식을 ₩500,000에 취득한 후 당기손익-공정가치측정금융자산으로 분류하였다. 20X1년 말 현재 A회사 주식의 시가는 ₩450,000이었다.
(주)상공은 20X2년 중에 A회사 주식 전부를 ₩480,000에 매각처분하였다. (주)상공이 20X2년도 포괄 손익계산서에 인식해야 할 A회사 주식에 대한 처분손익은 얼마인가?

① 처분이익 ₩30,000
② 처분이익 ₩50,000
③ 처분손실 ₩30,000
④ 처분손실 ₩50,000

25 다음 중 성격별 포괄손익계산서의 분류 항목에만 해당하는 것은?

① 매출원가
② 수익(매출액)
③ 법인세비용
④ 제품과 재공품의 변동

※ 다음 문제를 읽고 알맞은 것을 골라 답안카드의 답란(①, ②, ③, ④)에 표기하시오.

제1과목 ➡ 회계원리

01 다음 계정에 기입된 내용으로 보아 (   )안에 해당하는 계정과목으로 옳은 것은?

( )	
6/26 당좌예금 100,000	6/3 현금 300,000

① 임차료
② 외상매출금
③ 상품매출이익
④ 단기차입금

02 시산표에 대한 설명 중 옳은 것은?

① 시산표를 작성하면 회계기록과정에서의 모든 오류를 찾아낼 수 있다.
② 회계거래가 분개장과 원장에 올바르게 기록되고 집계되면 원장의 모든 차변의 합계액과 대변의 합계액이 일치하게 된다.
③ 기계를 ₩100,000에 구입한 거래를 분개장의 차변과 대변에 ₩100,000으로 기록하였으나 전기과정에서 원장에 있는 관련 계정의 차변과 대변에 각각 ₩120,000씩 기록한 오류는 시산표의 작성으로 발견할 수 있다.
④ 시산표상 차변의 총계와 대변의 총계가 일치하면 분개장과 원장에 거래가 올바르게 기록됐다고 할 수 있다.

03 상공상점의 결산 결과 당기순이익이 ₩100,000으로 산출되었으나, 다음과 같은 사항이 누락되었음을 발견하였다. 수정 후의 당기순이익을 계산하면 얼마인가? 단, 보험료 지급 시 비용계정으로, 임대료는 수입 시 수익계정으로 처리하였으며 세금효과는 무시하기로 한다.

가. 보험료 선급액	₩5,000
나. 이자 미수액	₩3,000
다. 임대료 선수액	₩10,000

① ₩98,000
② ₩102,000
③ ₩108,000
④ ₩112,000

04 다음은 소모품에 대한 회계처리이다. 이에 대한 설명으로 옳은 것은?

20X1년 10월 2일 (차) 소모품 100,000 (대) 현금 100,000
12월 31일 (차) 소모품비 60,000 (대) 소모품 60,000

① 10월 2일 소모품 매입 시 비용처리법으로 처리하였다.
② 당기분 소모품 사용액은 ₩40,000이다.
③ 결산 시 소모품 재고액은 ₩60,000이다.
④ 포괄손익계산서에 기입될 소모품비는 ₩60,000이다.

05 다음 자료의 회계처리로 옳은 것은?

당기에 발생하였으나, 회계기간 말 현재 지급되지 않은 이자

① (차) 이자비용   ×××   (대) 미지급이자 ×××
② (차) 미지급이자 ×××   (대) 이자수익   ×××
③ (차) 미수이자   ×××   (대) 이자수익   ×××
④ (차) 이자비용   ×××   (대) 미수이자   ×××

06 다음 결산 절차 중 (가)에 해당하는 내용으로 옳은 것은?

결산 예비절차	⇨	결산 본절차	⇨	(가)

① 결산정리분개를 한다.
② 재고조사표를 작성한다.
③ 재무상태표를 작성한다.
④ 수정후시산표를 작성한다.

07 다음은 ㈜상공의 출금전표의 일부이다. (가)에 해당하는 계정과목으로 옳은 것은?

출 금 전 표 NO. 15　20X1년 10월 4일	계	과장	부장

계정과목	(가)	거 래 처	△△기업
적　　　요			금　　　액
상품 외상대금 지급			6 0 0 0 0 0
합　　　계			₩ 6 0 0 0 0 0

① 현금
② 미지급금
③ 외상매입금
④ 외상매출금

08 다음 중 기업의 이해관계자에게 특정 회계기간 동안의 경영성과를 보고하기 위하여 작성하는 보고서를 무엇이라 하는가?

① 잔액시산표
② 재무상태표
③ 현금흐름표
④ 포괄손익계산서

09 다음 중 금융자산으로 분류되는 계정과목으로 옳지 않은 것은?

① 선급금
② 현금성자산
③ 단기대여금
④ 당기손익-공정가치측정금융자산

10 다음 ㈜상공의 9월 매출처원장의 내용으로 옳은 것은?

대한상사
9/1	전기이월	20,000	9/3	현 금	( )
9/10	매 출	( )	9/30	차기이월	240,000
		250,000			250,000

민국상사
9/1	전기이월	( )	9/17	현 금	100,000
9/12	매 출	30,000	9/30	차기이월	( )
		120,000			120,000

① 9월 외상매출금 기초잔액은 ₩240,000이다.
② 9월 외상매출금 기말잔액은 ₩40,000이다.
③ 9월에 회수한 외상매출금은 ₩110,000이다.
④ 9월에 외상으로 매출한 상품은 ₩230,000이다.

11 다음 거래 중 대변에 기입될 계정과목으로 옳은 것은?

(주)서울로부터 상품 ₩30,000을 매입하고, 대금은 신용카드로 결제하다

① 신용카드
② 미지급금
③ 외상매입금
④ 외상매출금

12 다음 중 사용 금액을 부채로 회계 처리하는 결제 수단에 해당하는 것은?

① 신용카드
② 직불카드
③ 체크카드
④ 자기앞수표

13 다음 기중 거래를 올바르게 회계처리 한 것은?

거래처의 파산으로 인해 외상매출금 ₩300,000이 회수불능되었다. (단, 대손충당금 잔액은 ₩350,000이다.)

① (차) 대손충당금 300,000　(대) 외상매출금 300,000
② (차) 대손상각비 300,000　(대) 외상매출금 300,000
③ (차) 외상매출금 300,000　(대) 대손충당금 300,000
④ (차) 대손충당금 300,000　(대) 대손상각비 300,000

14 다음 자료에서 금융부채의 합계액을 계산하면 얼마인가?

가. 미지급금 :　₩60,000
나. 선수금 :　₩50,000
다. 외상매입금 :　₩100,000

① ₩110,000
② ₩150,000
③ ₩160,000
④ ₩210,000

15 상공가구에 업무용 비품이었던 책상을 ₩100,000에 매각하고 대금은 1주일 후에 받기로 하였다' 를 분개할 때 차변 계정과목으로 옳은 것은?

① 미수금
② 선수금
③ 미지급금
④ 외상매출금

16 다음 거래를 올바르게 회계 처리한 것은?

> 종업원에게 급여 지급 시 원천징수한 소득세 ₩55,000을 현금으로 납부하다.

① (차) 복리후생비 55,000 (대) 현금 55,000
② (차) 세금과공과 55,000 (대) 현금 55,000
③ (차) 가 수 금 55,000 (대) 현금 55,000
④ (차) 예 수 금 55,000 (대) 현금 55,000

17 다음은 업종별 경영활동 관련 내역이다. 각 회사의 입장에서 수익으로 인식되는 거래로 옳지 않은 것은?

① 대한호텔은 고객으로부터 객실료를 현금으로 받다.
② 대한상사는 거래처로부터 외상매입금 전액을 면제받다.
③ 부동산임대업인 (주)미래부동산은 기일이 도래한 건물 임대료를 현금으로 받다.
④ (주)상공상사는 거래처와 상품 판매계약을 체결하고, 계약금액의 20%를 현금으로 먼저 받다.

18 상품재고장에 관한 설명으로 옳지 않은 것은?

① 상품의 종류별로 인수, 인도 및 잔액을 알 수 있도록 기입하는 보조원장이다.
② 상품재고장의 인수, 인도 및 잔액란의 모든 단가와 금액은 매입원가로 기입한다.
③ 매출한 상품에 불량품이 있어 에누리해 준 금액은 인도란에 붉은 글씨로 기입한다.
④ 매입단가가 다른 경우 매출원가를 결정하는 방법으로는 선입선출법, 이동평균법, 총평균법 등이 있다.

19 다음의 비품에 대하여 20X4년 12월 31일 결산 시 재무상태표에 기입할 감가상각누계액의 금액으로 옳은 것은?

> 가. 취득일 : 20X1년 1월 1일
> 나. 취득원가 : ₩1,000,000
> 다. 내용연수 : 5년
> 라. 잔존가치 : 없음
> 마. 결산 연 1회 : 매년 12월 31일
> 바. 정액법에 의하여 매년 월할상각으로 감가상각하였음.

① ₩200,000
② ₩400,000
③ ₩600,000
④ ₩800,000

20 비유동자산인 기계장치의 취득원가로 옳은 것은?

> · 기계장치 구입대금 : ₩300,000
> · 택배회사에 지급한 운반비 : ₩20,000
> · 매장에 설치한 기계장치 설치비 : ₩10,000
> · 구입 이후 수선비 : ₩10,000

① ₩310,000   ② ₩320,000
③ ₩330,000   ④ ₩340,000

21 다음 (A), (B)의 거래가 모두 기입되는 장부에 해당하는 것은?

> (A) 상품 100개(@₩30,000)를 ₩3,000,000에 외상매출하다.
> (B) 제주상점의 외상매입금 ₩200,000을 수표 발행하여 지급하다.

① 매출처원장   ② 상품재고장
③ 총계정원장   ④ 당좌예금출납장

22 다음 중 회계상의 거래가 아닌 것은?

① 상품 주문 대금 ₩300,000이 당점의 보통예금으로 입금되다.
② 상공상사로부터 컴퓨터 2대를 기증 받다.
③ 신입사원과의 고용계약을 체결하다.
④ 사용 중인 건물에 대하여 감가상각하다.

23 개인기업인 A 회사의 다음 자료에 의한 기말 자본금을 계산하면 얼마인가?

〈기초의 재무상태〉			
가. 현금	₩100,000	나. 외상매출금	₩320,000
다. 상품	₩450,000	라. 외상매입금	₩300,000
마. 단기차입금	₩70,000	바. 자본금	( )
〈당기 중의 경영성과〉			
사. 매출총이익	₩45,000	아. 임대료	₩5,000
자. 수수료 수익	₩10,000	차. 급여	₩40,000
카. 통신비	₩3,000	타. 보험료	₩7,000

① ₩450,000

② ₩500,000

③ ₩510,000

④ ₩545,000

24 남대문상점에 대한 외상매입금 ₩5,000을 지급하기 위하여 매출처 종로상회로부터 수취한 약속어음을 배서양도 한 경우의 회계 처리로 옳은 것은?

① (차) 외상매입금 5,000 (대) 지급어음 5,000
② (차) 외상매출금 5,000 (대) 지급어음 5,000
③ (차) 외상매입금 5,000 (대) 받을어음 5,000
④ (차) 외상매출금 5,000 (대) 받을어음 5,000

25 결산시 현금실제액이 장부잔액보다 ₩30,000 많은 경우 분개시 대변 계정과목으로 옳은 것은? 단, 그 원인은 결산이 끝날 때까지 밝혀지지 않았다고 가정한다.

① 잡손실

② 현금과부족

③ 잡이익

④ 현금

합격마법사

국가기술자격검정
제 **1** 회 **전산회계운용사 3급 필기 모의고사**

※ 20XX. XX 시행
※ 무단전재금함

| 형별 | **A형** | 제한시간 | **40분** | 수험번호 | 성 명 |

※ 다음 문제를 읽고 알맞은 것을 골라 답안카드의 답란(①, ②, ③, ④)에 표기하시오.

제1과목 ➜ 회계원리

01 다음 항목 분류의 연결이 틀린 것은?

① 대여금 – 자산
② 미수금 – 자산
③ 임대료 – 수익
④ 선수금 – 자산

02 한국백화점은 상품 ₩150,000을 판매하고 자사가 발행한 상품권 ₩100,000과 현금 ₩50,000을 받았다. 옳은 분개는?

① (차)외상매출금 100,000 (대)매   출   150,000
    현   금 50,000
② (차)가 수 금 100,000 (대)매   출   150,000
    현   금 50,000
③ (차)가 지 급 금 100,000 (대)매   출   150,000
    현   금 50,000
④ (차)상품권선수금 100,000 (대)매   출   150,000
    현   금 50,000

03 다음 중 포괄손익계산서 계정이 아닌 것은?

① 소모품
② 광고선전비
③ 당기손익–공정가치측정금융자산평가손실
④ 유형자산처분이익

04 10월의 거래를 기록한 현금계정을 보고 날짜별로 거래를 추정한 내용으로 알맞지 않은 것은?

현 금		
10/1 자 본 금 5,000,000	10/5 매 입 2,000,000	
9 외상매출금 500,000	15 단기차입금 300,000	

① 10월 1일 현금 ₩5,000,000을 출자하여 영업을 시작하다.
② 10월 5일 상품 ₩2,000,000을 현금으로 매입하다.
③ 10월 9일 외상매출금 ₩500,000을 현금으로 회수하다.
④ 10월 15일 현금 ₩300,000을 차입하다.

05 다음 설명이 틀린 것은?

① 회계란 이해관계자에게 유용한 회계정보제공에 목적이 있다.
② 재무회계는 내부보고목적, 관리회계는 외부보고목적으로 구분할 수 있다.
③ 회계단위란 장소적 범위를 말한다.
④ 회계연도(회계기간)(이)란 기간적범위를 말한다.

06 회계기간에 관한 설명 중 틀린 것은?

① 회계기간은 원칙적으로 1년을 초과할 수 없다.
② 인위적으로 구분한 기간으로 회계연도라고도 한다.
③ 한 회계기간은 전기부터 차기까지를 의미한다.
④ 재무성과와 재무상태를 파악하기 위한 시간적 개념이다.

07 다음 자산의 설명이다. 틀린 것은?

① 상품을 매출하고 외상으로 한 경우 외상매출금이다.
② 상품이 아닌 물건을 외상으로 처분하면 미수금이다.
③ 상품을 주문하고 계약금을 지급하면 선급금이다.
④ 만기가 3개월인 정기예금에 가입하면 당기손익–공정가치측정 금융자산이다.

08 다음 감가상각 방법 중 체감잔액법이 아닌 것은?

① 정률법
② 연수합계법
③ 이중체감법
④ 정액법

09 경기상사는 갑상품 100개를 10,000원에 외상으로 매입하고, 매입 수수료 500원과 매입운반비 500원을 현금으로 지급하였다. 올바른 분개는?

① (차)매   입 11,000 (대)외상매입금   10,000
                             현   금   1,000
② (차)매   입 10,000 (대)외상매입금   10,000
     운 반 비 1,500   현   금   1,500
③ (차)매   입 10,500 (대)외상매입금   10,000
     운 반 비   500   현   금   1,000
④ (차)매   입 10,000 (대)외상매입금   10,000
     수 수 료 비용   500   현   금   1,000
     운 반 비   500

10 복식부기에서 차변의 합계금액과 대변의 합계금액은 반드시 일치하게 되는데 이를 무엇이라 하는가?

① 거래의 이중성   ② 대차평균의 원리
③ 거래의 결합관계   ④ 분개의 법칙

11 다음과 같은 결합관계를 갖는 거래는?

(차변) 자산의 증가 – (대변) 수익의 발생

① 현금을 은행에 당좌예입하다.
② 빌려준 대금을 현금으로 받다.
③ 상품을 외상으로 매입하다.
④ 은행예금에 대한 이자를 현금으로 받다.

12 재무제표의 작성책임은 다음 중 누구에게 있는가?

① 경영진   ② 주주 및 투자자
③ 회계담당자   ④ 채권자 및 금융기관

13 "(주)경상에서 현금 ₩200,000을 6개월간 차입하고 차용증서를 발행하여 주다."의 거래를 분개할 경우 대변계정으로 옳은 것은?

① 지급어음   ② 단기차입금
③ 장기차입금   ④ 단기대여금

14 다음 중 세금과공과 계정으로 처리할 수 없는 것은?

① 자동차세   ② 재산세
③ 상공회의소회비   ④ 소득세

15 다음 거래는 3전표제도에서 어떤 전표를 사용하는가?

상품 ₩5,000을 매입하고, ₩3,000은 현금으로 지급하고, 잔액은 외상으로 하다.

① 매입전표 1매, 출금전표 1매
② 출금전표 1매, 대체전표 1매
③ 대체전표 2매
④ 출금전표 1매, 입금전표 1매

16 다음 자료에 의하여 매출총이익은 얼마인가?

| •기초상품 ₩120,000 | •당기매입액 ₩500,000 |
| •기말상품   100,000 | •당기매출액   800,000 |

① ₩300,000   ② ₩320,000
③ ₩800,000   ④ ₩280,000

17 다음 거래에 대한 분개를 수정 분개한 것으로 옳은 것은?

가. 거래 : 종업원의 급여 ₩1,000,000을 지급할 때 종업원이 부담할 소득세 ₩50,000을 차감하고 현금으로 지급하였다.
나. 분개 : (차) 종업원급여 950,000   (대) 현금 950,000

① (차)종업원급여 50,000 (대)현   금 50,000
② (차)종업원급여 50,000 (대)예 수 금 50,000
③ (차)소 득 세 50,000 (대)현   금 50,000
④ (차)소 득 세 50,000 (대)예 수 금 50,000

18 다음 자료에 의하여 외상대금 지급액을 계산하시오.

•기초외상매입금	₩50,000
•당기상품외상매입액	₩500,000
•기말외상매입금	₩40,000
•환출액(외상매입분)	₩100,000

① ₩510,000   ② ₩500,000
③ ₩490,000   ④ ₩410,000

19 다음 자료에 의하여 기초자본금을 계산하시오.

・추가출자액 ₩200,000	・기중인출액 ₩400,000
・기말자본금 ₩900,000	・당기순이익 ₩800,000

① ₩1,100,000   ② ₩2,300,000
③ ₩1,200,000   ④ ₩ 300,000

20 다음 중 매입장에 기입할 수 없는 것은?

① 순매입액   ② 매입에누리
③ 매입할인액   ④ 환입액

21 한양상회는 임차료 1년분을 8월 1일에 ₩240,000을 현금으로 지급하고 비용으로 처리하였다. 12월 31일 기말 결산시의 임차료선급액은 얼마인가?

① ₩100,000   ② ₩120,000
③ ₩140,000   ④ ₩160,000

22 다음 중 상품재고장 기입내용이 아닌 것은?

① 매출에누리액   ② 매입에누리액
③ 매입할인액   ④ 환출액

23 주당 액면가 ₩5,000인 초나라 주식 10주를 주당 ₩25,000에 수표를 발행하여 매입하였다. 분개로 적절한 것을 고르시오.

① (차) 당기손익-공정가치측정 250,000 (대) 당좌예금 250,000
　　　금 융 자 산
② (차) 당기손익-공정가치측정 250,000 (대) 현　　금 250,000
　　　금 융 자 산
③ (차) 비 유 동 자 산 250,000 (대) 당좌예금 250,000
④ (차) 당기손익-공정가치측정 50,000 (대) 당좌예금 50,000
　　　금 융 자 산

24 충주상점은 청주상점에 상품 ₩200,000을 주문하고, 계약금 ₩20,000을 현금으로 지급하였는데 금일 상품이 도착하였다. 충주상점의 옳은 분개는?

① (차)매　　입 200,000 (대)선 급 금 20,000
　　　　　　　　　　　　　외상매입금 180,000
② (차)선 수 금 20,000 (대)현　　금 200,000
　　외상매출금 180,000
③ (차)선 급 금 20,000 (대)현　　금 20,000
④ (차)현　　금 20,000 (대)선 수 금 20,000

25 "외상매출금 ₩100,000을 동점 발행의 약속어음으로 받다."의 거래를 거래 요소의 결합관계로 표시한 것으로 옳은 것은?

① 부채의 감소와 부채의 증가
② 자산의 감소와 부채의 감소
③ 수익의 발생과 자산의 감소
④ 자산의 증가와 자산의 감소

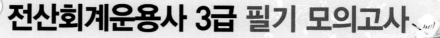
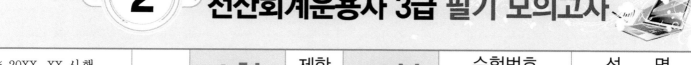
※ 다음 문제를 읽고 알맞은 것을 골라 답안카드의 답란(①, ②, ③, ④)에 표기하시오.

제1과목 ➔ 회계원리

01 외상매출금 ₩20,000이 회수불능 되었다. K-IFRS에 따라 회계처리 할 경우 다음 각 상황별로 계상되어야 할 대손상각비는 얼마인가?

> 상황 1 : 대손충당금 잔액이 없는 경우
> 상황 2 : 대손충당금 잔액이 ₩13,000인 경우
> 상황 3 : 대손충당금 잔액이 ₩23,000인 경우

	(상황 1)	(상황 2)	(상황 3)
①	₩20,000	₩13,000	₩3,000
②	₩20,000	₩7,000	₩0
③	₩20,000	₩7,000	₩3,000
④	₩20,000	₩13,000	₩0

02 다음 중 유형자산에 속하지 않는 항목은?

① 건물　　　　　　　② 토지
③ 차량운반구　　　　④ 상품

03 다음 중 재무상태표계정이 아닌 것은?

① 현금 및 현금성자산
② 매입채무
③ 장기대여금
④ 임대료

04 다음 중 결산시 손익계정으로 대체되는 계정이 아닌 것은?

① 감가상각비
② 세금과공과
③ 수수료수익
④ 단기차입금

05 주어진 자료에서 당기순이익을 계산하면?

• 당 기 매 출 액	₩500,000	• 기초상품재고액	₩200,000
• 당 기 매 입 액	250,000	• 기말상품재고액	100,000
• 종 업 원 급 여	100,000	• 이 자 비 용	10,000

① ₩40,000　　　　② ₩50,000
③ ₩60,000　　　　④ ₩70,000

06 다음과 같은 자료를 이용할 때 당해연도의 매출원가에 미치는 영향은 얼마인가?

• 매입을 위한 지출	₩3,000,000
• 상품재고의 감소	₩500,000

① ₩3,500,000 증가
② ₩2,500,000 증가
③ ₩2,500,000 감소
④ ₩3,500,000 감소

07 다음 자료에 의하여 총평균법으로 상품재고장을 기록하는 경우, 매출총이익은 얼마인가?

4월 1일	전월이월	100개	@₩ 200	₩ 20,000
6일	매　입	300개	@₩ 300	₩ 90,000
15일	매　입	200개	@₩ 350	₩ 70,000
20일	매　출	500개	@₩ 400	₩200,000

① ₩150,000　　　　② ₩ 50,000
③ ₩ 55,000　　　　④ ₩145,000

08 회계상 거래로 볼 수 있는 것은?

① 종업원 장나라를 채용하다.
② 화재로 인하여 건물과 비품이 소실되다.
③ 토지를 임차하기로 하다.
④ 상품 ₩10,000을 창고회사에 보관하다.

09 다음 중 "비용의 발생과 자산의 감소"에 해당하지 않는 거래는?

① 전기요금을 현금으로 지급하다.
② 집세를 수표발행 하여 지급하다.
③ 이자를 현금으로 지급하다.
④ 상품을 외상으로 매출하다.

10 전산회계를 이용할 경우 얻을 수 있는 효익으로 옳지 않은 것은?

① 데이터베이스를 사용하여 편리하고 다양한 재무분석을 할 수 있다.
② 언제든지 원하는 시점에 재무제표를 쉽고 빠르게 검색할 수 있다.
③ 회계처리의 인력과 경비가 많이 들어간다.
④ 회계업무의 질적 향상과 표준화가 가능하다.

11 다음 (   )안에 들어갈 적절한 말을 순서대로 적은 것은?

> 자산, 부채, 자본의 증감변화를 (   )라 하고, 분개장에서 총계정원장으로 옮겨 적는 것을 (   )라 하며, 하나의 계정에서 다른 계정으로 이동하는 것을 (   )라 한다.

① 거래의 이중성, 전기, 대차평균의 원리
② 거래, 전기, 대차평균의 원리
③ 거래, 전기, 대체
④ 거래의 이중성, 전기, 복식회계의 원리

12 다음 중 현금및현금성자산에 속하지 않는 것은?

① 당좌예금, 보통예금
② 현금
③ 취득시 만기가 3개월 이내인 회사채
④ 일시소유목적으로 시장성 있는 주식을 구입

13 다음은 당좌예금에 대한 자료이다. 계정에 대한 거래의 추정으로 잘못된 것은?

당 좌 예 금

9/1 전 월 이 월	10,000	9/15 외상매입금	4,000
3 현 금	3,000	22 매 입	6,000
9 외상매출금	2,000		

① 9월 3일 수표를 발행하여 현금 ₩3,000을 인출하다.
② 9월 9일 외상매출금 ₩2,000을 회수하여 즉시 당좌예금하다.
③ 9월 15일 수표를 발행하여 외상매입금 ₩4,000을 지급하다.
④ 9월 22일 상품 ₩6,000을 매입하고 수표를 발행하다.

14 액면주식을 발행한 주식회사의 자본금을 계산하는 방법으로 옳은 것은?

① 주당 액면가액 × 수권주식수
② 주당 발행가액 × 수권주식수
③ 주당 액면가액 × 발행주식수
④ 주당 발행가액 × 발행주식수

15 거래처인 동대문상점에서 현금 ₩70,000을 3개월간 빌려주고 차용증서를 받았다. 다음 중 옳은 분개는?

① (차)현   금 70,000 (대)단 기 차 입 금 70,000
② (차)단 기 대 여 금 70,000 (대)현   금 70,000
③ (차)장 기 대 여 금 70,000 (대)현   금 70,000
④ (차)현 금 성 자 산 70,000 (대)현   금 70,000

16 인천상점의 외상매입금 ₩20,000을 지급하기 위하여 매출처인 경기상점앞 환어음을 발행하여 인수받아 지급하였다. 경기상점에 대해서는 한달 전 매출한 외상매출금이 ₩20,000이 있었다. 알맞은 분개는?

① (차)외 상 매 출 금 20,000 (대)외 상 매 입 금 20,000
② (차)외 상 매 입 금 20,000 (대)외 상 매 출 금 20,000
③ (차)받 을 어 음 20,000 (대)외 상 매 출 금 20,000
④ (차)외 상 매 입 금 20,000 (대)지 급 어 음 20,000

17 동대문상점에 상품 ₩15,000을 매입하고, 대금 중 ₩5,000은 현금으로 지급하고 잔액은 동점이 발행한 당좌수표로 지급하다. 옳은 분개는?

① (차)매   입 15,000 (대)현   금 15,000
② (차)매   입 15,000 (대)현   금 5,000
　　　　　　　　　　　　　　　 당 좌 예 금 10,000
③ (차)매   입 15,000 (대)현   금 5,000
　　　　　　　　　　　　　　　 지 급 어 음 10,000
④ (차)현   금 15,000 (대)매   입 15,000

18 종로상회에서 상품 ₩4,000을 외상으로 매출하고, 상품 발송 운임 ₩500은 현금으로 지급하다. 옳은 분개는?

① (차)매　　　출　4,000　(대)외 상 매 출 금　4,500
　　　운 반 비　 500
② (차)외 상 매 출 금　4,000　(대)매　　　출　4,000
　　　운 반 비　 500　　　현　　　금　 500
③ (차)외 상 매 출 금　4,500　(대)매　　　출　4,000
　　　　　　　　　　　　　　 현　　　금　 500
④ (차)외 상 매 출 금　4,500　(대)매　　　출　4,500

19 (주)광주는 영업용 토지를 구입하였던 바, 그에 따른 등록세 ₩300,000을 현금으로 납부하였다. 옳은 분개는?

① (차)세금과공과 300,000　(대)현　　금 300,000
② (차)등 록 세 300,000　(대)현　　금 300,000
③ (차)토　　　지 300,000　(대)현　　금 300,000
④ (차)수수료비용 300,000　(대)현　　금 300,000

20 (주)수원은 사채 ₩10,000,000을 액면가액으로 발행하고, 납입금은 현금으로 받아 즉시 당좌예입하였다. 옳은 분개는?

① (차)당 좌 예 금 10,000,000　(대)사　채 10,000,000
② (차)현　　금 10,000,000　(대)사　채 10,000,000
③ (차)당기손익-공정가치측정 10,000,000　(대)당좌예금 10,000,000
　　　금 융 자 산
④ (차)당기손익-공정가치측정 10,000,000　(대)현　금 10,000,000
　　　금 융 자 산

21 다음 거래의 분개로 올바른 것은?

> 출장중인 사원이 당사 보통예금통장에 온라인으로 ₩70,000을 송금해 오다.

① (차)당 좌 예 금 70,000　(대)가 수 금 70,000
② (차)보 통 예 금 70,000　(대)가 지 급 금 70,000
③ (차)가 지 급 금 70,000　(대)보 통 예 금 70,000
④ (차)보 통 예 금 70,000　(대)가 수 금 70,000

22 다음 중 상품권에 대한 회계처리의 설명으로 옳지 않은 것은?

① 상품권의 유효기간이 경과하고 상법상 소멸시효가 완성된 경우에는 소멸시효의 완성시점에서 잔액을 전부 기타(영업외)수익으로 인식한다.
② 상품권 ₩100,000발행하고 대금을 현금으로 받으면 분개가 (차) 현금 100,000　(대) 상품권 선수금 100,000 이다.
③ 상품 등을 제공하고 상품권을 회수한 때에 매출수익을 인식한다.
④ 상품권을 발행하면 발행시점에서 매출수익을 인식한다.

23 다음 결산전 잔액시산표 내용을 보고 매출채권잔액의 2%를 대손으로 추산할 경우, 대손상각비 계상을 위한 수정분개 금액은 얼마인가?

<table>
<tr><td colspan="3" align="center">잔액시산표</td></tr>
<tr><td>외상매출금</td><td>100,000</td><td>대손충당금　　1,000</td></tr>
<tr><td>받 을 어 음</td><td>300,000</td><td></td></tr>
</table>

① ₩8,000　　　② ₩7,000
③ ₩1,000　　　④ ₩ 0

24 기업주의 종합소득세 ₩10,000을 현금으로 지급하였다. 옳은 분개는?

① (차)종 합 소 득 세 10,000　(대)현　금 10,000
② (차)세 금 과 공 과 10,000　(대)현　금 10,000
③ (차)인 출 금 10,000　(대)현　금 10,000
④ (차)소득세예수금 10,000　(대)현　금 10,000

25 제1기 1월 1일에 기계장치(내용년수 5년, 잔존가액 ₩2,000, 정액법 상각)를 ₩22,000에 취득하였으며, 정상적으로 감가상각을 해 왔다. 제6기 1월 1일 기계장치를 ₩5,000에 처분하였다면 처분손익은? (결산 연1회)

① ₩3,000 이익　　② ₩3,000 손실
③ ₩5,000 이익　　④ ₩5,000 손실

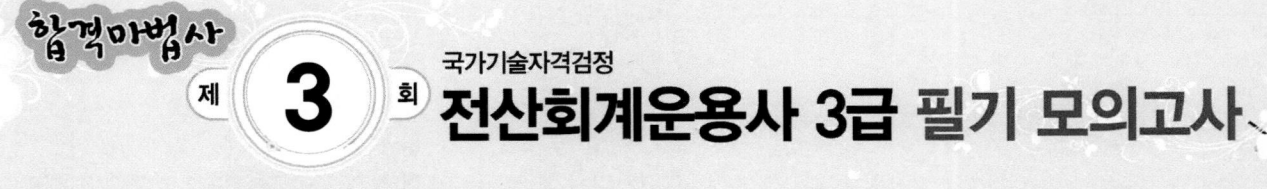

합격마법사

제 **3** 회 국가기술자격검정

전산회계운용사 3급 필기 모의고사

※ 20XX. XX 시행 ※ 무 단 전 재 금 함	형별	**A형**	제한 시간	**40분**	수험번호	성 명

※ 다음 문제를 읽고 알맞은 것을 골라 답안카드의 답란(①, ②, ③, ④)에 표기하시오.

제1과목 ⊙ 회계원리

01 다음 중 포괄손익계산서에 대한 설명으로 올바르지 않은 것은?

① 일정기간 동안 기업의 재무성과에 대한 정보를 제공한다.
② 포괄손익계산서 또는 주석에 특별손익항목을 표시할 수 있다.
③ 기본주당이익과 희석주당이익은 포괄손익계산서에 표시한다.
④ 재무성과 구성요소를 설명하는데 필요한 경우 추가항목을 포괄손익계산서에 포함하고 사용된 용어와 항목의 배열을 수정한다.

02 다음의 부채에 대한 설명 중 가장 적절하지 않는 것은?

① 부채는 과거의 거래나 경제적 사건의 결과로서 관련 의무가 현재의 시점에 존재하고 있어야 한다.
② 관련 의무는 미래에 자산을 희생시키거나 용역을 제공하여야 할 특정 실체에 귀속되는 의무이어야 한다.
③ 특정 실체가 이러한 경제적 자원의 희생을 회피할 수 있는 권한이 거의 없다.
④ 채권자가 현재의 시점에서 구체적으로 확정되어야 한다.

03 다음 계정분류의 성격이 다른 것은?

① 현금및현금성자산, 매출채권, 당기손익-공정가치측정금융자산
② 매입채무, 단기차입금, 예수금, 선수금, 미지급비용
③ 이자수익, 로열티수익, 임대료, 수수료수익
④ 소모품, 광고선전비, 기부금, 복리후생비, 수선비

04 다음 중 회계상 거래인 것은?

① 종업원 이효리를 월급 ₩500씩 주기로 하고 채용하다.
② 월세 ₩300씩 받기로 하고 사무실 한 칸을 임대하다.
③ 현금 ₩100을 도난 당하다.
④ 상품 ₩2,000을 창고회사에 보관하다.

05 다음 중 판매비(물류원가)와 관리비가 아닌 것은?

① 세금과공과
② 여비교통비
③ 이자비용
④ 보험료

06 다음 중 거래의 결합관계로 성립될 수 없는 것은?

(차변요소)   (대변요소)
① 자산의 증가 --- 부채의 증가
② 비용의 발생 --- 자산의 감소
③ 부채의 감소 --- 자산의 감소
④ 수익의 발생 --- 자산의 감소

07 다음 (   )안에 적당한 용어는?

> (   )란 어느 계정과목, 어느변에 얼마를 기입하는가를 결정하는 것을 말한다.

① 거래
② 전기
③ 분개
④ 거래의 이중성

08 다음 거래의 결합관계에 해당하는 거래는?

(차변) 자산의 증가	(대변) 자산의 감소
	수익의 발생

① 상품 ₩20,000을 매입하고, ₩15,000은 현금으로 지급하고 잔액은 외상이다.
② 외상매입금 ₩50,000을 현금으로 지급하다.
③ 임대료 ₩30,000을 현금으로 받다.
④ 단기대여금 ₩50,000과 그에 대한 이자 ₩1,000을 현금으로 회수하다.

09 다음 채권·채무에 대한 설명 중 틀린 것은?

① 상품을 인도하기 전에 계약금을 받으면 선수금계정 대변에 기입한다.
② 건물를 처분하고 대금은 나중에 받기로 하면 미수금계정의 차변에 기입한다.
③ 출장가는 사원에게 지급하는 출장비는 내용이 밝혀질 때까지 가지급금계정 차변에 기입한다.
④ 출장 중인 사원으로부터 송금을 받았으나, 내용을 알 수 없으면 선급금계정 대변에 기입한다.

10 다음 중 현금 계정으로 처리할 수 없는 것은?

① 여행자수표
② 일람 출급 어음
③ 당점발행 당좌수표
④ 동점발행 당좌수표

11 거래처의 파산으로 외상매출금 ₩100,000이 회수불능되어 대손처리하다. (단, 대손충당금 ₩ 80,000이 있다.)

① (차)대손상각비 100,000 (대)외 상 매 출 금 100,000
② (차)대손충당금 100,000 (대)외 상 매 출 금 100,000
③ (차)대손충당금 80,000 (대)외 상 매 출 금 100,000
　　　대손상각비 20,000
④ (차)외상매출금 100,000 (대)대 손 충 당 금 80,000
　　　　　　　　　　　　　　　　대 손 상 각 비 20,000

12 현금의 지급이 있었으나, 회계 처리할 계정과목이나 금액이 불확실하여 확정이 될 때까지 일시적으로 처리하는 가계정은 다음 중 어느 것인가?

① 가수금
② 가지급금
③ 미결산
④ 예수금

13 다음 약식 전표의 분개로 옳은 것은?

입 금 전 표	No 123
(외상매출금) 20,000	

① (차)외 상 매 출 금 20,000 (대)매　　　　출 20,000
② (차)현　　　　금 20,000 (대)외 상 매 출 금 20,000
③ (차)외 상 매 출 금 20,000 (대)현　　　　금 20,000
④ (차)현　　　　금 20,000 (대)매　　　　출 20,000

14 한국채택국제회계기준(K-IFRS)에서 유동자산 중 금융자산으로 분류되는 항목을 모두 고른 것은?

가. 선급금	나. 매출채권
다. 단기대여금	라. 당기손익-공정가치측정금융자산
마. 현금 및 현금성자산	

① 가
② 가, 나
③ 나, 다, 라
④ 나, 다, 라, 마

15 "현금과부족의 원인을 조사한 결과 회계담당자가 실수하여 집세 ₩10,000을 받은 것이 누락되었음이 발견되었다." 분개로 옳은 것은?

① (차)현금과부족 10,000 (대)현　　　　금 10,000
② (차)현　　　　금 10,000 (대)현 금 과 부 족 10,000
③ (차)현금과부족 10,000 (대)임　대　료 10,000
④ (차)임　차　료 10,000 (대)현 금 과 부 족 10,000

16 다음은 회계정보의 순환과정과 관련된 내용들이다. 그 내용이 맞지 않는 것은?

① 거래의 인식에서부터 출발하여, 분개, 전기, 결산 등의 과정을 통해 재무제표가 작성된다.
② 거래의 이중성이란 모든 거래는 자산/부채/자본에 변화를 초래하는 원인과 결과라는 두 가지 속성이 함께 포함되어 있다는 것을 의미한다.
③ 분개란 거래를 인식해서 기록하는 것을 말하며 모든 회계정보 생산의 기초가 된다.
④ 전기절차는 계정과목결정, 금액결정, 차/대변결정 등의 순서로 이루어진다.

17 상품을 3분법으로 분할할 때 해당 없는 계정과목은?

① 이월상품
② 매　　입
③ 매　　출
④ 환출 및 매입에누리·매입할인

18 상품재고장에 기입할 수 있는 것은?

① 매출에누리　　　　② 매출할인
③ 매출환입　　　　　④ 매출제비용

19 종업원의 급여 지급시 공제해 두었던 소득세 ₩25,000과 국민연금 보험료 ₩10,000을 해당기관에 현금으로 납부한 경우의 분개로 올바른 것은?

① (차)세 금 과 공 과 35,000 (대)현　　　　　금 35,000
② (차)선　 수　 금 35,000 (대)현　　　　　금 35,000
③ (차)소득세예수금 25,000 (대)현　　　　　금 35,000
　　　 국민연금예수금 10,000
④ (차)현　　　　 금 35,000 (대)소득세예수금 25,000
　　　　　　　　　　　　　　 국민연금예수금 10,000

20 다음 자료에 의하여 순매입액을 구하면 얼마인가?

•총매입액	₩20,000	•매입할인	₩1,000
•매출환입	600	•매입에누리	2,400
•매입환출	1,600	•인수운임	2,000

① ₩15,000　　　　　② ₩17,000
③ ₩16,400　　　　　④ ₩18,400

21 다음의 수정전 잔액시산표상의 상품관련에 대한 설명으로 틀린것은?

수정전 잔액시산표

이 월 상 품	30,000	매　　　출	450,000
매　　 입	300,000		

① 기초상품재고액 ₩30,000
② 당기순매입액 ₩300,000
③ 당기순매출액 ₩450,000
④ 기말상품재고액 ₩30,000

22 12월말결산 법인인 (주)한국은 9월 1일 처음으로 소모품을 ₩2,000,000 구입하여 전액 자산으로 처리하였다. 당기에 사용된 소모품은 ₩1,700,000이었다. 12월 31일 결산시 다음 중 어떤 수정분개를 해야 하는가?

① (차)현　　　 금 300,000 (대)소 모 품 300,000
② (차)소 모 품 300,000 (대)현　　　 금 300,000
③ (차)소 모 품 2,000,000 (대)소 모 품 비 2,000,000
④ (차)소모품비 1,700,000 (대)소 모 품 1,700,000

23 상품의 인도단가를 결정하는 방법에 관한 다음 설명 중 틀린 것은?

① 선입선출법은 먼저 매입한 상품을 먼저 인도하는 형식으로 인도단가를 결정하는 방법이다.
② 개별법은 재고자산의 원가를 개별적으로 파악하여 인도단가를 결정하는 방법이다.
③ 이동평균법은 매출시 마다 판매가액이 다른 경우 인도단가를 결정하는 방법이다.
④ 총평균법은 기초재고액과 일정기간에 대한 순매입액의 합계액을 기초수량과 순매입수량을 합산한 수량으로 나누어서 총평균단가를 구하고, 이를 인도단가로 결정하는 방법이다.

24 서해안상점에 외상으로 매출한 상품 중 파손품(2개, @₩1,000)이 있어 반품되어오다. 3분법에 의할 경우 옳은 분개는?

① (차)외 상 매 출 금 2,000 (대)매　　　　 출 2,000
② (차)매　　　 출 2,000 (대)외 상 매 출 금 2,000
③ (차)상　　　 품 2,000 (대)외 상 매 출 금 2,000
④ (차)매　　　 출 1,000 (대)외 상 매 출 금 2,000

25 사채의 발행방법이 아닌 것은?

① 분할발행　　　　　② 평가발행
③ 할증발행　　　　　④ 할인발행

※ 20XX. XX 시행 ※ 무단전재금함	형별	**A형**	제한 시간	**40분**	수험번호	성 명

※ 다음 문제를 읽고 알맞은 것을 골라 답안카드의 답란(①, ②, ③, ④)에 표기하시오.

제1과목 ➔ 회계원리

01 다음의 자료를 이용하여 정액법에 의하여 20×2년도의 감가상각비를 계산하면 얼마인가?(단, 보고기간말일은 12월 31일이다.)

> – 취득일 : 20×1년 1월 1일 – 취득원가 : ₩1,200,000
> – 내용연수 : 5년 – 잔존가액 : ₩200,000

① ₩200,000
② ₩240,000
③ ₩400,000
④ ₩480,000

02 다음 중 매출채권이란 무엇을 말하는가?

① 외상매출금, 받을어음
② 미수금, 단기대여금
③ 외상매입금, 지급어음
④ 미지급금, 단기차입금

03 다음 중 손익의 예상에 해당하지 않는 것은?

① 선급보험료　　　　② 미수이자
③ 미수임대료　　　　④ 미지급임차료

04 다음 중 회계상 거래가 아닌 것은?

① 은행에서 현금을 차입하다.
② 창고에 화재가 발행하여 상품일부가 소실되다.
③ 사채을 발행하고 현금을 납입받다.
④ 건물임차계약을 맺고 다음 달 5일에 임차료를 지급하기로 하다.

05 다음 중 '재무제표 표시'에 따를 경우 포괄손익계산서에 반드시 표시되어야 할 항목에 해당하지 않는 것은?

① 당기순손익
② 법인세비용
③ 금융원가
④ 금융자산

06 다음의 내용 설명 중 옳지 않은 것은?

① 당좌예금은 재무상태표에 현금및현금성자산으로 처리한다.
② 수표를 발행하여 현금을 인출한 경우 차변의 계정과목은 당좌예금으로 한다.
③ 당점발행의 당좌수표를 받으면 당좌예금으로 처리한다.
④ 동점발행의 당좌수표를 받으면 현금으로 처리한다.

07 "거래처 현대상점에 8개월간 차입하였던 차입금 ₩400,000을 이자 ₩2,000과 함께 수표발행하여 지급하다."의 회계처리로 옳은 것은?

① (차)단기차입금　400,000　(대)당 좌 예 금　402,000
　　이 자 비 용　　2,000
② (차)단기차입금　400,000　(대)당 좌 예 금　402,000
　　이 자 수 익　　2,000
③ (차)당 좌 예 금　402,000　(대)단 기 차 입 금　400,000
　　　　　　　　　　　　　　이 자 비 용　　2,000
④ (차)단기차입금　400,000　(대)현　　　금　402,000
　　이 자 비 용　　2,000

08 상품 ₩200,000을 매출하고, 그 대금은 만기가 3개월 후의 약속어음으로 받았을 경우 옳은 분개는? (단, 상품은 3분법으로 처리할 것)

① (차)받 을 어 음　200,000　(대)매　　　출　200,000
② (차)매　　　출　200,000　(대)받 을 어 음　200,000
③ (차)현금성자산　200,000　(대)매　　　출　200,000
④ (차)현　　　금　200,000　(대)매　　　출　200,000

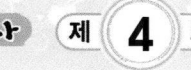
09 "(주)태지는 영업용 컴퓨터를 새로 교체하기 위해 신형 컴퓨터 ₩400,000과 프린터기 ₩30,000 및 스캐너 ₩20,000을 구입하고 대금은 신용카드로 결제하다."의 거래 분개시 대변계정과 금액으로 옳은 것은?

① 외상매입금 ₩400,000
② 외상매입금 ₩450,000
③ 미지급금　₩400,000
④ 미지급금　₩450,000

10 다음 중 결산의 본 절차에 속하지 않는 것은?

① 수익·비용 계정의 마감
② 손익계정을 자본금 계정으로 마감
③ 자산·부채·자본 계정의 마감
④ 결산보고서 작성

11 다음 중 주식회사의 자본으로 옳지 않은 것은?

① 자본금　　　　　　② 인출금
③ 주식발행초과금　　④ 이익잉여금

12 기업실체의 경영활동과 관련된 재화의 판매 또는 용역의 제공 등에 따라 발생하는 자산의 유출이나 사용 또는 부채의 증가로 결과적으로 자본의 감소를 가져오는 것을 무엇이라 하는가?

① 자산　　　　　　② 비용
③ 수익　　　　　　④ 부채

13 (주)한국은 거래처의 부도로 전기에 대손처리하였던 외상매출금 ₩80,000을 당기에 현금으로 모두 회수하다. 이 거래의 분개로 옳은 것은? (단, 대손처리시 대손충당금 잔액은 ₩50,000 있었음)

① (차)현　　　　금 80,000 (대)대손충당금　50,000
　　　　　　　　　　　　　　　　대손상각비　　30,000
② (차)현　　　　금 80,000 (대)대손충당금　80,000
③ (차)대손충당금 50,000 (대)외상매출금　80,000
　　대손상각비 30,000
④ (차)현　　　　금 80,000 (대)외상매출금　80,000

14 다음 중 보고기간말 재무상태표에 현금 및 현금성자산계정으로 표시 할 수 없는 것은?(단, 예금기간이 필요한 경우 1년으로 본다.)

① 소액현금
② 당점발행수표
③ 보통예금
④ 양도성예금증서

15 다음 거래 중 비용으로 회계처리 할 수 있는 것은?

① 토지 구입시 지급한 취득세
② 비품 구입시 지급한 인수운임
③ 건물을 구입하고 사용전 수리비 지급
④ 상품 매출시 지급한 발송운임

16 "보고기간말 현금의 시재액이 현금계정 잔액보다 ₩6,000 많음을 발견하다."의 거래를 분개한 것으로 옳은 것은?

① (차)현　　　　금　6,000 (대)현금과부족　6,000
② (차)현금과부족　6,000 (대)현　　　　금　6,000
③ (차)현　　　　금　6,000 (대)잡　이　익　6,000
④ (차)잡　손　실　6,000 (대)현　　　　금　6,000

17 시산표에서 오류를 찾는 순서 중 제일 먼저 해야 할 일은?

① 시산표상의 차·대변 합계금액이 정확한가 검사한다.
② 총계정원장에서 시산표로 이기가 올바른가 검사한다.
③ 분개장에서 총계정원장의 전기가 바른지 확인한다.
④ 분개장의 분개가 정확한가 확인한다.

18 제천상회에서 외상매입금 ₩10,000을 기일전에 지급함으로 5%를 할인받고 잔액은 현금으로 지급하다. 분개는? (단, 상품은 3분법으로 처리하였음)

① (차)외상매입금 10,000 (대)현　　　　금　10,000
② (차)외상매입금 10,000 (대)매　　　　입　　500
　　　　　　　　　　　　　　　　현　　　　금　9,500
③ (차)외상매입금 10,000 (대)매 입 할 인　　500
　　　　　　　　　　　　　　　　현　　　　금　9,500
④ (차)현　　　　금 10,000 (대)외상매입금　10,000

19 다음 중 주식회사의 자본잉여금에 해당하지 않는 항목은?

① 주식발행초과금
② 감자차익
③ 자기주식처분이익
④ 이익준비금

20 채권, 채무에 대한 기장 내용 중 틀린 것은?

① 상품 ₩100,000을 주문하고 계약금 ₩10,000을 현금으로 지급하다.
　(차)선 급 금 　10,000 (대)현　　　 금 　10,000

② 비품 ₩30,000을 외상으로 구입하다.
　(차)비　　품 　30,000 (대)외상매입금 　30,000

③ 비품을 원가에 매각처분하고 대금 ₩20,000은 월말에 받기로 하다.
　(차)미 수 금 　20,000 (대)비　　 품 　20,000

④ 주문한 상품이 도착하여 계약금 으로 지급한 ₩10,000을 제외한 ₩90,000을 현금으로 지급하다.
　(차)매　　입 100,000 (대)선 급 금 　10,000
　　　　　　　　　　　　　　　현　　 금 　90,000

21 미수수익을 기장 누락한 경우, 재무제표에 미치는 영향은?

① 자산이 과대계상 된다.
② 부채가 과소계상 된다.
③ 수익이 과소계상 된다.
④ 수익이 과대계상 된다.

22 다음 상품재고장을 이용하여 이동평균법에 의한 기말재고액을 계산하면 얼마인가?

6월 1일	전월이월	100개	@₩600	₩60,000
5일	매 출	60개	@₩800	₩48,000
22일	매 입	40개	@₩650	₩26,000
27일	매 출	60개	@₩800	₩48,000

① ₩13,000
② ₩12,500
③ ₩12,300
④ ₩12,000

23 다음 중 결산시 손익계정에 대체되는 계정은?

① 비품
② 감가상각비
③ 외상매입금
④ 단기차입금

24 다음 분개의 (가)에 들어갈 수 없는 계정과목은?

| (차) 외상매입금 50,000 | (대) (가) 50,000 |

① 현금
② 당좌예금
③ 미지급금
④ 지급어음

25 다음 거래에 대한 거래의 결합관계가 바르게 표시된 것은?

| 토지 ₩160,000을 구입하고 대금은 외상으로 하다. |

① (차) 부채의 감소　---　(대) 부채의 증가
② (차) 자산의 증가　---　(대) 자산의 감소
③ (차) 자산의 증가　---　(대) 부채의 증가
④ (차) 자산의 증가　---　(대) 자본의 증가

합격마법사

제 **5** 회 국가기술자격검정

전산회계운용사 3급 필기 모의고사

※ 20XX. XX 시행
※ 무단전재금함

형별 **A형**

제한시간 **40분**

수험번호

성 명

※ 다음 문제를 읽고 알맞은 것을 골라 답안카드의 답란(①, ②, ③, ④)에 표기하시오.

제1과목 ➡ 회계원리

01 당기손익목적으로 ₩100,000에 구입한 A주식의 기말 현재시가는 ₩120,000으로 평가되었다. 기말에 A주식에 대한 회계처리로 옳지 않은 것은?

① 차변에는 당기손익-공정가치측정금융자산 ₩20,000으로 분개한다.

② 대변에는 당기손익-공정가치측정금융자산평가이익 ₩20,000으로 분개한다.

③ 재무상태표상의 기타금융자산(당기손익-공정가치측정금융자산)은 ₩100,000으로 표시한다.

④ 당기손익-공정가치측정금융자산평가이익은 기타(영업외)수익으로 처리한다.

02 다음 자료에 의하여 당기의 외상매출금 기초잔액을 계산하면 얼마인가?

• 외상매출액	₩790,000
• 당기 외상매출금 회수액	800,000
• 외상매출액 중 환입액	20,000
• 외상매출금 기말잔액	70,000

① ₩100,000

② ₩120,000

③ ₩200,000

④ ₩140,000

03 다음 자료에 의하여 환출액을 계산하면 얼마인가?

• 기초상품재고액	₩25,000
• 기말상품재고액	40,000
• 매출원가	38,000
• 총매입액	56,000

① ₩6,000

② ₩53,000

③ ₩3,000

④ ₩48,000

04 전표회계의 장점이 아닌 것은?

① 기장사무의 분담 및 책임소재가 명확하다.

② 분개장 대용으로 장부조직을 간소화 할 수 있다.

③ 거래내용을 신속하게 전달할 수 있다.

④ 보관하기가 용이하고 분실의 위험이 매우 적다.

05 한강상사는 사원의 급여 ₩90,000 중 소득세 ₩6,000과 국민연금 ₩3,000을 차감한 후 현금으로 지급하였다. 이에 대한 분개로 옳은 것은?

① (차)현   금 90,000 (대)종 업 원 급 여 81,000
                                  세 금 과 공 과   9,000

② (차)종 업 원 급 여 81,000 (대)현   금 90,000
     소득세예수금   6,000
     국민연금예수금   3,000

③ (차)현   금 90,000 (대)종 업 원 급 여 90,000

④ (차)종 업 원 급 여 90,000 (대)현   금 81,000
                                  소득세예수금   6,000
                                  국민연금예수금   3,000

06 다음 매출처원장의 기록내용을 틀리게 설명한 것은?

매 출 처 원 장

대 한 상 점

7/ 1	전 월 이 월	150,000	7/20	당 좌 예 금	300,000
7/15	매 출	500,000	7/31	**차 기 이 월**	350,000

상 공 상 점

7/10	매 출	280,000	7/ 3	받 을 어 음	150,000
			7/31	**차 기 이 월**	130,000

① 당기에 외상으로 매출한 총액은 ₩780,000이다.

② 당기의 외상매출금 회수총액은 ₩450,000이다.

③ 당기의 외상매출금 기말잔액은 ₩350,000이다.

④ 외상매출금 기초잔액은 ₩150,000이다.

07 다음은 대한상회의 3월 중 거래내역이다. 계속기록법에 의하여 재고자산을 평가할 경우 기말상품재고액은 얼마인가? (단, 선입선출법에 의할 것)

3월 1일	월초재고액	20개	@₩400	₩ 8,000
8일	매 입 액	30개	@₩400	₩12,000
12일	매 출 액	40개	@₩500	₩20,000
16일	매 입 액	60개	@₩450	₩27,000
22일	환 출 액	10개	@₩450	₩ 4,500
	(3월16일분)			

① ₩22,500 ② ₩28,000
③ ₩26,500 ④ ₩42,500

08 다음은 기업의 이해관계자와 관련된 내용이다. 다음 중 성격이 다른 하나는?

① 채권자 ② 소비자
③ 종업원 ④ 금융기관

09 "(주)서울은 주문한 상품 ₩50,000이 도착하여 이를 인수하고, 대금은 외상으로 하다. 인수시 인수운임 ₩3,000을 현금으로 지급하다."의 분개로 옳은 것은? (단, (주)서울은 상품을 주문시 계약금 ₩10,000을 지급했음)

① (차)매 입 50,000 (대)외상매입금 50,000
② (차)매 입 53,000 (대)선 급 금 10,000
　　　　　　　　　　외상매입금 40,000
　　　　　　　　　　현 금 3,000
③ (차)매 입 53,000 (대)외상매입금 50,000
　　　　　　　　　　현 금 3,000
④ (차)매 입 50,000 (대)선 급 금 10,000
　　운 반 비 3,000 외상매입금 40,000
　　　　　　　　　　현 금 3,000

10 "상공상사는 당기순이익 ₩100,000을 계상하다."의 분개로 옳은 것은?

① (차)현 금 100,000 (대)자 본 금 100,000
② (차)자 본 금 100,000 (대)현 금 100,000
③ (차)손 익 100,000 (대)자 본 금 100,000
④ (차)자 본 금 100,000 (대)손 익 100,000

11 다음 거래의 내용이 공통적으로 재무상태표에 기입할 계정과목으로 옳은 것은?

> a. 양도성예금 증서를 구입하다.
> b. 은행에 1년 만기 정기적금에 가입하고, 1차분 현금을 불입하다.

① 현금 및 현금성자산 ② 매출채권
③ 기타금융자산 ④ 유형자산

12 다음 거래에 대한 분개로 옳은 것은?

> (주) 멘토르출판사는 1월 1일 사채 액면총액 ₩100,000 (@₩10,000)을 액면발행하고 납입금은 당좌예금에 예입하였다. 단, 사채발행비는 없다. (상환기간 3년, 연이율 10%, 이자지급 연 1회, 결산일 12월 31일)

① (차)사 채 100,000 (대)당 좌 예 금 100,000
② (차)당 좌 예 금 100,000 (대)사 채 100,000
③ (차)장기차입금 100,000 (대)당 좌 예 금 100,000
④ (차)현 금 100,000 (대)사 채 100,000

13 다음은 판매비(물류원가)와 관리비에 대한 설명이다. 옳지 않은 것은?

① 복리후생비는 관리비에 속한다.
② 물류원가는 상품의 판매활동에 지출되는 비용을 말한다.
③ 관리비는 기업전체의 관리 및 일반사무와 관련되어 발생하는 비용이다.
④ 외상대금을 조기에 회수함에 따라 발생하는 매출할인은 관리비에 속한다.

14 개인기업의 결산 절차를 순서대로 나열한 것 중 옳은 것은?

> ㉠ 기말정리사항의 수정
> ㉡ 수정전 시산표 작성
> ㉢ 재무제표 작성
> ㉣ 재무상태표계정의 마감
> ㉤ 포괄손익계산서계정의 마감

① ㉠ - ㉡ - ㉣ - ㉢ - ㉤
② ㉡ - ㉠ - ㉣ - ㉤ - ㉢
③ ㉡ - ㉠ - ㉤ - ㉣ - ㉢
④ ㉡ - ㉣ - ㉠ - ㉣ - ㉢

15 다음과 같은 거래가 발생하였을 경우의 옳은 분개는?

> 기말 결산시 외상매출금 잔액 ₩100,000에 대하여 2%의 대손을
> 예상하다. (단, 설정되어 있는 대손충당금 잔액은 ₩2,000)

① (차)대 손 상 각 비   2,000 (대)대 손 충 당 금   2,000
② (차)대 손 충 당 금   2,000 (대)대 손 상 각 비   2,000
③ (차)대 손 충 당 금   2,000 (대)외 상 매 출 금   2,000
④ 분 개 없 음

16 다음 중 회계기간을 설명한 것이다. 알맞는 것은?

① 기업의 경영활동을 기록, 계산하는 기간적 범위이다.
② 기업의 경영활동을 기록, 계산하는 장소적 범위이다.
③ 모든 기업은 1월 1일은 기초이고 12월 31일은 기말이다.
④ 채권과 채무가 소멸할 때까지를 말한다.

17 상품재고장에 관한 다음 설명 중 틀린 것은?

① 상품재고장은 상품의 종류별로 각 상품의 인수액, 인도액 및
   잔액을 알 수 있도록 하기 위하여 사용하는 보조원장이다.
② 상품재고장에 단가와 금액은 인수할 때와 인도할 때 모두
   매입원가로 기록한다.
③ 인도단가를 결정하는 방법으로는 선입선출법, 총평균법
   및 이동평균법 등이 있다.
④ 상품재고장에 인도시 기록할 금액은 상품의 판매가액이다.

18 다음의 재무상태표 등식과 포괄손익계산서 등식 중에서 올바른 것만 선택한 것은?

> ㉮ 자산 = 부채 + 자본
> ㉯ 부채 = 자산 + 자본
> ㉰ 총비용 + 당기순이익 = 총수익
> ㉱ 총비용 + 당기순손실 = 총수익

① ㉮, ㉰
② ㉮, ㉱
③ ㉯, ㉰
④ ㉯, ㉱

19 다음의 자료에서 기말 자본액은 얼마인가?

> • 기초자본   ₩4,000,000
> • 당기총수익   ₩9,000,000
> • 기말자본   ₩(   )
> • 당기총비용   ₩7,000,000

① ₩6,000,000   ② ₩5,000,000
③ ₩3,000,000   ④ ₩2,000,000

20 다음 자료는 당기의 자산과 부채의 변동액이다. 기말자본금은 얼마인가?

> • 기초자산   ₩200,000
> • 당기자산증가분 ₩120,000
> • 기초부채   ₩100,000
> • 당기부채감소분 ₩40,000

① ₩140,000   ② ₩180,000
③ ₩200,000   ④ ₩260,000

21 독도상사로부터 수취한 약속어음 ₩50,000을 거래은행에서 할인하고 할인료 ₩5,000을 차감한 잔액은 당좌예입한 경우 분개로 옳은 것은? (매각거래로 회계처리 할 것)

① (차)당 좌 예 금 45,000 (대)받 을 어 음   50,000
       할 인 료 5,000
② (차)당 좌 예 금 45,000 (대)단 기 차 입 금 50,000
       이 자 비 용 5,000
③ (차)당 좌 예 금 45,000 (대)약 속 어 음   50,000
       매출채권처분손실 5,000
④ (차)당 좌 예 금 45,000 (대)받 을 어 음   50,000
       매출채권처분손실 5,000

22 다음 거래의 8요소 중 잘못된 것은?

① 자산의 증가는 차변항목
② 부채의 증가는 대변항목
③ 자본의 감소는 차변항목
④ 비용의 발생은 대변항목

23 복식부기의 특징을 모두 고르시오.

> ㄱ. 거래의 복합성
> ㄴ. 거래의 이중성
> ㄷ. 대차평균의 원리
> ㄹ. 비교 가능성

① ㄱ, ㄴ   ② ㄱ, ㄹ
③ ㄴ, ㄷ   ④ ㄴ, ㄹ

24 사무실 전기요금 ₩100,000을 보통예금 계좌에서 자동이체납부된 경우 알맞은 분개는?

① (차)수도광열비 100,000 (대)보 통 예 금 100,000
② (차)복리후생비 100,000 (대)보 통 예 금 100,000
③ (차)보 통 예 금 100,000 (대)수 도 광 열 비 100,000
④ (차)수도광열비 100,000 (대)현   금 100,000

25 다음 설명에 해당하는 계정과목은?

> 예금 잔액의 범위를 초과하여 수표를 발행하여도 일정 한도까지는 은행이 부도 처리하지 않고 수표를 발행할 수 있도록 하는 것

① 당좌예금
② 당좌차월
③ 당좌이월
④ 이월당좌

합격마법사

제 **6** 회 국가기술자격검정

전산회계운용사 3급 필기 모의고사

※ 20XX. XX 시행
※ 무단전재금함

| 형별 | **A형** | 제한시간 | **40분** | 수험번호 | 성 명 |

※ 다음 문제를 읽고 알맞은 것을 골라 답안카드의 답란(①, ②, ③, ④)에 표기하시오.

제1과목 ➡ 회계원리

01 다음 거래의 올바른 분개는? (단, 3분법에 의함)

> 매입처에 대한 외상매입금 ₩100,000을 약정한 기일보다 미리 지급하게 되어 10%를 할인받고, 잔액은 소유하고 있던 자기앞수표로 지급하다.

① (차)외상매입금 100,000 (대)현 금 90,000
　　　　　　　　　　　　　　　잡 이 익 10,000
② (차)매 입 10,000 (대)외상매입금 100,000
　　현 금 90,000
③ (차)외상매입금 100,000 (대)당 좌 예 금 90,000
　　　　　　　　　　　　　　　매 입 10,000
④ (차)외상매입금 100,000 (대)현 금 90,000
　　　　　　　　　　　　　　　매 입 10,000

02 분개장에서 총계정원장으로 옮겨 적는 것을 무엇이라 하는가?

① 대체　　　　　　② 전기
③ 기장　　　　　　④ 송금

03 다음 거래내용과 공통적으로 관련 있는 전표에 해당하는 것은? (단, 3전표제를 채택하고 있음)

> • 별나라 상점에 상품 ₩300,000을 외상으로 매출하다.
> • 남산 가구점에서 비품 ₩500,000을 구입하고 대금을 월말에 지급하기로 하다.
> • 상품 ₩20,000을 매입하고 대금 중 ₩10,000은 수표를 발행하여 지급하고 잔액은 외상으로 하다.

① 입금전표　　　　② 출금전표
③ 대체전표　　　　④ 매입전표

04 합계시산표의 합계액과 분개장의 합계액을 대조함으로써 발견할 수 있는 오류를 모두 고른 것은?

> ㄱ. 차·대변 계정과목을 반대로 전기한 경우
> ㄴ. 분개장에 거래의 분개가 누락되었을 경우
> ㄷ. 한거래의 분개가 전기되지 않은 경우
> ㄹ. 거래의 분개를 대차 모두 이중으로 전기한 경우

① ㄱ　　　　　　　② ㄴ
③ ㄴ, ㄷ　　　　　④ ㄷ, ㄹ

05 다음 중 옳은 것은?

① 선급보험료 → 비용　　② 미수임대료 → 수익
③ 선수이자 → 부채　　　④ 미지급임차료 → 비용

06 서로 반대계정으로 틀린 것은?

① 외상매출금 ↔ 외상매입금
② 받을어음 ↔ 지급어음
③ 임 차 료 ↔ 임 대 료
④ 선 급 금 ↔ 예 수 금

07 다음 중 금융부채에 대한 설명으로 옳은 것은?

① 금융기관의 상품 종류를 뜻하는 것으로 선수금 등이 있다.
② 기업의 지분상품을 말하며 기업이 매입한 다른 회사의 주식 등이 있다.
③ 매출채권과 같이 거래 상대방에게 현금 등 금융자산을 수취할 계약상의 권리이다.
④ 매입채무와 같이 거래 상대방에게 현금 등 금융자산을 인도하기로 한 계약상의 의무이다.

08 다음 설명 중 옳은 것은? (단, 상품은 3분법으로 함)

① 상품을 외상으로 매입하면, 외상매입금계정 차변
② 상품을 매입하고 인수운임을 지급하면, 매입계정 대변
③ 환출은 매입계정 차변
④ 매입할인은 매입계정 대변

09 "거래처에서 상품을 ₩300,000을 매입하고 대금 중 ₩200,000은 소지하고 있던 남산은행 발행의 자기앞 수표로 지급하고 잔액은 외상으로 하다." 필요한 장부를 모두 고르시오.

> ㄱ. 현금출납장 ㄴ. 당좌예금출납장 ㄷ. 매입장
> ㄹ. 매출장 ㅁ. 상품재고장 ㅂ. 매입처원장
> ㅅ. 매출처원장

① ㄱ, ㄷ 　　　　　② ㄱ, ㄷ, ㄹ
③ ㄱ, ㄷ, ㅁ, ㅂ 　② ㄴ, ㄷ, ㅁ, ㅅ

10 (가) 차변계정과목 (나) 대변계정과목으로 표시한 것 중 옳은 것은?

> (가) 단기차입금에 대한 이자 ₩50,000을 수표 발행하여 지급하다.
> (나) 소유하고 있는 은하주식회사의 주식에 대한 배당금 ₩100,000을 현금으로 받아 곧 당좌예금하다.

	(가)	(나)
①	이자비용	수수료수익
②	이자비용	배당금수익
③	기 부 금	이 자 수 익
④	이자수익	임 대 료

11 "신제품을 생산하기 위한 기계 1대를 ₩800,000에 구입하고, 대금을 10일 후에 지급하기로 하다."의 대변 계정과목은?

① 가지급금 　　　　② 미지급금
③ 외상매입금 　　　④ 선수금

12 "약속한 날짜에 신제품을 공급해 주기 위해 대리점에서 미리 주문을 받고, 주문대금 중 ₩300,000을 현금으로 받다."의 대변 계정과목은?

① 가수금 　　　　　② 선급금
③ 선수금 　　　　　④ 미수금

13 다음은 설명 중 틀린 것은?

① 포괄손익계산서는 일정기간의 재무성과를 나타내는 일람표이다.
② 재무상태표는 일정시점의 재무상태를 나타내는 일람표이다.
③ 재무상태표는 자산, 부채, 자본으로 구성된다.
④ 포괄손익계산서의 수익, 비용은 언제나 일치한다.

14 현금및현금성자산으로 재무상태표에 표시할 수 있는 것을 모두 고르시오.

> ㉮ 화물상환증
> ㉯ 상품을 매출대금으로 받은 약속어음
> ㉰ 취득일로부터 만기가 3개월 이내에 도래하는 상환우선주
> ㉱ 당점이 발행한 당좌수표
> ㉲ 취득당시 만기가 6개월 후에 도래하는 정기적금

① ㉮, ㉱ 　　　　　② ㉯, ㉰
③ ㉱, ㉲ 　　　　　④ ㉰, ㉱

15 다음 거래를 분개한 것으로 옳은 것은?

> 신축중인 건물 ₩50,000 완공되어 인수하고, 공사비 잔액 ₩10,000을 당좌수표를 발행하여 지급하다.

① (차)건　　　　물 50,000 (대)미 지 급 금 40,000
　　　　　　　　　　　　　　　당 좌 예 금 10,000
② (차)건　　　　물 50,000 (대)건설중인자산 40,000
　　　　　　　　　　　　　　　당 좌 예 금 10,000
③ (차)건　　　　물 50,000 (대)당 좌 예 금 50,000
④ (차)건　　　　물 60,000 (대)건설중인자산 50,000
　　　　　　　　　　　　　　　당 좌 예 금 10,000

16 다음은 포괄손익계산서에 대한 설명이다. 이 중에서 틀린 것은?

① 포괄손익계산서는 어떠한 경우에도 매출원가를 구분 표시하여야 한다.
② 한 기간에 인식되는 모든 수익과 비용 항목은 한국채택국제회계기준이 달리 정하지 않는 한 당기손익으로 인식한다.
③ 포괄손익계산서는 일정기간 동안 기업의 재무성과에 대한 정보를 제공하는 보고서이다.
④ 수익과 비용항목이 중요한 경우 그 성격과 금액을 별도로 공시한다.

17 대손충당금 계정을 보고 설명한 내용으로 옳지 않은 것은?

대손충당금

7/21 외상매출금	30,000	1/ 1 전 기 이 월	40,000
12/31 **차 기 이 월**	**20,000**	12/31 대손상각비	10,000
	50,000		50,000

① 매출채권에 대한 대손상각비는 ₩50,000이다.
② 기중 매출채권에 대한 대손 발생액은 ₩30,000이다.
③ 기말 매출채권에 대한 대손추정액은 ₩20,000이다.
④ 대손충당금은 매출채권에 대한 차감적 평가계정이다.

18 다음 자료에 의하여 기말상품 재고액은 얼마인가? (단, 재고자산의 평가는 선입선출법)

10/ 1	전월이월	10개	@₩ 100	₩1,000
5	매 입	20개	@₩ 120	₩2,400
10	매 출	10개	@₩ 200	₩2,000

① ₩ 2,400　　② ₩2,200
③ ₩ 1,000　　④ ₩2,000

19 다음 중 자본의 증가 원인이 되는 거래는?

① 외상매입금을 현금으로 지급하다.
② 장부금액이 ₩5,500인 당기손익-공정가치측정금융자산을 ₩6,000에 처분하다.
③ 원가가 ₩2,000인 상품을 ₩1,500에 매출하다.
④ 건물을 외상으로 취득하다.

20 다음 중 혼합거래가 아닌 것은?

① 대여금과 그이자를 현금으로 받다.
② 상품 ₩12,000(원가 ₩10,000)을 외상매출하다.
③ 전화요금과 전기요금을 현금으로 지급하다.
④ 차입금과 그이자를 현금으로 지급하다.

21 다음 중 잘못 짝지어진 것은?

① 근로소득세 원천징수액 - 소득세 예수금
② 기업주의 사업소득세 - 인출금
③ 건물구입시 지급한 취득세 - 세금과공과
④ 건물구입후 재산세 - 세금과공과

22 다음은 20×1년 12월 31일 (보고기간말) 전라상점의 시산표에서 얻은 자료이다. 자료를 이용하여 20×1년 12월 31일의 자본금을 구하면 얼마인가?

현　금	₩10,000	외상매출금	₩3,000
단기차입금	2,000	비　품	3,500
선급보험료	2,300	미 수 금	800
예 수 금	700	단기대여금	1,200
외상매입금	1,400	당기손익-공정가치측정금융자산	900
미지급이자	1,600		

① ₩ 4,000　　② ₩10,100
③ ₩16,000　　④ ₩ 8,000

23 다음은 당좌예금에 대한 설명이다. 잘못된 것은?

당 좌 예 금

9/1 전 월 이 월	10,000	9/15 외상매입금	4,000
3 현　금	3,000	22 매　입	6,000
9 외상매출금	2,000		

① 9월중 당좌예입액은 ₩15,000이다.
② 9월중 당좌예금인출액(수표발행액)은 ₩10,000이다.
③ 9/30일 당좌예금을 차월이월로 마감하면 ₩5,000이다.
④ 당좌예금계정에 대한 보조기입장은 당좌예금출납장이다.

24 재무상태표와 포괄손익계산서를 작성해서 오류를 발견 할 수 있는 것은?

① 당기순손익　　② 자본금총액
③ 경영성과　　④ 재무상태

25 인천상점의 매입과 매출자료이다. 이동평균법으로 기장한 경우 월말재고액은 얼마인가?

5월 1일 기초재고액	100개	@₩500	₩50,000
8일 매　입	100	700	70,000
12일 매　출	150	800	120,000

① ₩35,000　　② ₩30,000
③ ₩90,000　　④ ₩25,000

※ 다음 문제를 읽고 알맞은 것을 골라 답안카드의 답란(①, ②, ③, ④)에 표기하시오.

제1과목 ➔ 회계원리

01 잔액시산표 차변에 속하는 것들로 짝지어진 것은?

① 현금 – 대손충당금 – 잡이익
② 단기대여금 – 자본금 – 외상매출금
③ 외상매입금 – 지급어음 – 임대료
④ 매출채권 – 단기대여금 – 광고선전비

02 여주상점의 20×1년 1월1일 재무상태표에는 미지급이자가 ₩90,000이 있었고 20×1년 12월 31일의 재무상태표에는 미지급이자가 ₩120,000, 포괄손익계산서에는 이자비용이 ₩600,000이다. 20×1년 여주상점이 지급한 이자는 얼마인가?

① ₩450,000
② ₩630,000
③ ₩480,000
④ ₩570,000

03 기말 각 계정의 잔액이다. 재무상태표에 매입채무로 표시될 금액은?

•미수금	₩2,000	•지급어음	₩6,000
•미지급금	₩1,000	•단기차입금	₩2,000

① ₩5,000
② ₩6,000
③ ₩7,000
④ ₩9,000

04 순이익 ₩20,000이 생긴 덕수상사의 다음 자료에 의한 ㉠, ㉡, ㉢의 합계액은 얼마인가?

기말자산	기말부채	기초자본	기말자본	총비용	총수익
500,000	200,000	(㉠)	(㉡)	(㉢)	200,000

① ₩580,000
② ₩740,000
③ ₩760,000
④ ₩800,000

05 주어진 자료에서 기말(20×2. 12. 31)에 계상할 감가상각비(1년분)를 정률법으로 계산하면?

•20×1년 1월 1일 비품 구입 •취득가액 ₩5,000,000 (내용연수 5년, 정률 40%)

① ₩1,000,000
② ₩1,200,000
③ ₩2,000,000
④ ₩3,000,000

06 재고자산평가 방법 중 가격상승시 매출원가를 가장 적게 표현할 수 있는 방법은?

① 선입선출법
② 후입선출법
③ 이동평균법
④ 총평균법

07 다음 거래의 회계처리로 올바른 것은?

결산일에 매출채권 잔액 ₩500,000에 대하여 2% 대손을 예상한다. 단, 대손충당금 ₩20,000이 설정되어 있다.

① (차)대손충당금 10,000 (대)대손상각비 10,000
② (차)대손상각비 10,000 (대)대손충당금 10,000
③ (차)대손충당금환입 10,000 (대)대손충당금 10,000
④ (차)대손충당금 10,000 (대)대손충당금환입 10,000

08 다음 자료에서 기말자본은?

•기초자본	₩5,000	•당기수익총액	₩4,000
•당기비용총액	₩5,000		

① ₩4,000
② ₩5,000
③ ₩6,000
④ ₩9,000

09 다음 중 "자산의 증가와 수익의 발생"에 해당하는 거래는?

① 상품을 외상으로 매입하다.
② 보험료 미경과액을 계상하다.
③ 집세 미수분을 계상하다.
④ 건물을 수표발행하여 구입하다.

10 취득원가 ₩1,000,000의 비품을 ₩500,000에 매각처분하고, 대금 중 ₩300,000은 자기앞수표로 받고 잔액을 1개월 후에 받기로 하다. 단, 이 비품의 감가상각누계액은 ₩600,000이다.

① (차)감가상각누계액 600,000 (대)비   품 1,000,000
　　　현   금 500,000　　유형자산처분이익 100,000
② (차)감가상각누계액 600,000 (대)비   품 1,000,000
　　　현   금 300,000　　유형자산처분손실 100,000
　　　미 수 금 200,000
③ (차)감가상각누계액 600,000 (대)비   품 1,000,000
　　　현   금 300,000　　유형자산처분이익 100,000
　　　미 수 금 200,000
④ (차)현   금 300,000 (대)비   품 1,000,000
　　　미 수 금 800,000　　유형자산처분이익 100,000

11 상품재고장 작성시 일정기간의 순매입액을 순매입수량으로 나눈 평균단가를 산출하여 매출품에 적용하는 방법은?

① 후입선출법　　　　　② 이동평균법
③ 선입선출법　　　　　④ 총평균법

12 백두상점의 대손과 관련된 자료는 다음과 같다. 제2기 포괄손익계산서에 보고되는 대손상각비는 얼마인가?

┌─────────────────────────────────────┐
│ ㉠ 제2기 중 외상매출금 ₩3,000이 대손되다. 대손충당금 │
│ 　 잔액은 ₩5,000이다.   │
│ ㉡ 제2기말 외상매출금 잔액 ₩150,000에 대하여 3%의 대 │
│ 　 손을 추정하다.   │
└─────────────────────────────────────┘

① ₩2,500　　　　　　② ₩4,500
③ ₩7,000　　　　　　④ ₩5,000

13 다음 현금과부족계정에 대한 설명이 올바른 것은?

현금과부족
5/17 현 금	60,000	

① 시재액이 장부잔액보다 많다.
② 장부잔액이 시재액보다 많다.
③ 현금계정차변에 기장한다.
④ 현금과부족은 가계정(임시계정)이 아니다.

14 다음에서 (가), (나)에 해당하는 계정과목은?

┌─────────────────────────────────────┐
│ A : 사무실에서 사용할 컴퓨터 구입에 따른 (가)외상대금 │
│ 　　은?   │
│ B : 선풍기 판매회사의 판매용 선풍기 구입에 따른 (나)외 │
│ 　　상대금은?   │
└─────────────────────────────────────┘

	(가)	(나)		(가)	(나)
①	미지급금	미수금	②	외상매입금	외상매출금
③	외상매출금	외상매입금	④	미지급금	외상매입금

15 다음 거래의 종류와 거래 예시의 연결이 틀린 것은?

① 교환거래 – 상품을 주문하고, 계약금 ₩50,000을 현금으로 지급하다.
② 혼합거래 – 장부금액 ₩100,000의 당기손익-공정가치측정 금융자산을 ₩120,000에 처분하고 대금은 보통예금하다.
③ 손익거래 – 단기대여금 ₩5,000을 현금으로 받다.
④ 교환거래 – 외상매출금 ₩50,000을 현금으로 회수하다.

16 청평상점은 20×1년에 ₩1,000,000의 주식을 취득하였는데 다음 자료에 의하여 주식을 평가한 경우, 20×2년도 보고기간 말 당기손익-공정가치측정금융자산평가손익은 얼마인가?

	20×1년말	20×2년말
공정가치(시가)	1,500,000	1,200,000

① ₩300,000(이익)　　② ₩200,000(이익)
③ ₩300,000(손실)　　④ ₩500,000(이익)

17 다음 계정 기입 설명으로 틀린 것은?

비   품
1/ 1 전 기 이 월	1,000,000	12/31 차 기 이 월	1,000,000

비품감가상각누계액
12/31 차 기 이 월	200,000	1/ 1 전 기 이 월	100,000
		12/31 감가상각비	100,000
	200,000		200,000

① 비품의 취득가액은 ₩1,000,000이다.
② 당기분 감가상각비 계상액은 ₩100,000이다.
③ 결산일 현재 비품의 미상각잔액은 ₩900,000이다.
④ 비품의 감가상각비를 정액법으로 계산하는 경우 차기의 감가상각비는 ₩100,000이다.

18 다음 건물에 관한 자료에 의하여 제5기말 감가상각누계액을 계산하면 얼마인가? (회계기간 1년)

> 취득원가 ₩500,000(제1기 1월 5일 구입)
> 내용연수 10년 잔존가액은 없으며 정액법을 적용

① ₩50,000   ② ₩250,000
③ ₩200,000   ④ ₩300,000

19 다음 상품매매에 관한 자료에 의하여 손익계정 ㉠ ㉡에 들어갈 금액은 얼마인가?

•기초상품재고액	₩800	•당기총매입액	₩51,000
•당기총매출액	102,000	•매입환출액	1,000
•매출에누리액	2,000	•기말상품재고액	1,800

<table>
<tr><td colspan="2" align="center">손   익</td></tr>
<tr><td>매   입 (㉠   )</td><td>매   출 (㉡   )</td></tr>
</table>

① ㉠₩50,000   ㉡₩100,000
② ㉠₩49,000   ㉡₩100,000
③ ㉠₩49,000   ㉡₩ 98,000
④ ㉠₩51,000   ㉡₩102,000

20 다음 중 3전표에 해당하지 않는 것은?

① 입금전표   ② 출금전표
③ 매출전표   ④ 대체전표

21 정일전자는 판매용 컴퓨터 ₩1,500,000(원가₩1,000,000)을 판매하고, 대금은 월말에 받기로하다. 옳은 분개는?

① (차)미 수 금 1,500,000 (대)비   품 1,500,000
② (차)외상매출금 1,500,000 (대)매   출 1,500,000
③ (차)미 수 금 1,500,000 (대)비   품 1,000,000
                                  유형자산처분이익 500,000
④ (차)미 수 금 1,000,000 (대)비   품 1,000,000

22 기업과 관련된 회계를 회계정보이용자를 기준으로 분류할 경우 가장 적절한 분류는?

① 기업회계와 세무회계   ② 재무회계와 원가회계
③ 재무회계와 관리회계   ④ 원가회계와 정부회계

23 다음 설명 중 틀린 것은?

① 상품재고장은 재고관리를 위하여 상품의 종류별로 상품의 입고와 출고 및 잔액을 기록하는 보조장부이다.
② 시산표는 전기의 정확성을 검증하기위해 작성해본다.
③ 매입장은 상품의 매입은 물론 기초상품재고액과 기말상품재고액도 표현되는 보조기입장이다.
④ 매출장은 상품의 모든 매출과 환입 및 매출에누리 매출할인까지도 기입된다.

24 외상매입금 ₩250,000을 현금 ₩100,000과 약속어음 ₩150,000을 발행하여 지급한 경우의 영향으로 올바른 것은?

① 총자산과 총부채가 증가한다.
② 총자산과 총부채가 감소한다.
③ 총자산은 증가하고, 총부채는 감소한다.
④ 총자산이 감소하고, 총부채가 증가한다.

25 다음 설명 중 틀린 것은?

① 현금전환이 용이한 것으로 취득당시 만기가 3개월 이내의 공사채나 정기예금 등은 현금성자산이다.
② 현금 차입시 차입일부터 1년 이상이면 장기차입금이다.
③ 현금 대여시 보고기간말로부터 1년 이내면 단기대여금이다.
④ 당좌차월은 재무상태표에 단기차입금으로 표시한다.

※ 다음 문제를 읽고 알맞은 것을 골라 답안카드의 답란(①, ②, ③, ④)에 표기하시오.

제1과목 ➡ 회계원리

01 다음은 복식부기의 기본기능과 원리개념이다. 틀린 것은?

① 자기검증기능
② 거래의 이중성
③ 대차평균의 원리
④ 현금의 수입과 지출

02 다음 중 무형자산에 속하지 않은 것은?

① 영업권
② 산업재산권
③ 개발비
④ 기계장치

03 다음 손익계정의 기입내용을 가장 적절하게 설명한 것은?

손 익		
자 본 금	5,000	

① 자본금 ₩5,000을 손익계정에 대체
② 당기순손실 ₩5,000을 자본금계정에 대체
③ 추가출자액 ₩5,000을 손익계정에 대체
④ 당기순이익 ₩5,000을 자본금계정에 대체

04 다음 중 K-IFRS상 기본 재무제표가 아닌 것은?

① 기말 재무상태표
② 기간 이익잉여금처분계산서
③ 기간 포괄손익계산서
④ 기간 자본변동표

05 다음 거래 중 당좌예금출납장에 기입할 수 없는 거래는?

① 외상매출금을 현금으로 회수하여 즉시 당좌예입한 경우
② 보통예금을 현금으로 인출하여 당좌예입한 경우
③ 상품을 매입하고 당점발행 당좌수표로 지급한 경우
④ 용산전자로부터 컴퓨터를 구입하고 동점발행 수표로 지급한 경우

06 다음 시산표 중에서 그 작성시점이 다른 하나는?

① 합계시산표
② 잔액시산표
③ 이월시산표
④ 합계잔액시산표

07 원주상점은 강릉상점에서 상품 ₩200,000을 주문받고, 계약금 ₩20,000을 현금으로 받은 경우, 원주상점의 입장에서 해야할 분개로 맞는 것은?

① (차)현   금   20,000 (대)선 급 금   20,000
② (차)현   금   200,000 (대)매   출 200,000
③ (차)선 수 금   20,000 (대)현   금   20,000
④ (차)현   금   20,000 (대)선 수 금   20,000

08 유형자산의 장부가액(미상각잔액)에 일정한 상각률을 곱하여 당기의 감가상각비를 산출하는 방법은?

① 정액법
② 정률법
③ 생산량비례법
④ 연수합계법

09 회계기간에 대한 다음 설명 중 옳은 것은?

① 기업이 소유하는 각종 재산 및 자본의 증감변화를 기록, 계산하기 위해 설정한 장소적 범위이다.
② 회계기간은 반드시 1년을 기준으로 설정하여야 한다.
③ 기업의 경영성과와 재무상태를 파악하기 위해 설정한 시간적 범위이다.
④ 사업개시일로부터 청산일까지를 말한다.

10 다음 중 재무제표의 작성목적으로 볼 수 없는 것은?

① 일정기간의 기업의 재무성과 파악
② 일정시점의 기업의 재무상태 파악
③ 일정기간의 기업의 현금흐름 파악
④ 일정시점의 기업의 거래처 파악

11 다음 중 상품의 매출수익이 실현되는 시점을 바르게 나타낸 것은?

① 상품을 판매하여 인도하는 시점
② 상품을 판매하기로 하고 계약금을 받은 시점
③ 상품의 견본품을 발송한 시점
④ 상품을 판매하기로 계약을 체결한 시점

12 다음은 충남상점의 재무상태표 중 일부이다. 이에 대한 설명으로 잘못된 것은?

충남상점	재 무 상 태 표	(단위:원)
....		
건 물	200,000	
감가상각누계액	(60,000)	140,000
....		

① 이 건물은 ₩200,000에 취득한 것이다.
② 그 동안 인식한 감가상각비의 합계는 ₩60,000이다.
③ 이 건물의 장부금액은 ₩140,000이다.
④ 이 건물의 현재 처분가치는 ₩140,000이다.

13 다음 중 시산표 등식으로 옳은 것은?

① 기말자산+총비용+순이익=기말부채+기말자본+총수익
② 기말자산+총비용=기말부채+기초자본+총수익
③ 기말자산+총비용=기말부채+기말자본+총수익
④ 기말자산+총비용+순이익=기초부채+기초자본+총수익

14 다음은 유형자산에 대한 설명이다. 틀린 설명은?

① 감가상각이란 유형자산의 취득원가를 비용으로 배분하는 과정이다.
② 보유기간 중에 내용년수를 증가시키는 지출은 비용으로 처리한다.
③ 취득원가에서 감가상각누계액을 차감한 후의 잔액을 장부금액(book value)이라 한다.
④ K-IFRS상 감가상각방법에는 정액법, 체감잔액법 생산량 비례법 등이 있다.

15 다음 중 결산분개와 가장 관련이 없는 것은?

① 선수임대료의 계상
② 감가상각비 계상
③ 대손충당금의 설정
④ 당기손익-공정가치측정금융자산의 취득

16 다음 중 부채에 대한 설명으로 틀린 것은?

① 미지급금 중 보고기간 종료일로부터 만기가 1년 이내에 도래하는 것은 유동부채로 표시한다.
② 보고기간 종료일로부터 차입기간이 1년 이상인 경우에는 장기차입금계정을 사용하여 표시한다.
③ 가수금은 영구적으로 사용하는 부채계정으로써 결산시에도 재무제표에 표시된다.
④ 상품을 인도하기 전에 상품대금의 일부를 미리 받았을 때에는 선수금계정의 대변에 기입한다.

17 재무제표 작성과 표시의 일반목적이 아닌 것은?

① 표시의 계속성
② 발생기준회계
③ 비교정보
④ 중요성과 분할표시

18 출장중인 사원이 내용불명의 현금을 거래은행에 온라인으로 입금하였을 경우에 일시적으로 설정되는 계정과목으로 올바른 것은?

① 선수금계정
② 미수금계정
③ 예수금계정
④ 가수금계정

19 지속적으로 물가가 상승할 경우, 매출원가가 가장 적게 계상되는 재고자산 평가법은?

① 선입선출법
② 후입선출법
③ 이동평균법
④ 총평균법

20 다음 설명 중 틀린 것은?

① 상품을 인도하기 전에 매출대금을 받으면 선수금계정 대변에 기입한다.

② 기계장치를 처분하고 대금은 나중에 받기로 하면 미수금계정의 차변에 기입한다.

③ 출장가는 사원에게 지급하는 출장비는 내용이 밝혀질 때까지 선급금계정 차변에 기입한다.

④ 출장 중인 사원으로부터 송금을 받았으나, 내용을 알 수 없으면 가수금계정 대변에 기입한다.

21 다음은 재고자산에 대한 설명이다. 적절하지 않은 것은?

① 제조활동에 이용하기 위하여 보관중인 자산

② 제조과정 중에 있는 자산

③ 제조활동이 완료되어 판매를 위해 보관하고 있는 자산

④ 제조활동이 완료되어 판매되었으나, 아직 판매대금을 받지 못한 자산

22 소유하고 있던 (주)남해상사 발행 주식 2,000주에 대한 배당금 ₩800,000을 현금으로 받은 경우, 올바른 분개는?

① (차)현   금 800,000 (대)이 자 수 익 800,000
② (차)현   금 800,000 (대)수 수 료 수 익 800,000
③ (차)현   금 800,000 (대)배 당 금 수 익 800,000
④ (차)현   금 800,000 (대)당기손익증권 800,000

23 다음 거래 중 2월 15일자 회계처리로 올바른 것은?

2/10 영업용 책상과 의자를 ₩50,000에 외상으로 구입하였다.
2/15 위의 외상구입대금을 수표를 발행하여 지급하다.

① (차)비   품 50,000 (대)미 지 급 금   50,000
② (차)매   입 50,000 (대)외 상 매 입 금   50,000
③ (차)미 지 급 금 50,000 (대)당 좌 예 금   50,000
④ (차)외 상 매 입 금 50,000 (대)당 좌 예 금   50,000

24 거래처 강원상회에서 현금 ₩5,000,000을 6개월 후 상환 조건으로 빌려 오고, 차용증서를 발행하여 준 경우 올바른 분개는?

① (차)현   금 5,000,000 (대)단 기 차 입 금 5,000,000
② (차)현   금 5,000,000 (대)장 기 차 입 금 5,000,000
③ (차)단기차입금 5,000,000 (대)현   금 5,000,000
④ (차)현   금 5,000,000 (대)단 기 대 여 금 5,000,000

25 다음 거래에 대한 회계처리로 올바른 것은?

거래처의 파산으로 인하여 전기에 대손처리 하였던 매출채권 ₩50,000을 동점발행 당좌수표로 회수하였다.

① (차)대 손 상 각 비 50,000 (대)대 손 충 당 금 50,000
② (차)대 손 충 당 금 50,000 (대)당 좌 예 금 50,000
③ (차)당 좌 예 금 50,000 (대)대 손 충 당 금 50,000
④ (차)현   금 50,000 (대)대 손 충 당 금 50,000

※ 20XX. XX 시행 ※ 무 단 전 재 금 함	형별	**A형**	제한 시간	**40분**	수험번호	성 명

※ 다음 문제를 읽고 알맞은 것을 골라 답안카드의 답란(①, ②, ③, ④)에 표기하시오.

제1과목 ➡ 회계원리

01 다음 중 회계상 현금으로 처리할 수 있는 것으로 묶여진 것은?

가. 타인발행의 당좌수표	나. 송금수표
다. 만기일전 약속어음	라. 우편환증서
마. 정기적금	바. 공채증서

① 가. 다. 바
② 가. 나. 라
③ 나. 라. 마
④ 가. 나. 마

02 다음 중 회계상의 거래에 관한 다음 설명 중 틀린 것은?

① 기업의 자산, 부채 및 자본의 증감 변화를 일으키는 사건을 거래라 한다.
② 건물의 임대차 계약이나 고용계약, 상품의 주문 등은 거래가 아니다.
③ 화재로 인한 손실, 상품의 도난 등은 거래가 아니다.
④ 수익, 비용의 발생도 자본의 증감을 가져오므로 거래이다.

03 사채 액면 총액 ₩500,000을 액면가액으로 발행하고 납입금은 당좌예입하다. 옳은 분개는?

① (차)사   채 500,000 (대)당 좌 예 금 500,000
② (차)당 좌 예 금 500,000 (대)사   채 500,000
③ (차)당기손익-공정가치측정 500,000 (대)사   채 500,000
     금 융 자 산
④ (차)당 좌 예 금 500,000 (대)당기손익-공정가치측정 500,000
                              금 융 자 산

04 다음은 (주)강원의 201X년도 현금계정에 대한 내용을 참고로 현금출납장의 지출액을 계산하면 얼마인가?

현 금			
전 기 이 월	10,000	외 상 매 입 금	40,000
외 상 매 출 금	50,000	급 여	20,000
받 을 어 음	60,000	지 급 어 음	30,000
		보 험 료	5,000
		차 기 이 월	**25,000**
	120,000		120,000

① ₩110,000
② ₩70,000
③ ₩95,000
④ ₩25,000

05 다음의 계정과목 중 기업의 재무성과 측정과 직접적인 관계가 없는 항목은?

① 매출액
② 매출채권
③ 감가상각비
④ 종업원급여

06 영업활동에 사용하는 자동차에 대한 제1기분 자동차세를 현금으로 납부하였다. 어느 계정에 기입하는가?

① 차량운반구
② 인출금
③ 세금과공과
④ 예수금

07 다음 계정의 기입내용 중 4월 10일을 바르게 설명한 것은?

상품권선수금					
4/10 매 출	100,000	3/5 현 금	100,000

① 상품 ₩100,000을 매출하고, 대금은 상품권으로 회수하다.
② 상품을 주문하고, 계약금으로 ₩100,000을 지급하다.
③ 상품 ₩100,000을 매출하고, 혼합상품계정으로 처리하다.
④ 상품권 ₩100,000을 발행하고, 현금으로 받다.

 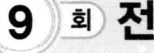

08 다음 거래에 대하여 당점에서 행할 분개로 옳은 것은?

> 매입처 강서상회 발행, 강남상회 수취의 당점앞 환어음 ₩200,000에 대하여 제시가 있어 이를 인수하다.

① (차) 외상매입금 200,000 (대) 지 급 어 음 200,000
② (차) 받 을 어 음 200,000 (대) 지 급 어 음 200,000
③ (차) 외상매출금 200,000 (대) 지 급 어 음 200,000
④ (차) 받 을 어 음 200,000 (대) 외 상 매 입 금 200,000

09 다음의 자료에 의하여 당기의 외상매입금 지급액을 계산하면 얼마인가?

• 기초잔액	₩100,000
• 당기 외상매입액	₩150,000
• 기말잔액	₩110,000

① ₩180,000   ② ₩220,000
③ ₩150,000   ④ ₩140,000

10 다음과 같은 거래가 발생한 경우에 12월 31일 보고기간말 분개로 옳은 것은?

> 7/1   단기자금운용 목적으로 상장회사인 (주)상공의 발행 주식 100주(액면 @₩20,000)를 수표를 발행하여 액면금액으로 매입하다.
> 12/31   보고기간말 위 주식을 공정가치 @₩15,000으로 평가하다.

① (차) 당기손익금융자산평가손실 500,000 (대) 당 기 손 익 금 융 자 산 500,000
② (차) 당기손익금융자산 500,000 (대) 당기손익금융자산평가이익 500,000
③ (차) 당기손익금융자산 500,000 (대) 이 자 수 익 500,000
④ (차) 이 자 비 용 500,000 (대) 당 기 손 익 금 융 자 산 500,000

11 다음은 포괄손익계산서에 대한 설명이다. 이 중에서 틀린 것은?

① 포괄손익계산서는 어떠한 경우에도 매출원가를 구분 표시하여야 한다.
② 한 기간에 인식되는 모든 수익과 비용 항목은 한국채택국제회계기준이 달리 정하지 않는 한 당기손익으로 인식한다.
③ 포괄손익계산서는 일정기간 동안 기업의 재무성과에 대한 정보를 제공하는 보고서이다.
④ 수익과 비용항목이 중요한 경우 그 성격과 금액을 별도로 공시한다.

12 다음 중 회계의 순환과정에 대한 설명으로 옳은 것은?

① 회계에 있어서 측정, 보고가 매 회계기간 반복되는 과정을 말한다.
② 회계상의 거래를 식별하는 과정을 말한다.
③ 정보이용자와 경영진 사이의 정보전달이 반복되는 과정을 말한다.
④ 기업의 경영실적이 호황기, 불황기로 반복되는 과정을 말한다.

13 다음 내용의 (   )안에 들어갈 용어가 차례대로 올바르게 묶여진 것은?

> (㉠)는 일정시점에 있어서의 (㉡)를 파악하기 위하여 작성하는 재무보고서이다.

	㉠	㉡
①	포괄손익계산서	경영성과
②	재무상태표	재무상태
③	포괄손익계산서	재무상태
④	재무상태표	경영성과

14 "거래처 부평상점에 현금 ₩100,000을 빌려주고 2년 후에 받기로 하다"의 회계처리시 차변 계정과목으로 옳은 것은?

① 현금   ② 단기대여금
③ 장기대여금   ④ 차입금

15 다음 거래의 올바른 분개는? (단, 상품은 3분법에 의함)

> 매출처에 대한 외상매출금 ₩100,000을 약정한 기일보다 미리 회수하게 되어 10%를 할인해 주고, 잔액은 자기앞수표로 회수하다.

① (차) 외상매출금 100,000 (대) 현   금 90,000
　　　　　　　　　　　　　　　 잡 이 익 10,000
② (차) 매   입 10,000 (대) 외 상 매 입 금 100,000
　　 당 좌 예 금 90,000
③ (차) 현   금 90,000 (대) 외 상 매 출 금 100,000
　　 매   출 10,000
④ (차) 현   금 90,000 (대) 외 상 매 출 금 100,000
　　 매 출 할 인 10,000

16 거래은행에 추심의뢰한 약속어음 ₩500,000이 추심되어 당점의 당좌예금에 입금되었다는 통지를 받았을 경우의 옳은 분개는?

① (차)당 좌 예 금 500,000 (대)받 을 어 음 500,000
② (차)받 을 어 음 500,000 (대)당 좌 예 금 500,000
③ (차)지 급 어 음 500,000 (대)당 좌 예 금 500,000
④ (차)당 좌 예 금 500,000 (대)지 급 어 음 500,000

17 다음 중 유형자산에 대한 설명으로 옳지 않은 것은?

① 유형자산은 정상적인 영업활동과정에서 장기간 사용하기 위하여 취득한 자산이다.
② 유형자산의 종류는 토지, 건물, 구축물, 기계장치, 선박, 차량운반구 등이 있다.
③ 유형자산은 판매 목적으로 구입한 자산이다.
④ 유형자산을 취득할 때 소요된 제비용은 유형자산 취득원가에 가산한다.

18 다음 중 매출로 인식하는 거래는?

① 외상매출금 ₩10,000을 현금으로 회수하다.
② 다음 달에 상품을 인도하기로 하고, 현금 ₩12,000을 미리 받다.
③ 상품 ₩30,000을 외상으로 매출하다.
④ 다음 달에 상품을 인수하기로 하고, 현금 ₩15,000을 미리 지급하다.

19 다음 중 유형자산에 대한 취득원가에 포함할 수 없는 항목은 무엇인가?

① 취득세 ② 하역비
③ 재산세 ④ 시운전비

20 다음 거래에서 상품재고장의 인수란에 기록 될 단가는 얼마인가?

경기상점에 외상으로 갑상품 10개 @₩4,000을 매입하고, 당점부담의 운임 ₩1,000은 경기상점이 대신지급하다.

① ₩4,000 ② ₩4,100
③ ₩410 ④ ₩400

21 기업회계기준서상 유가증권은 만기에 따라 유동자산 또는 비유동자산으로 구분된다. 다음 중 비유동자산으로 분류될 수 없는 것은 어느 것인가?

① 당기손익-공정가치측정금융자산
② 기타포괄손익-공정가치측정금융자산
③ 상각후원가측정금융자산
④ 관계기업투자

22 "원가 ₩120,000의 상품을 ₩150,000에 매출하고, 동점 발행의 당좌수표로 받다."의 거래를 분개한 것으로 옳은 것은? (단, 상품은 3분법으로 처리할 것)

① (차)당 좌 예 금 120,000 (대)매 출 120,000
② (차)당 좌 예 금 150,000 (대)매 출 150,000
③ (차)현 금 150,000 (대)매 출 150,000
④ (차)현 금 120,000 (대)매 출 120,000

23 다음 거래를 보조부에 기록하고자 할 경우, 기입할 수 없는 장부는?

(가) 당좌수표 ₩100,000을 발행하여 현금으로 인출하다.
(나) 외상매출한 갑상품 중 파손품이 있어 ₩20,000을 에누리해 주다.

① 매출장 ② 매출처원장
③ 현금출납장 ④ 상품재고장

24 다음 자료에 대한 결산수정분개로 적절하지 않은 것은?

(1) 기말 현재 보험료 미경과분 ₩100,000
(2) 기말 현재 임대료 선수분 ₩200,000
(3) 건물에 대한 감가상각비 ₩30,000 계상
(4) 기말 현재 이자 미수분 ₩300,000

① (차)보 험 료 100,000 (대)미 지 급 비 용 100,000
② (차)임 대 료 200,000 (대)선 수 수 익 200,000
③ (차)감가상각비 30,000 (대)감가상각누계액 30,000
④ (차)미 수 수 익 300,000 (차)이 자 수 익 300,000

25 다음 중 결산의 본절차에 해당하는 것은?

① 재고조사표의 작성 ② 총계정원장의 마감
③ 재무상태표의 작성 ④ 수정전시산표의 작성

※ 다음 문제를 읽고 알맞은 것을 골라 답안카드의 답란(①, ②, ③, ④)에 표기하시오.

제1과목 ➡ 회계원리

01 다음 자료에 의하여 기초상품재고액을 계산하면 얼마인가?

• 당기매입액 ₩10,000	• 기말상품재고 ₩1,000
• 당기매출액 16,000	• 매출총이익 3,000

① ₩1,000
② ₩2,000
③ ₩3,000
④ ₩4,000

02 다음 중 K-IFRS(한국채택국제회계기준)에서 정한 금융부채에 해당하지 않는 것은?

① 매입채무
② 차입금과 미지급금
③ 선수금
④ 사채

03 기말 결산시 손익계정으로 대체되는 계정과목은?

① 외상매출금
② 감가상각비
③ 자본금
④ 장기차입금

04 상공상회에서 상품 ₩100,000을 매입하고, 인수운임 ₩6,000과 함께 현금으로 지급하였을 경우의 옳은 분개는?(단, 상품계정은 3분법으로 처리함)

① (차)매 입 94,000 (대)현 금 94,000
② (차)매 입 106,000 (대)현 금 106,000
③ (차)매 입 100,000 (대)현 금 106,000
　　　인 수 운 임 6,000
④ (차)매 입 100,000 (대)현 금 106,000
　　　운 반 비 6,000

05 채권·채무에 관한 내용 중 틀린 것은?

① 상품을 주문하고 계약금을 지급하면 → (차) 선급금
② 비품을 외상으로 구입하면 → (대) 외상매입금
③ 현금을 5개월간 빌려주면 → (차) 단기대여금
④ 상품을 주문하고 계약금을 받으면 → (대) 선수금

06 다음 중 K-IFRS에서 정하는 재고자산평가방법이 아닌 것은?

① 평균법
② 후입선출법
③ 개별법
④ 선입선출법

07 상품 ₩100,000을 매출하고, 대금은 현금으로 받은 경우에 기입해야 할 전표로 옳은 것은? (3전표 제도)

① 입금전표
② 출금전표
③ 대체전표
④ 매입전표

08 다음 중 기말결산정리분개에 나타나지 않는 계정과목은?

① 선수수익
② 미지급비용
③ 미수금
④ 선급비용

09 영업사원 김상공이 대전 출장중 보내온 내용불명의 송금액 ₩100,000중 ₩60,000은 외상매출금 회수액이고 잔액은 상품 주문대금으로 판명되었다. 옳은 분개는?

① (차)현 금 100,000 (대)가 수 금 100,000
② (차)가 수 금 100,000 (대)외 상 매 출 금 100,000
③ (차)가 수 금 100,000 (대)외 상 매 출 금 40,000
　　　　　　　　　　　　　　　선 수 금 60,000
④ (차)가 수 금 100,000 (대)외 상 매 출 금 60,000
　　　　　　　　　　　　　　　선 수 금 40,000

10 다음 자료에 의하여 기초부채를 계산하면 얼마인가?

• 기초자산	₩30,000
• 기말자산	₩35,000
• 기말부채	15,000
• 당기순이익	3,000

① ₩20,000   ② ₩17,000
③ ₩5,000   ④ ₩13,000

11 다음 중 회계상의 자산, 부채, 자본에 관한 설명으로 틀린 것은?

① 자산은 과거의 거래나 사건의 결과로써 현재 기업실체에 의해 지배되고 미래에 경제적 효익을 창출할 것으로 기대되는 자원이다.
② 자산, 부채, 자본은 재무상태표 구성요소이다.
③ 부채는 과거의 거래나 사건의 결과로 현재 기업실체가 부담하고 있고 미래에 자원의 유출 또는 사용이 예상되는 의무이다.
④ 일반적으로 부채는 자기자본, 자본을 타인자본 이라고 한다.

12 20X1년 11월 1일에 6개월분 보험료 ₩180,000을 현금으로 지급하고 이를 비용(보험료)으로 기록하였다. 결산일인 20X1년 12월 31일에 보험료와 관련하여 해야 할 결산정리분개는?

① (차)보 험 료 60,000 (대)선 급 보 험 료 60,000
② (차)선급보험료 60,000 (대)보 험 료 60,000
③ (차)보 험 료 120,000 (대)선 급 보 험 료 120,000
④ (차)선급보험료 120,000 (대)보 험 료 120,000

13 다음은 20X1년 12월 31일(결산일) 강원상점의 시산표에서 얻은 자료이다. 자료를 이용하여 20X1년 12월 31일의 자본금을 구하면 얼마인가?

현 금	₩4,000	외상매출금	₩3,000
단기차입금	2,000	건 물	3,500
미 수 금	800	지 급 어 음	1,600

① ₩7,700
② ₩11,300
③ ₩21,300
④ ₩5,500

14 연말을 맞이하여 직원들에게 급여를 지급하고, 그 동안 회사를 위해 수고했다는 의미로 회식을 갖고 대금 ₩50,000은 법인카드로 결제하였다. 옳은 것은?

① (차)급 여 50,000 (대)현 금 50,000
② (차)복리후생비 50,000 (대)미 지 급 금 50,000
③ (차)접 대 비 50,000 (대)미 지 급 금 50,000
④ (차)광고선전비 50,000 (대)법 인 카 드 50,000

15 다음 자료 중 수익인식 시기로 올바른 것은?

| 3월 : 상품 ₩100,000 주문전화 승락 |
| 4월 : 상품 ₩100,000 거래처에 발송 |
| 5월 : 상품대금 ₩100,000 은행에 입금 |
| 6월 : 위 거래를 결산함 |

① 3월   ② 4월
③ 5월   ④ 6월

16 취득원가 ₩500,000, 잔존가액 ₩0 내용연수 10년인 비품을 정액법에 의하여 감가상각비를 계산하면 얼마인가?

① ₩48,000
② ₩49,000
③ ₩50,000
④ ₩51,000

17 다음 중 비용으로 처리해야 할 것은?

① 건물의 파손된 유리 교체
② 건물의 승강기 설치
③ 건물의 냉난방 장치 설치
④ 건물의 피난시설 설치

18 다음 손익계정과 이월시산표에 의하여 결산정리사항을 추정한 것 중 옳지 않은 것은?

손		익	
매 입	400,000	매 출	651,000
급 여	50,000	이 자 수 익	10,000
보 험 료	24,000		
대손상각비	3,000		
자 본 금	184,000		
	661,000		661,000

이 월 시 산 표			
현 금	561,000	외상매입금	67,000
외상매출금	100,000	대손충당금	4,000
이 월 상 품	148,000	자 본 금	750,000
미 수 이 자	5,000		
선급보험료	7,000		
	821,000		821,000

① 기말상품재고액은 ₩148,000이고, 매출원가는 ₩400,000 이다.
② 매출총이익은 ₩251,000이고, 당기순이익은 ₩184,000이다.
③ 이자 미수분은 ₩5,000이고, 보험료 미경과분은 ₩7,000이다.
④ 기말(수정 전) 대손충당금 잔액은 ₩3,000이다.

19 다음은 약속어음과 환어음에 대한 설명이다. 옳은 것은?

① 약속어음은 발행인이 어음상의 채권자가 된다.
② 약속어음은 발행인, 지급인의 관계로 이루어진다.
③ 환어음은 발행인, 지급인, 지명인의 관계로 이루어진다.
④ 환어음에서 어음대금의 지급을 승낙하는 것을 인수라고 한다.

20 상공상점은 상품(원가 ₩80,000)을 ₩100,000에 외상으로 매출하고, 발송운임 ₩5,000을 현금으로 지급하였다. 이 경우의 옳은 분개는? (단, 상품은 3분법으로 처리할 것)

① (차)매 출 100,000 (대)외 상 매 출 금 100,000
　　　운 반 비 5,000 　 현 금 5,000
② (차)외상매출금 100,000 (대)매 출 100,000
　　　운 반 비 5,000 　 현 금 5,000
③ (차)외상매출금 80,000 (대)매 출 80,000
　　　운 반 비 5,000 　 현 금 5,000
④ (차)매 출 80,000 (대)외 상 매 출 금 80,000
　　　운 반 비 5,000 　 현 금 5,000

21 다음 중 회계상의 거래에 해당하지 않는 것은?

① 재고자산의 일부가 파손되었다.
② 3개월분 사무실 임대료가 미지급되었다.
③ 상품매입을 위해 주문을 하였다.
④ 건물을 매각하면서 계약금을 받았다.

22 유형자산에 대한 감가상각을 하는 가장 중요한 목적은 무엇인가?

① 유형자산의 정확한 가치평가 목적
② 사용가능한 연수를 매년마다 확인하기 위해서
③ 현재 판매할 경우 예상되는 현금흐름을 측정할 목적으로
④ 자산의 취득원가를 체계적인 방법으로 기간배분하기 위해서

23 재무상태표에 기재하여야할 사항이 아닌 것은?

① 회사명
② 재무상태표 작성일
③ 보고통화 및 금액단위
④ 대표이사의 성명

24 금강상사는 사원의 급여 ₩900,000중 소득세 ₩5,000과 국민연금 ₩45,000을 차감한 후 보통예금으로 대체완료 하였다. 이에 대한 분개로 옳은 것은?

① (차)현 금 900,000 (대)종 업 원 급 여 850,000
　　　　　　　　　　　　　　세 금 과 공 과 50,000
② (차)종업원급여 850,000 (대)보 통 예 금 900,000
　　　예 수 금 50,000
③ (차)보 통 예 금 900,000 (대)종 업 원 급 여 900,000
④ (차)종업원급여 900,000 (대)보 통 예 금 850,000
　　　　　　　　　　　　　　예 수 금 50,000

25 다음 자료를 이용하여 순매입액을 계산하면 얼마인가?

•총매입액	₩10,000,000	•매입할인	₩500,000
•매입에누리	200,000	•매입환출	100,000
•매입운임	100,000		

① ₩9,400,000　　　　② ₩9,300,000
③ ₩9,200,000　　　　④ ₩9,100,000

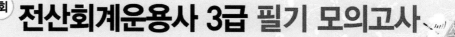

※ 다음 문제를 읽고 알맞은 것을 골라 답안카드의 답란(①, ②, ③, ④)에 표기하시오.

제1과목 ➡ 회계원리

01 다음 〈보기〉에서 (가)를 계산하면?

〈 보 기 〉

•순매출액	₩700,000	•매출원가	₩300,000
•종업원급여	₩50,000	•임 차 료	₩10,000
•이자비용	₩20,000	•기 부 금	₩40,000
•소모품비	₩20,000		

•총수익 － (가) ＝ 당기순손익

① ₩700,000　　　　② ₩260,000
③ ₩440,000　　　　④ ₩140,000

02 영업용 승용차에 휘발유 ₩80,000을 주유하고 신용카드로 결제하였다. 옳은 분개는?

① (차)수도광열비 80,000 (대)현　　　금　80,000
② (차)차량유지비 80,000 (대)현　　　금　80,000
③ (차)수도광열비 80,000 (대)당 좌 예 금　80,000
④ (차)차량유지비 80,000 (대)미 지 급 금　80,000

03 다음 중 일정시점의 재무상태를 명백히 밝히기 위하여 작성하는 재무제표는?

① 재무상태표　　　　② 포괄손익계산서
③ 현금흐름표　　　　④ 자본변동표

04 다음 자료에 의하여 재고자산을 구하면 얼마인가?

•상 품	₩50,000	•소 모 품	₩20,000
•비 품	₩30,000	•매출채권	₩40,000

① ₩80,000　　　　② ₩90,000
③ ₩70,000　　　　④ ₩50,000

05 다음 보험료계정 설명 중 맞는 것은?

보 험 료

8/1 현 금	480,000	12/31 선급보험료	280,000
		12/31 손 익	200,000
	480,000		480,000
1/1 선급보험료	280,000		

① 보험료 지급액은 ₩280,000이다.
② 보험료 선급액은 ₩480,000이다.
③ 당기분 보험료는 ₩200,000이다.
④ 자산처리법이다.

06 수원상점은 201X년 3월 1일 영업용 건물을 ₩10,000,000에 구입하였다. 같은해 4월 1일에 〈보기〉와 같은 지출 후 건물계정의 잔액은?

〈 보 기 〉

가. 건물 외벽의 도색비용	₩1,000,000
나. 파손된 유리 및 전등 교체비	₩600,000
다. 건물 증축비용	₩500,000
라. 엘리베이터 설치비	₩2,500,000

① ₩11,160,000
② ₩12,100,000
③ ₩13,000,000
④ ₩14,600,000

07 다음 계정을 분석하여 5월 1일 당기손익-공정가치측정금융자산 처분가액을 계산하면?

당기손익-공정가치측정금융자산

4/1 당좌예금	400,000	5/1 현 금	400,000

당기손익-공정가치측정금융자산처분이익

		5/1 현 금	50,000

① ₩300,000
② ₩350,000
③ ₩400,000
④ ₩450,000

08 다음은 경기상사의 5월 중 현금에 관한 거래를 기록한 것이다. 5월 31일 현금출납장 마감시 수입란 합계액은 얼마인가?

5/1	전월이월액	₩10,000
5/8	상품매입액(현금지급)	₩4,000
5/12	현금으로 소모품 구입	₩500
5/27	외상매출금 현금 회수	₩8,000

① ₩4,500 ② ₩8,000
③ ₩18,000 ④ ₩22,500

09 다음 일련의 거래에서 12월 31일(결산일)에 할 분개로 맞는 것은?

10/31 현금의 실제 잔액은 ₩20,000이나, 현금출납장 잔액은 ₩25,000이다.
11/ 2 9월 3일에 ₩2,000의 임차료 지급을 기장하지 않은 것으로 밝혀졌다.
12/31 현금 실제 잔액과 장부상의 차이 중 원인이 밝혀진 것을 제외한 나머지에 대해서는 결산 때까지 원인이 밝혀지지 않았다.

① (차)현 금 과 부 족 3,000 (대)현　　금 3,000
② (차)잡　손　실 3,000 (대)현 금 과 부 족 3,000
③ (차)현 금 과 부 족 2,000 (대)현　　금 2,000
④ (차)현 금 과 부 족 3,000 (대)잡　이　익 3,000

10 다음의 무형자산에 대한 설명 중 올바른 것은?
① 무형자산은 진부화되거나 시장가치가 급격히 하락해도 감액손실을 인식할 수 없다.
② 연구비와 개발비는 전액 비용 처리한다.
③ 자가 창설(내부창출)된 영업권(goodwill)은 무형자산으로 계상할 수 없다.
④ 무형자산은 5년 이내의 기간 내에 정액법으로 상각해야 한다.

11 다음 (　) 안에 들어갈 가장 적절한 내용은?

복식부기에서는 하나의 거래가 발생하면 반드시 차변·대변에 원인·결과로 같은 금액이 기입되는데 이를 (　　　　)(이)라 한다.

① 발생주의 ② 거래의 이중성
③ 대차평균의 원리 ④ 수익·비용대응의 원칙

12 다음 가지급금 계정을 보고 5월 10일 거래를 추정한 것으로 옳은 것은?

		가지급금			
5/3	현　　　금	20,000	5/10	여비교통비	18,000
			5/10	현　　　금	2,000

① 사원에게 출장을 명하고 여비로 ₩20,000을 현금으로 지급하다.
② 여비 ₩20,000을 가지고 출장간 사원이 돌아와 정산을 한 후 ₩2,000을 현금으로 반환하다.
③ 사원에게 출장을 명하고 여비교통비 ₩18,000을 현금으로 지급하다.
④ 출장중인 사원이 본사에 내용불명의 ₩18,000을 송금하다.

13 다음 자료에서 당기 순매출액을 계산하면 얼마인가?

•기초상품재고액	₩1,000	•기말상품재고액	₩3,000
•당기순매입액	₩8,000	•매출총이익	₩2,000

① ₩7,000 ② ₩8,000
③ ₩9,000 ④ ₩10,000

14 주요 경영활동으로써의 재화의 생산, 판매, 용역의 제공 등에 따른 경제적 효익의 유입으로써, 자산의 증가 또는 부채의 감소 및 그 결과에 따른 자본의 증가로 나타나는 것을 무엇이라고 하는가?
① 자산 ② 부채
③ 수익 ④ 비용

15 유형자산은 판매를 목적으로 하지 않고, 장기간에 걸쳐 영업활동에 사용되며 구체적인 형태를 갖춘 자산을 말한다. 다음 중 유형자산이 아닌 것은?
① 차량운반구 ② 건설중인자산
③ 토지 ④ 컴퓨터소프트웨어

16 다음 중 약속어음에 관한 설명이 옳지 않은 것은?
① 발행인이 수취인에게 어음에 기재한 금액을 약정한 기일과 장소에서 지급할 것을 약속한 증서이다.
② 수취인은 어음상의 채권이 발생한다.
③ 발행인은 어음상의 채무가 발생한다.
④ 약속어음의 당사자는 발행인, 수취인, 인수인등 3인이다.

17 다음 중 포괄손익계산서계정이 아닌 것은?

① 대손상각비
② 감가상각비
③ 이자비용
④ 미지급이자

18 경과기간분석법을 사용하여 추계한 대손액은 ₩250,000이다. 현재 장부상 매출채권 총액은 ₩25,000,000 대손충당금은 ₩100,000이다. 당기 말에 기록될 대손상각비는 얼마인가?

① ₩100,000
② ₩150,000
③ ₩200,000
④ ₩250,000

19 다음 중 재무제표의 작성책임은 누구에게 있는가?

① 채권자
② 종업원
③ 경영진
④ 투자자

20 강릉상점이 원주상점에 상품 ₩200,000을 주문하고, 계약금 ₩20,000을 현금으로 지급한 경우 강릉상점의 입장에서 해야 할 분개로 맞는 것은?

① (차)매   입 20,000 (대)현   금 20,000
② (차)매   입 200,000 (대)현   금 200,000
③ (차)대 여 금 20,000 (대)현   금 20,000
④ (차)선 급 금 20,000 (대)현   금 20,000

21 다음 계정의 기입으로 보아 「   」안에 들어갈 적절한 계정과목은 어느 것인가?

「 」	
10,000	50,000

① 매출채권
② 세금과공과
③ 단기대여금
④ 외상매입금

22 다음 전표에 의해 일계표를 작성한다면 차변합계액은 얼마인가?

입금전표	
외상매출금	40,000

입금전표	
매 출	10,000

출금전표	
이자비용	2,000

대체전표		
받을어음 20,000	외상매출금	20,000

① ₩72,000
② ₩70,000
③ ₩50,000
④ ₩40,000

23 상품의 매입과 매출에 관련된 자료가 다음과 같을 때 기업회계기준에 따른 매출총이익은 얼마인가?

•총매출액	₩20,000	•총매입액	₩12,000
•기초상품재고액	₩3,000	•매입운임	₩2,000
•기말상품재고액	₩2,000		

① ₩3,000
② ₩4,000
③ ₩5,000
④ ₩6,000

24 종로상회에 상품 ₩4,000을 외상으로 매출하고, 발송운임 ₩500은 현금으로 지급하다. 옳은 분개는?(단, 3분법에 의함)

① (차)매   출 4,500 (대)외 상 매 출 금 4,000
                            운 반 비   500
② (차)매   출 4,500 (대)외 상 매 출 금 4,000
                            현   금   500
③ (차)외 상 매 출 금 4,000 (대)매   출 4,000
     운 반 비   500   현   금   500
④ (차)외 상 매 출 금 4,500 (대)매   출 4,000
                            현   금   500

25 다음 개인기업의 거래에 대한 분개 내용 중 틀린 것은?

① 현금 ₩50,000을 출자하여 영업을 개시하다.
   (차)현   금 50,000 (대)자 본 금 50,000

② 기업주가 개인용도로 현금 10,000을 인출하다.
   (차)인   출   금 10,000 (대)현   금 10,000

③ 결산시 당기순이익 ₩20,000을 자본금으로 대체하다.
   (차)손   익 20,000 (대)자 본 금 20,000

④ 기업주의 국민연금 ₩10,000을 현금으로 지급하다.
   (차)국 민 연 금 10,000 (대)현   금 10,000

※ 다음 문제를 읽고 알맞은 것을 골라 답안카드의 답란(①, ②, ③, ④)에 표기하시오.

제1과목 ➡ 회계원리

01 영미식결산법에서 재무상태표 작성의 기초자료가 되는 것은?

① 이월시산표　　　　② 손익계정
③ 잔액계정　　　　　④ 잔액시산표

02 다음 중 K-IFRS에 따른 금융자산의 계정과목에 해당되지 않는 것은?

① 당기손익-공정가치측정금융자산
② 상각후원가측정금융자산
③ 수시판매금융자산
④ 기타포괄손익-공정가치측정금융자산

03 다음 중 비용으로 계상되어야 할 계정과목은?

① 단기대여금　　　　② 산업재산권
③ 도서인쇄비　　　　④ 개발비

04 개인기업의 결산 절차를 순서대로 나열한 것 중 옳은 것은?

- ㉠ 원장의 수정기입
- ㉡ 수정전 시산표 작성
- ㉢ 재무제표 작성
- ㉣ 재무상태표계정의 마감
- ㉤ 포괄손익계산서계정의 마감

① ㉠ - ㉡ - ㉣ - ㉢ - ㉤
② ㉡ - ㉠ - ㉤ - ㉣ - ㉢
③ ㉡ - ㉠ - ㉣ - ㉤ - ㉢
④ ㉠ - ㉡ - ㉣ - ㉤ - ㉢

05 다음 중 K-IFRS상 유동자산에 해당하지 않는 것은?

① 선급비용　　　　② 임차보증금
③ 미수금　　　　　④ 매출채권

06 다음은 무엇에 대한 설명인가?

> 기업이 계속적으로 경영을 유지하는 경우 다른 기업에 비해 지리적 조건, 종업원의 우수한 서비스, 경제적 우위, 경쟁적 우위 등에 의해 발생한 것으로 정상적인 수익력을 초과하는 초과수익력을 말한다.

① 유형자산처분이익　　② 영업권
③ 자산수증이익　　　　④ 산업재산권

07 전표제도의 기능에 대한 다음 설명 중 옳지 않은 것은?

① 총계정원장의 기능도 겸한다.
② 거래의 승인에 필요한 결재 서류로 쓸 수 있다.
③ 입금전표는 현금수입장의 역할을 대신할 수 있다.
④ 거래의 발생 사실을 증명할 수 있다.

08 다음의 설명 중 올바른 회계처리 방법이 아닌 것은?

① 기계장치를 구입하는 과정에서 발생된 보험료는 판매비(물류원가)와 관리비에 포함된다.
② 토지를 취득할 때 발생하는 취득세, 등록세 등은 토지의 취득원가를 구성한다.
③ 기업이 매매차익 목적으로 장기간 보유하는 건물은 재무상태표에 투자부동산으로 보고한다.
④ 건물, 구축물, 기계장치는 재무상태표에 유형자산으로 표현한다.

09 다음은 재고자산을 취득하면서 발생한 내용이다. 취득원가에 포함시킬 수 없는 것은?

① 매입가액　　　　② 하역비
③ 매입에누리　　　④ 운송비

10 일반적으로 상거래와 관련해서 발생하는 채권에 대해서는 외상매출금이나 받을어음과 같은 매출채권계정을 사용하나 그 이외의 거래에서 발생하는 채권에 대하여는 (   )계정을 사용한다.

① 가수금　　　　　　② 미수금
③ 미수수익　　　　　④ 가지급금

11 다음 거래를 보조부에 기록하고자 할 경우 기입 할 수 없는 장부는?

> (1) 당좌수표 ₩200,000을 발행하여 현금으로 인출하다.
> (2) 외상매출한 갑상품 중 파손품이 있어 ₩40,000을 에누리 해주다.

① 상품재고장　　　　② 매출처원장
③ 현금출납장　　　　④ 매출장

12 다음 거래에서 발생할 수 없는 것은?

> **10월 1일**
> 보유 중이던 차량 1대를 12,000,000원에 매각하고 대금은 5일 후에 받기로 했다. (단, 취득가액은 20,000,000원, 감가상각누계액은 5,000,000원)
> **10월 2일**
> 업무용 컴퓨터 1대와 프린터 1대를 2,000,000원에 구입하고 대금은 1,500,000원은 현금으로 지급하고 나머지는 약속어음을 발행하여 지급하였다.

① 차량운반구　　　　② 감가상각누계액
③ 미수금　　　　　　④ 지급어음

13 아래에서 발생하지 않는 것은?

> 단기차입금 ₩50,000의 상환과 그 이자 ₩2,000을 현금으로 지급하다.

① 비용의 발생　　　　② 자산의 감소
③ 부채의 감소　　　　④ 자산의 증가

14 일정기간 동안에 발생한 거래가 총계정원장에 바르게 전기되었는지 점검하기 위해 작성하는 계정집계표는?

① 정산표　　　　　　② 시산표
③ 재무상태표　　　　④ 포괄손익계산서

15 현금계정 차변에 기입해야 되는 거래는?

① 상품을 매출하고 약속어음을 받다.
② 상품 매입대금을 당좌수표를 발행하여 지급하다.
③ 외상매출금을 거래처 발행 당좌수표로 받다.
④ 소지하고 있던 자기앞수표를 거래은행에 당좌예입하다.

16 다음의 외상매출 자료에서 외상매출금 기말잔액은 얼마인가? (단, 모든 거래는 외상거래임)

•기초잔액	₩20,000
•외상매출액	₩250,000
•회수액	₩100,000
•매출환입액	₩10,000

① ₩140,000　　　　② ₩150,000
③ ₩160,000　　　　④ ₩170,000

17 20X1년 1월 1일 건물 ₩3,000,000을 구입하고 취득세 ₩200,000과 등록세 ₩100,000을 현금으로 지급하였다. 20X1년 12월 31일 결산시 정액법에 의한 감가상각비는? (단, 내용연수 10년, 잔존가액 ₩0, 결산 연1회)

① ₩300,000　　　　② ₩310,000
③ ₩320,000　　　　④ ₩330,000

18 다음 중 계정과목의 분류가 K-IFRS에 따라 연결이 잘못된 것은?

① 금융원가 - 이자비용
② 금융수익 - 이자수익, 배당금수익
③ 기타단기금융자산 - 당기손익-공정가치측정금융자산
④ 매출채권처분손실 - 판매비(물류원가)와 관리비

19 20X1년 9월 1일 건물임대료 6개월분 ₩30,000을 현금으로 받고 수익으로 회계 처리하였다. 12월 31일 결산시 선수임대료에 해당하는 금액은? (월할계산에 의한다.)

① ₩10,000　　　　② ₩15,000
③ ₩20,000　　　　④ ₩25,000

20 다음 자료에 의하여 기말상품재고액을 계산하면 얼마인가?

•기초상품재고액	: ₩200,000
•당기총매입액	: ₩300,000
•매입에누리액	: ₩ 25,000
•매 출 원 가	: ₩400,000

① ₩75,000
② ₩100,000
③ ₩125,000
④ ₩150,000

21 다음 중 계속기록법에 의하여 기말 재고자산을 평가할 때 시가에 가장 가까운 금액으로 재고자산을 평가하는 방법은?

① 선입선출법
② 개별법
③ 이동평균법
④ 총평균법

22 다음 거래에 대한 분개로 옳은 것은?

장부금액 ₩200,000의 주식을 ₩300,000에 처분하고 대금은 당좌예입하다.

① (차)현   금 300,000 (대)당기손익금융자산 300,000
② (차)당 좌 예 금 300,000 (대)당기손익금융자산 200,000
                                       당기손익금융자산처분이익 100,000
③ (차)현   금 300,000 (대)당기손익금융자산 200,000
                                       당기손익금융자산처분이익 100,000
④ (차)당기손익금융자산 100,000 (대)당기손익금융자산평가이익 100,000

23 다음 중 재무상태표, 포괄손익계산서와 관련된 설명으로 가장 적절하지 않은 것은?

① 재무상태표는 일정시점에서 기업의 자금조달원천인 부채와 자본 규모를 알 수 있다.
② 재무상태표에서 이익잉여금이 매년 누적될수록 주주의 몫인 자본은 커진다.
③ 포괄손익계산서는 현금으로 지급되지 않은 사항은 보고하지 않는다.
④ 수익을 창출하기 위해 희생된 대가를 비용이라 한다.

24 다음 항목 중 비용에 해당하지 않는 것은?

① 주주에 대한 배당금의 지급
② 건물에 대한 임차료
③ 종업원에 대한 급료
④ 상품의 매출원가

25 다음 중 취득원가에 포함되지 않는 것은?

① 건물 준공 후 지급한 이자비용
② 토지 구입시 취득, 등록세
③ 상품을 수입하는 과정에서 가입한 당사 부담의 화재보험료
④ 수입한 기계장치의 설치비

※ 20XX. XX 시행 ※ 무단 전재 금함	형별	**A형**	제한 시간	**40분**	수험번호	성 명

※ 다음 문제를 읽고 알맞은 것을 골라 답안카드의 답란(①, ②, ③, ④)에 표기하시오.

제1과목 ➡ 회계원리

01 다음은 어음에 대한 회계처리다. 틀린 것은?

① 상품을 매출하고 약속어음이나 환어음을 수취하면
　(차)받 을 어 음　××　(대)매　　출　××

② 상품을 매입하고 약속어음을 발행하면
　(차)매　　입　××　(대)지 급 어 음　　××

③ 외상매입금을 환어음 발행하여 인수받아 지급하면
　(차)외 상 매 입 금　××　(대)지 급 어 음　××

④ 거래처 발행의 환어음 인수해 주면
　(차)외 상 매 입 금　××　(대)지 급 어 음　××

02 다음 중 당기손익-공정가치측정금융자산에 속하지 않는 것은?

① 국·공채
② 회사채
③ 주식
④ 어음

03 "영업사원 김씨를 독도에 출장을 명하고 여비개산액으로 현금 ₩200,000을 지급하다." 올바른 분개는?

① (차)여비교통비 200,000 (대)현　　　금 200,000
② (차)가 수 금 200,000 (대)현　　　금 200,000
③ (차)가 지 급 금 200,000 (대)당 좌 예 금 200,000
④ (차)가 지 급 금 200,000 (대)현　　　금 200,000

04 다음 장부 중 보조원장이 아닌 것은?

① 현금출납장
② 매입처원장
③ 매출처원장
④ 상품재고장

05 다음 중 손익의 예상과 관련 있는 것은?

① 선급보험료
② 선수임대료
③ 미수이자
④ 선급이자

06 다음 손익계정이 의미하는 것을 가장 적절하게 설명한 것은?

	손 익	
자본금 10,000		

① 당기순손실 ₩10,000을 자본금 계정에 대체하다.
② 자본금 ₩10,000을 손익계정에 대체하다.
③ 당기순이익 ₩10,000을 자본금계정에 대체하다.
④ 손실 ₩10,000에 의해 자본금 ₩10,000이 감소하다.

07 결산 결과 당기순이익 ₩500,000이 산출되었으나 다음과 같은 사항이 누락되었음을 발견하였다. 수정 후 당기순이익은?

이자 미수분 ₩50,000	임대료 선수분 ₩80,000

① ₩630,000
② ₩420,000
③ ₩470,000
④ ₩530,000

08 판매용 컴퓨터 ₩150,000(원가 ₩100,000)을 기업주가 가사용으로 사용한 경우의 옳은 분개는?(단, 3분법)

① (차)비　　품 100,000 (대)매　　입 100,000
② (차)비　　품 150,000 (대)매　　출 150,000
③ (차)인 출 금 100,000 (대)매　　입 100,000
④ (차)인 출 금 150,000 (대)매　　출 150,000

09 주어진 자료에서 순매입액을 계산한 금액으로 옳은 것은?

매		입	
현　　　금	25,000	외 상 매 입 금	2,000
외 상 매 입 금	20,000	이 월 상 품	5,000
이 월 상 품	8,000		

① 40,000원
② 42,000원
③ 43,000원
④ 45,000원

10 다음 중 재무제표에 해당되지 않는 것을 고르시오.

① 시산표
② 재무상태표
③ 포괄손익계산서
④ 현금흐름표

11 다음 중 재고자산의 평가 방법이 아닌 것은?

① 선입선출법
② 총평균법
③ 이동평균법
④ 체감잔액법

12 다음은 상품 공식이다. 틀린 것을 고르시오.

① 총매입액 – 환출 및 매입에누리·매입할인 = 순매입액
② 총매출액 – 환입 및 매출에누리·매출할인 = 순매출액
③ 기초재고액 + 순매입액 – 기말재고액 = 매출원가
④ 순매입액 – 매출원가 = 매출총손익

13 다음 자료에 의하여 매출원가를 계산하면 얼마인가?

기초상품재고액	₩25,000	기말상품재고액	₩40,000
매입에누리액	2,000	총매입액	56,000
매입환출액	1,000	환입액	3,000

① ₩23,000
② ₩35,000
③ ₩38,000
④ ₩41,000

14 다음 계정의 ㉠을 추정한 거래내용으로 알맞은 것은?

매　출

㉠외 상 매 출 금	50,000	외 상 매 출 금	100,000
		현　　　금	200,000

① 환입액은 ₩50,000이다.
② 환출액은 ₩50,000이다.
③ 외상대금 회수액은 ₩50,000이다.
④ 외상대금 잔액은 ₩50,000이다.

15 다음 자료에 의하여 상품매출원가를 계산하면 얼마인가? (단, 계속기록법에 의하여 재고자산을 평가하며 선입선출법으로 한다.)

2월 1일	전월이월	10개	@₩200	₩2,000
14일	매　입	100	220	22,000
20일	매　출	60	300	18,000
26일	매　입	50	240	12,000

① ₩ 5,000
② ₩13,000
③ ₩18,000
④ ₩54,000

16 기초자본금이 ₩100,000인 기업이 당기에 순이익 ₩50,000을 얻었다면 기말에 자본금은 얼마이겠는가? (단, 추가출자액 ₩10,000있음)

① ₩150,000
② ₩ 140,000
③ ₩160,000
④ ₩ 40,000

17 다음에 설명하는 계정과목으로 옳은 것은?

- 판매를 목적으로 하지 않는 자산
- 감가상각을 하지 않는 자산
- 장기간에 걸쳐 영업활동에 사용되는 물리적 실체가 있는 자산

① 영업권
② 차량운반구
③ 상품
④ 토지

18 다음 자료에 의하여 외상대금 미회수액을 계산하면 얼마인가?

- 외상매출금 기초잔액　　　　₩100,000
- 당기 외상매출금 회수액　　　₩800,000
- 외상매출액 중 환입액　　　　₩20,000
- 당기 외상매출액　　　　　₩1,000,000

① ₩280,000
② ₩300,000
③ ₩100,000
④ ₩180,000

19 매입처원장의 잔액은 무엇을 의미하는가?

① 외상매입금 총액
② 매입총액
③ 환출 및 에누리액
④ 외상매입금 미지급액

20 다음 자료에서 금융부채의 합계액을 계산하면 얼마인가?

외 상 매 입 금	10,000	지 급 어 음	10,000
단 기 차 입 금	20,000	미 지 급 금	20,000
선 수 금	15,000	선 수 수 익	3,000

① ₩20,000
② ₩40,000
③ ₩60,000
④ ₩78,000

21 다음 당기손익금융자산을 기말에 기업회계기준에 의한 공정가치법으로 평가할 경우 분개로 옳은 것은?

구 분	취득원가	공정가치(시가)
A상사주식	₩100,000	₩120,000
B상사주식	₩200,000	₩170,000
C상사주식	₩150,000	₩200,000

① (차)당기손익금융자산평가손실 40,000 (대)당 기 손 익 금 융 자 산 40,000
② (차)당 기 손 익 금 융 자 산 40,000 (대)당기손익금융자산평가이익 40,000
③ (차)당 기 손 익 금 융 자 산 70,000 (대)당기손익금융자산평가이익 70,000
④ (차)당기손익금융자산평가손실 30,000 (대)당 기 손 익 금 융 자 산 30,000

22 동일한 상품에 관한 아래의 분개를 설명한 내용 중 맞는 것은?

| 3월 25일 (차) 선급금 3,000 (대) 현 금 3,000 |
| 3월 31일 (차) 매 입 7,000 (대) 외상매입금 7,000 |

① 3월 25일에 상품이 입고되었다.
② 3월 25일에 상품 주문과 계약금 지급이 있었다.
③ 3월 31일에 매입 대금 전액이 지급되었다.
④ 3월 31일에 선급금을 환불받았다.

23 다음 중 차감적 평가계정인 대손충당금을 설정할 수 없는 계정은 무엇인가?

① 외상매출금
② 받을어음
③ 건물
④ 단기대여금

24 다음 거래를 보조부에 기록하고자 할 경우 장부는?

| (1) 외상매출금 ₩100,000을 현금으로 회수하다. |
| (2) 외상매출한 갑상품 중 파손품이 있어 ₩20,000을 에누리해 주다. |

① 매출처원장, 현금출납장, 상품재고장, 매입장
② 매입처원장, 현금출납장, 상품재고장, 매출장
③ 매출처원장, 현금출납장, 상품재고장, 매출장
④ 매출처원장, 현금출납장, 매출장

25 다음 자료에 의하여 당기순이익을 구하면 얼마인가?

종 업 원 급 여	₩2,000	이 자 비 용	4,000
대 손 상 각 비	3,000	임 대 료	4,800
매 출 총 이 익	12,000	이 자 수 익	5,000
유형자산처분이익	1,200	당기손익금융자산처분손실	4,400
세 금 과 공 과	2,000	잡 손 실	1,600

① ₩ 6,000
② ₩ 8,000
③ ₩23,000
④ ₩12,000

※ 다음 문제를 읽고 알맞은 것을 골라 답안카드의 답란(①, ②, ③, ④)에 표기하시오.

제1과목 ➜ 회계원리

01 다음 자료에 의하여 외상매입금의 당기미지급액 계산하면 얼마인가?

• 외상매입금 기초잔액	₩10,000
• 당기 외상매입금 지급액	₩80,000
• 외상매입액 중 환출액	₩20,000
• 당기의 외상매입총액	₩300,000

① ₩190,000   ② ₩300,000
③ ₩280,000   ④ ₩210,000

02 재무제표 작성시 일반적으로 지켜야 할 사항이 아닌 것은?

① 당기와 전기를 비교하는 형식으로 작성한다.
② 항목의 표시와 분류는 매기 동일하여야 한다.
③ 이해하기 쉽게 자세하고 구체적으로 표시하여야 한다.
④ 재무제표 작성과 표시에 대한 책임은 경영진에게 있다.

03 다음 거래의 분개로 옳은 것은?

취득원가 ₩800,000(감가상각누계액 ₩500,000)의 사무용 컴퓨터를 ₩350,000에 처분하고 대금은 월말에 받기로 하다.

① (차)비품감가상각누계액 500,000 (대)비 품 800,000
     미 수 금 350,000   유형자산처분이익 50,000
② (차)비품감가상각누계액 500,000 (대)비 품 800,000
     외 상 매 출 금 350,000   유형자산처분이익 50,000
③ (차)미 수 금 350,000 (대)비 품 800,000
     유형자산처분손실 450,000
④ (차)외 상 매 출 금 350,000 (대)비 품 800,000
     유형자산처분손실 450,000

04 "개인기업인 금강상회는 기업주의 사업소득세 ₩500,000을 현금으로 납부하다."의 올바른 분개는?

① (차)세금과공과 500,000 (대)현 금 500,000
② (차)인 출 금 500,000 (대)현 금 500,000
③ (차)소득세예수금 500,000 (대)현 금 500,000
④ (차)소 득 세 500,000 (대)현 금 500,000

05 상공회사는 임대료 1년분을 5월 1일에 ₩240,000을 현금으로 받고 수익처리 하였다. 12월 31일 기말 결산시 선수임대료는 얼마인가? 단, 월할계산 할 것.

① ₩ 80,000   ② ₩120,000
③ ₩160,000   ④ ₩180,000

06 다음 거래를 분개한 것 중 옳은 것은?

앞서 주문받은 상품 ₩500,000을 발송하고, 계약금 ₩50,000을 차감한 잔액은 수표로 받아 즉시 당좌예입하다. 단, 상품은 3분법으로 처리하며, 당좌예금잔액 ₩500,000이 있다.

① (차)매 입 500,000 (대)선 급 금 50,000
                              당 좌 예 금 450,000
② (차)선 수 금 50,000 (대)매 출 500,000
     당 좌 예 금 450,000
③ (차)선 수 금 50,000 (대)매 출 500,000
     현 금 450,000
④ (차)선 급 금 50,000 (대)매 출 500,000
     당 좌 예 금 450,000

07 판매용 컴퓨터 ₩300,000(원가 ₩200,000)을 업무용으로 사용한 경우의 옳은 분개는?

① (차)비 품 200,000 (대)매 입 200,000
② (차)비 품 300,000 (대)매 입 300,000
③ (차)비 품 300,000 (대)매 출 300,000
④ (차)비 품 200,000 (대)매 출 200,000

08 다음은 상품재고장 작성 방법 중 선입선출법에 대한 설명이다. 틀린 것은?

① 먼저 매입한 것을 먼저 매출되는 것으로 인도단가를 결정하는 방법이다.

② 기말재고는 가장 최근에 매입한 신상품이다.

③ 매출원가는 가장 과거에 매입한 구상품이다.

④ 매입역법이라고도 하며 계산이 실제물량흐름과 맞지 않는다.

09 "상품 ₩300,000 (원가 ₩240,000)에 매출하고, 동점 발행의 수표로 받다."의 거래를 분개한 것으로 옳은 것은? (단, 상품은 3분법으로 처리할 것)

① (차)당 좌 예 금 240,000 (대)매   출 240,000

② (차)당 좌 예 금 300,000 (대)매   출 300,000

③ (차)현   금 300,000 (대)매   출 300,000

④ (차)현   금 240,000 (대)매   출 240,000

10 다음 설명 중 옳은 것은?

> 수익과 비용계정은 손익계정으로 손익계정은 자본금으로 자산, 부채, 자본계정은 "차기이월"로 마감한다.

① 대륙식 결산법   ② 중남미식 결산법

③ 영미식 결산법   ④ 거래의 이중성

11 다음은 개인기업인 대한상회의 자료이다. 인출액은 얼마인가?

•당기총수익	₩800,000	•기초자본	₩300,000
•당기총비용	500,000	•기말자본	550,000
•추가출자액	100,000		

① ₩50,000   ② ₩150,000

③ ₩250,000   ④ ₩550,000

12 다음 중 상품권에 대한 회계처리의 설명으로 옳지 않은 것은?

① 매출수익은 물품 등을 제공하고 상품권을 회수한 때에 인식한다.

② 상품권의 잔액을 환급하는 경우에는 환급하는 때에 선수금과 상계한다.

③ 상품권의 유효기간이 경과하고 상법상 소멸시효가 완성된 경우에는 소멸시효의 완성시점에서 잔액을 전부 잡이익으로 인식한다.

④ 상품권을 발행하면 발행시점에서 매출수익을 인식한다.

13 다음 중 소액현금제도를 운용하는 목적은 무엇인가?

① 모든 현금의 수불을 원활하게 한다.

② 상품 매입대금을 신속하게 지급한다.

③ 현금판매를 원활하게 한다.

④ 금액이 적은 잡다한 비용의 지출을 원활하게 한다.

14 다음 중 기말의 결산 정리분개의 대상이 아닌 것은?

① 매출채권 및 기타채권의 대손설정

② 유형·무형자산의 감가상각계상

③ 수익·비용의 이연 및 예상

④ 당기손익-공정가치측정금융자산의 처분

15 다음 자료에 의하여 매출원가를 계산하면 얼마인가?

•총매출액	₩30,000	•매출환입액	₩3,000
•매출에누리액	2,000	•매출총이익	4,000

① ₩26,000   ② ₩21,000

③ ₩25,000   ④ ₩17,000

16 다음은 A상점의 20×1회계연도 기초와 기말의 재무상태와 경영성과에 관한 자료이다. 기말부채와 기말자본을 계산한 것으로 옳은 것은?

	20×1. 1. 1	20×1. 12. 31
자 산	₩150,000	₩160,000
부 채	60,000	( )
자 본	90,000	( )
수 익	–	50,000
비 용	–	30,000

	기말부채	기말자본
①	₩ 40,000	₩120,000
②	₩ 50,000	₩110,000
③	₩ 60,000	₩100,000
④	₩ 70,000	₩ 90,000

17 다음 계정들의 성격이 알맞지 않은 것은?

① 미수금 계정 – 감소시 대변기록

② 선수금 계정 – 증가시 대변기록

③ 미지급금 계정 – 감소시 차변기록

④ 선급금 계정 – 증가시 대변기록

18 다음 지급어음의 총계정원장에 대한 일부분이다. 거래의 내용이 맞은 것은?

지 급 어 음
당좌예금   500,000 |

① 소지하고 있던 어음이 만기가 되어, 그 대금을 당좌수표로 받다.
② 소지하고 있던 어음이 만기가 되어, 그 대금을 현금으로 지급하다.
③ 거래처에 발행해 주었던 어음이 만기가 되어, 그 대금을 당좌수표로 받다.
④ 거래처에 발행해 주었던 어음이 만기가 되어, 그 대금을 당좌수표를 발행하여 지급하다.

19 유형자산에 대한 설명 중 틀린 것은?

① 자산의 원상회복을 위한 지출액은 비용이다.
② 모든 유형 자산에 대해 감가상각을 한다.
③ 유형 자산의 취득원가는 순수 구입대금에 부대비용을 가산하여 산정한다.
④ 자산의 내용연수연장을 위한 지출액은 취득원가에 가산한다.

20 다음 설명의 (가), (나)에 해당하는 내용으로 가장 타당한 것은? 단, IFRS 기준 계정과목분류체계에 따른다.

금융자산 중 보고기간말로부터 1년 이내에 만기가 도래하는 정기예금은 (가)의 과목으로 하여 (나)으로 분류한다.

	(가)	(나)
①	기타유동금융자산	유동자산
②	기타비유동금융자산	유동자산
③	기타유동금융자산	비유동자산
④	기타비유동금융자산	비유동자산

21 다음 거래의 분개로 옳은 것은?

대한상회는 당기손익차익을 목적으로 보유하고 있는 (주)상공상사 발행 주식 100주를 현금 ₩190,000에 매각하였다. 상공상사가 발행 주식의 직전 연도말 장부금액은 ₩200,000이었다.

① (차)현   금 190,000 (대)당기손익금융자산 200,000
     당기손익금융자산처분손실 10,000
② (차)현   금 200,000 (대)당기손익금융자산 200,000
③ (차)현   금 190,000 (대)당기손익금융자산 190,000
④ (차)현   금 190,000 (대)당기손익금융자산 200,000
     이 자 비 용 10,000

22 판매비(물류원가)와 관리비 계정과목이 아닌 것은?

① 급여
② 이자비용
③ 복리후생비
④ 접대비

23 다음 수익계정과 비용계정 중에서 틀린 것은?

	(수익계정)	(비용계정)
①	매 출	매출원가
②	임 대 료	임 차 료
③	이자수익	이자비용
④	선수수익	선급비용

24 다음 중 교환거래가 아닌 것은?

① 공장 건물 ₩4,000,000을 수표발행하여 구입하다.
② 거래 은행에서 현금 ₩3,000,000을 차입하다.
③ 단기대여금에 대한 이자 ₩500,000을 현금으로 받다.
④ 외상매입금 ₩1,000,000을 약속어음을 발행하여 지급하다.

25 다음 중 금융부채에 대한 설명으로 옳지 않은 것은?

① 부채의 정의를 충족하는 계약상의 의무이다.
② 현금 또는 자기지분상품 등의 금융자산으로 결제되는 부채를 말한다.
③ 금융부채에는 매입채무, 미지급금, 차입금, 사채 등이 있다.
④ 선수금과 선수수익은 재화나 용역을 제공해야 하는 것이므로 금융부채에 포함한다.

기출문제 제1회 정답

01. ④	02. ①	03. ④	04. ②	05. ②
06. ③	07. ③	08. ①	09. ①	10. ①
11. ③	12. ②	13. ④	14. ③	15. ②
16. ④	17. ④	18. ③	19. ③	20. ④
21. ①	22. ②	23. ②	24. ②	25. ④

01. ④ 일정기간 기업의 경영성과를 제공하는 재무보고서는 포괄손익계산서이다.

02. ① 결산 예비절차에 수정전 시산표, 재고조사표, 수정후 시산표 등이 작성되고, 이월시산표는 결산 본절차에 작성된다.

03.

잔 액 시 산 표

현 금	100,000	외 상 매 입 금	50,000
외 상 매 출 금	50,000	자 본 금	100,000
이 월 상 품	30,000	매 출	150,000
매 입	50,000		
급 여	70,000		
	300,000		300,000

잔액시산표 차변에는 자산과 비용이 대변에는 부채·자본·수익이 기록된다.

04. ② (차) 비 용 ××× (대) 미지급비용 ×××

비용과 부채가 과소 계상된다.

05. ② 유동자산은 당좌자산과 재고자산을 포함하고, 비유동자산은 투자자산, 유형자산, 무형자산, 기타비유동자산을 포함한다.

06. ③ 영업권은 비유동자산 중 무형자산에 해당한다.

07. ③ 3년 만기이므로 단기금융상품이 아니고, 장기금융상품이다.

08. ① 취득 당시의 만기가 1년 이내에 도래하는 정기적금은 현금성자산이 아니고, 단기금융상품이다.

09. ① 소액자금 선급시 분개 : (차) 소액현금 / (대) 당좌예금

10. ① 단기시세차익을 얻을 목적으로 구입한 주식은 당기손익-공정가치측정금융자산이고, 공정가치(2,500,000) - 장부금액(2,000,000) = 평가이익(500,000)이다.

11. ③ 금융자산에는 현금및현금성자산, 매출채권과 기타채권, 기타금융자산(당기손익-공정가치측정금융자산) 등이 있다. 선급금과 선급비용은 금융자산이 아니다.

12. ② 1,000주 × @₩6,000 = 6,000,000

취득시 수수료는 수수료비용 계정으로 별도 표시한다.

13. ④ 3분법이므로 상품매출시 대변에 매출계정이고, 매출시 운임은 운반비 계정으로 별도 표시한다.

14. ③ (차) 매 입 3,000,000 (대) 당좌 예금 1,000,000
외상매입금 1,990,000
현 금 10,000

15. ④ (차) 종업원급여 1,000,000 (대) 현 금 970,000
소득세예수금 30,000

16. ④ (차) 상품권선수금 100,000 (대) 매 출 100,000

17. ④ ㉠ (100개 × @₩100) + (220개 × @₩200) = 54,000(매출원가)
㉡ 80개 × @₩200 = 16,000(기말재고)

18. ③ 계속기록법의 경우 재고자산의 기록유지비용이 많게 발생하고, 실지재고조사법의 경우 적게 발생한다.

19. ③ 취득세, 등록세는 취득원가에 포함 한다.

20. ④ 직원의 회계업무 교육 강사비 지출 – 교육훈련비

21. ① 차변계정은 보험료(비용) 또는 선급보험료(자산)계정이므로 부채를 발생시키지 못한다.

22. ② 수익은 특정 보고기간 동안에 발생한 자본의 증가(단, 소유주에 의한 출연은 제외)를 의미한다.

23. ②

상 품 재 고 장

[이동평균법] 품명 : 감상품 (단위 : 개)

월일	적 요	인 수			인 도			잔 액		
		수량	단가	금액	수량	단가	금액	수량	단가	금액
6	1 전월이월	100	600	60,000				100	600	60,000
	5 매 출				60	600	36,000	40	600	24,000
	22 매 입	40	650	26,000				80	625	50,000
	27 매 출				60	625	37,500	20	625	12,500
	30 차월이월				20	625	12,500			
		140		86,000	140		86,000			

즉, 차월이월 ₩12,500이 월말재고액이다.

24. ②

종 업 원 급 여

제 좌	×××	손 익	×××

25. ④ 유형자산 중에서 토지와 건설중인자산은 감가상각을 하지 않는다.

기출문제 제2회 정답

01. ④	02. ③	03. ②	04. ①	05. ②
06. ④	07. ①	08. ②	09. ③	10. ③
11. ①	12. ①	13. ①	14. ③	15. ④
16. ①	17. ①	18. ②	19. ③	20. ②
21. ④	22. ④	23. ①	24. ④	25. ②

01. ④ 시산표 등식은 '기말자산 + 총비용 = 기말부채 + 기초자본 + 총수익'이다.

02. ③ 아무리 많은 거래가 발생하여도 전체 거래의 차변과 대변의 합계 금액은 항상 일치하는 것을 대차평균의원리라 한다.

03. ② 결산 정리 전 당기순이익(500,000) + 이자 미수액(10,000) – 급여 미지급액(50,000) + 보험료 선급액(20,000) = 수정 후 당기순이익(480,000)
※ 자산의 증가와 부채의 감소는 당기순이익이 증가하고, 자산의 감소와 부채의 증가는 당기순이익이 감소한다.

04. ① 광고선전비 ₩100,000을 현금으로 지급하고 장부에 기장한 것은 회계 기간 중에 발생한 거래로 결산 수정사항이 없다.

05. ① (차) 상 품 100,000 (대) 현 금 100,000
② (차) 상 품 100,000 (대) 외 상 매 입 금 100,000
③ (차) 상 품 100,000 (대) 현 금 100,000

06. ④ 선수수익, 매입채무, 미지급비용, 미지급법인세, 예수금은 유동부채이고, 사채, 장기차입금은 비유동부채이다.

07. ① 기말자산(1,800,000) – 기말부채(1,200,000) = 기말자본(600,000)
기말자본(600,000) – 기초자본(500,000) = 당기순이익(100,000)

08. ②

포 괄 손 익 계 산 서

과 목	금 액
수 익 (매 출 액)	×××
매 출 원 가	(×××)
매 출 총 이 익	×××
판 매 비 와 관 리 비	(×××)
영 업 이 익	200,000
기 타 수 익	20,000
기 타 비 용	(30,000)
금 융 수 익	10,000
금 융 원 가	(50,000)
법인세비용차감전순이익	150,000
법 인 세 비 용	0
당 기 순 이 익	150,000

• 기부금(30,000) = 기타비용(30,000)

• 이자수익(10,000) = 금융수익(10,000)

• 이자비용(50,000) = 금융원가(50,000)

09. ③ 2016년 말 재무상태표에 반영될 당기손익-공정가치측정금융자산의 금액은

₩2,500,000이다.

10. ③ (차) 잡손실 10,000 (대) 현 금 10,000

11. ① 기타포괄손익에는 해외사업환산손익, 기타포괄손익-공정가치측정금융자산
평가손익, 현금흐름위험회피 파생상품평가손익, 재평가잉여금등이 있다.

12. ② ㉮ (차) 상 품 550,000 (대) 외상매입금 500,000
현 금 50,000

㉯ (차) 외상매출금 200,000 (대) 상 품 200,000
운 반 비 20,000 현 금 20,000

13. ① 보기②번은 장기금융상품, 보기③번은 장기대여금, 보기④번은 단기차입금
이다.

14. ③ (차) 종업원급여 2,000,000 (대) 보 통 예 금 1,800,000
예 수 금 200,000

15. ④ 재고자산이란 정상적인 영업과정에서 판매를 위하여 보유중인 자산(상품, 제
품), 정상적인 영업과정에서 판매를 위하여 생산중인 자산(재공품), 생산이나
용역 제공에 사용될 원재료와 소모품등을 말한다.

16. ① (차) 가 수 금 300,000 (대) 외상매출금 270,000
선 수 금 30,000

17. ① 선입선출법이란 먼저 매입한 상품을 먼저 매출하는 것이다.

12. ② 6/09 (차) 상 품 302,000 (대) 외상매입금 300,000
현 금 2,000

6/11 (차) 외상매출금 30,000 (대) 상 품 30,000
※ 300,000 − 30,000 = 270,000

19. ③ ㉠ 총수익(2,500,000) − 총비용(1,800,000) = 당기순이익(700,000)

㉡
자 본 금			
인 출 금	–	기 초 자 본 금	1,000,000
당 기 순 손 실	–	추 가 출 자 액	(800,000)
기 말 자 본 금	2,500,000	당 기 순 이 익	700,000

20. ② (차) 받을어음(매출채권) 200,000 (대) 상 품 200,000

21. ④ ㉮ (차) 복리후생비 500,000 (대) 현 금 500,000
㉯ (차) 복리후생비 300,000 (대) 현 금 300,000

22. ④ 자기주식처분이익은 자본잉여금에 해당한다.

23. ① (차) 감가상각누계액 3,000,000 (대) 건 물 5,000,000
현 금 2,500,000 유형자산처분이익 500,000

24. ④ 주주는 경영에 참가할 수 있고, 사채권자는 경영에 참가할 수 없다.

25. ② 상품을 인도한 날(6월) 매출(수익)을 인식한다.

기출문제 제3회 정답

01. ③	02. ②	03. ①	04. ①	05. ③
06. ②	07. ①	08. ③	09. ③	10. ①
11. ④	12. ③	13. ①	14. ④	15. ④
16. ②	17. ③	18. ③	19. ②	20. ①
21. ②	22. ④	23. ②	24. ②	25. ①

01. ③ 기초상품재고액 + 당기순매입액 − 기말상품재고액 = 매출원가

02. ② 선급금과 선급비용은 차후에 재화나 용역을 제공받을 자산이므로 금융자산
으로 보지 않는다.

03. ① (차) 당좌예금 ××× (대) 현 금 ×××

04. ① 분개장마감과 총계정원장마감은 결산의 본절차이고, 재무상태표 작성은 결산
보고서(재무제표)작성절차에 해당한다.

05. ③ (차) 이자비용 50,000 (대) 미지급비용 50,000
비용 50,000원 과소계상과 부채 50,000원 과소계상 되었다.

06. ②

포 괄 손 익 계 산 서	
과 목	금 액
수 익 (매 출 액)	800,000
매 출 원 가	(500,000)
매 출 총 이 익	300,000
판 매 비 와 관 리 비	(150,000)
영 업 이 익	150,000
기 타 수 익	
기 타 비 용	
금 융 수 익	50,000
금 융 원 가	
법인세비용차감전순이익	200,000
법 인 세 비 용	
당 기 순 이 익	200,000

• 급여(100,000) + 광고선전비(30,000) + 접대비(20,000) = 판매비와관리비
(150,000)

07. ① 이자비용은 금융원가이다.

08. ③ 공사채만기이자표, 송금수표, 타인발행수표, 우편환증서는 통화대용증권이다.

09. ③ 인출액합계(1,000,000) − 차월이월(200,000) = 인출한 총액(800,000)

10. ① 수정 전 당기순이익(100,000) + 보험료 선급액(5,000) + 이자 미수액
(3,000) − 임대료 선수액(10,000) = 수정 후 당기순이익(98,000)
※ 자산의 증가와 부채의 감소는 당기순이익이 증가하고, 자산의 감소와 부
채의 증가는 당기순이익이 감소한다.

11. ① 선수금과 선수수익은 재화나 용역을 제공해야 하는 것이므로 금융부채가 아
니다.
② 기업의 지분상품을 뜻하는 것으로 기업이 매입한 다른 회사의 주식 등이 있
다.(금융자산 설명이다.)
③ 거래 상대방에게 현금 등 금융자산을 수취할 계약상의 권리를 뜻하는 것으로
매출채권 등이 있다.(금융자산 설명이다.)

12. ③ 100주 × (15,000 − 11,000) = 400,000(평가이익)

13. ① (차) 비품 160,000 (대) 보통예금 160,000

14. ④ (50 × 1,000) + (100 × 1,200) = 170,000

15. ① 10월 2일 소모품 매입 시 자산처리법으로 처리하였다.
② 당기분 소모품 사용액은 ₩60,000이다.
③ 결산 시 소모품 재고액은 ₩40,000이다.

16. ② 판매용 책상은 매입(상품)이고, 영업용 책상은 비품이다. 구입시 제비용은 매
입원가에 포함시킨다.

17. ③ 직원을 위해 지출한 비용은 복리후생비이고, 일반적 상거래 이외의 거래를
법인신용카드로 결제하면 미지급금이다.

18. ③ [총매입액(500,000) + 인수운임(20,000)] − [매입환출액(30,000) + 매입에
누리액(10,000) + 매입할인액(40,000)] = 순매입액(440,000)

19. ② ㉠ $\dfrac{취득원가(1,000,000 − 잔존가격(0))}{내용연수(5년)}$ = 감가상각비(200,000)

㉡ 취득원가(1,000,000) − 감가상각비(200,000) = 장부금액(800,000)
㉢ 처분금액(700,000) − 장부금액(800,000) = 처분손실(100,000)

20. ① ㉠ 기말자산(1,000,000) − 기말부채(400,000) = 기말자본(600,000)
㉡ 총수익(600,000) − 총비용(400,000) = 당기순이익(200,000)
㉢ 기말자본(600,000) − 기초자본(400,000) = 당기순이익(200,000)

21. ② 이익준비금은 이익잉여금에 해당한다.

22. ④ 새로 개발한 상품을 고객에게 시험적으로 사용하게 하기 위해 발송한 경우는
견본비로 처리하므로 수익을 인식하지 않는다.

23. ② 급여지급시 소득세를 원천징수하면 예수금계정으로 회계처리 한다.

24. ② 컴퓨터소프트웨어, 개발비, 특허권은 무형자산이고, 임차보증금은 기타비유
동자산으로 분류한다.

25. ① 물가상승시 기말재고(당기순이익)의 크기
선입선출법 > 이동평균법 ≧ 총평균법 > 후입선출법

기출문제 제4회 정답

01. ②	02. ④	03. ④	04. ②	05. ①
06. ④	07. ③	08. ④	09. ③	10. ②
11. ③	12. ①	13. ④	14. ④	15. ④
16. ②	17. ②	18. ②	19. ①	20. ②
21. ④	22. ①	23. ②	24. ①	25. ①

01. ① 자본의 증가는 자산의 감소, 부채의 증가, 자본의 증가, 수익의발생 등을 가져온다.
③ 자산의 총액은 부채 총액과 자본 총액을 합한 금액과 일치한다.
④ 모든 거래를 분개하였을 때 차변합계액과 대변의 합계액이 일치 한다.
02. ④ (가)는 자산(외상매출금)이고, (나)는 부채(지급어음)이다.
03. ④ (가) 결산의 본절차 : 총계정원장의 마감, 분개장 및 기타장부마감
04. ② 상품 매입 과정에서 지출되는 부대비용은 판매관리비로 처리하지 않고 매입원가에 포함한다.
05. ① ㉠ 기초자산(500,000) − 기초부채(200,000) = 기초자본(300,000)
㉡ 기말자산(700,000) − 기말부채(200,000) = 기말자본(500,000)
㉢ 총수익(800,000) − 총비용(600,000) = 당기순이익(200,000)
㉣ 기말자본(500,000) − 기초자본(300,000) = 당기순이익(200,000)
06. ① 순매출액은 ₩350,000이다.
② 매출원가는 ₩200,000이다.
③ 상품매출이익은 ₩150,000이다.
※ 손익계정 차변 매입 200,000원은 매출원가이고, 손익계정 대변 매출 350,000원은 순매출액이고, 잔액시산표(수정후) 이월상품 20,000은 기말상품재고액이다.
07. ③ 일반적 상거래에서 발생한 신용카드 결제금액은 외상매입금으로 회계처리한다.
08. ④ 기말 재무상태표의 자본이 기초 자본을 초과하는 경우 당기순이익이 발생한 것이다. 단, 손익 거래 외 자본의 증감거래는 발생하지 않는 것으로 가정한다.
09. ③ 7월 중 외상매출금 미회수액은 ₩293,000이다.

외상매출금

전 월 이 월	30,000	회 수 액	80,000
외 상 매 출 액	350,000	매 출 환 입 및 매 출 에 누 리 액	7,000
		차 월 이 월	293,000

10. ② 이익잉여금, 유동자산, 자본조정은 재무상태표 구성항목이다.
11. ③ 관리비 - 임차료
12. ① 처분금액(500,000) − 장부금액(400,000) = 처분이익(100,000)
13. ④ 8/21 (차) 매입 50,000 (대) 받을어음 50,000 이므로 상품 ₩50,000을 매입하고 소지하고 있던 받을어음을 배서양도한 것이다.
14. ④ 수정전 시산표는 결산의 예비절차이다. 결산정리사항수정도 결산의 예비절차이다. 분개장마감과 이월시산표 작성은 결산의 본절차이고, 재무상태표의 작성은 재무제표 작성절차에 해당한다.
15. ④ 건물에 피난시설 설치, 증축, 엘리베이터 설치는 자본적 지출에 해당한다.
16. ① 7월 중 갑상품의 매출원가는 ₩44,000이다.
③ 선입선출법으로 인도단가를 결정하여 기입한 것이다.
④ 7월 24일 매출을 후입선출법으로 기입할 경우 매출원가는 더 많아 진다.
17. ② ㉠ 직접 대응 비용 : 매출원가, 판매원 수당 등
㉡ 기간별 대응 비용 : 광고비 등
㉢ 합리적이고 체계적인 배분비용 : 감가상각비, 무형자산상각비 등
18. ② (차) 보 통 예 금 700,000 (대) 정 기 예 금 1,000,000
현 금 350,000 이 자 수 익 50,000
19. ① 자기앞수표는 통화대용증권으로 현금이다.
20. ② 12/31 (차) 임대료 30,000 (대) 선수수익 30,000
21. ④ ㉠ 기초자산(500,000) − 기초부채(200,000) = 기초자본(300,000)
㉡ 기말자산(800,000) − 기말부채(300,000) = 기말자본(500,000)
㉢ 총수익(600,000) − 총비용(400,000) = 당기순이익(200,000)

㉣ 기말자본(500,000) − 기초자본(300,000) = 당기순이익(200,000)
22. ① 취득 당시 1년 만기의 정기예금은 단기금융상품으로 기타금융자산이다.
23. ②㉮ (차) 종업원급여 1,500,000 (대) 예 수 금 110,000
보 통 예 금 1,390,000
㉯ (차) 예 수 금 110,000 (대) 현 금 110,000
24. ① 보기의 내용은 무형자산(영업권, 저작권)이고, 창업비와 교육훈련비는 판매비와관리비이다.
25. ① 구입시 제비용은 건물에 가산하고, 자기앞수표는 현금이다.

기출문제 제5회 정답

01. ③	02. ③	03. ④	04. ④	05. ③
06. ①	07. ③	08. ③	09. ②	10. ②
11. ②	12. ③	13. ②	14. ④	15. ②
16. ①	17. ③	18. ②	19. ①	20. ④
21. ④	22. ②	23. ②	24. ②	25. ④

01. ③ 비계량적이 아니고, 계량적 정보를 제공한다.
02. ③ 4월 ~ 12월(9개월)이 당기분으로 포괄손익계산서에 보험료로 표시 된다.
120,000 × 9/12 = 90,000
03. ④ 자산, 비용은 차변에 부채, 자본, 수익은 대변에 기입한다.

잔 액 시 산 표

현 금	100,000	외 상 매 입 금	50,000
외 상 매 출 금	50,000	자 본 금	100,000
이 월 상 품	30,000	매 출	150,000
매 입	50,000		
급 여	70,000		
	300,000		300,000

04. ④ 정산표 작성은 결산의 예비절차에 해당한다.
05. ③ 주문, 계약, 약속, 보관 등은 회계상 거래가 아니다.
(차) 종 업 원 급 여 ××× (대) 현 금 ×××
미지급급여 ×××
06. ① (차) 이 자 비 용 ××× (대) 미지급이자 ×××
07. ③ (차) 미 수 이 자 ××× (대) 이 자 수 익 ×××
자산과 수익을 과소계상하면 당기순이익이 과소계상된다.
08. ③ 비용의 분류
㉠ 기능별 분류 : 매출원가, 물류원가, 관리비, 기타비용, 법인세비용
㉡ 성격별 분류 : 상품의변동, 상품매입액, 종업원급여, 감가상각비와 기타상각비, 기타비용, 법인세비용
09. ② 일정기간에 있어서 기업의 재무(경영)성과를 제공하기 위한 재무제표이다.
(보기 ②번의 설명은 재무상태표에 대한 설명이다.)
10. ② 종업원급여(500,000) + 광고선전비(30,000) = 판매비와 관리비(530,000)
11. ② 경영자는 내부 정보이용자이고, 채권자·주주·정부는 외부 정보이용자이다.
12. ③ 어음을 받고 현금을 대여한 경우, 단기(장기)대여금 계정의 차변에 기입한다.
13. ② 6월 30일 현재 현금의 실제액이 장부잔액보다 ₩20,000 적음을 발견하다.
14. ④ 취득당시 만기가 6개월 후인 정기예금은 단기금융상품계정이다.(취득당시 만기가 3개월 이내인 정기예금이 현금성자산 이다.)
15. ② 당기손익금융자산의 취득시 수수료는 취득원가에 포함하지 않고 수수료비용으로 별도로 표시한다. 1,000주 × 6,000원 = 6,000,000원
(차) 당기손익금융자산 6,000,000 (대) 현 금 6,030,000
수 수 료 비 용 30,000
16. ① 선급금과 선급비용은 차후에 재화나 용역을 제공받을 자산이므로 금융자산으로 보지 않는다.
17. ③ (차) 외 상 매 입 금 500,000 (대) 보 통 예 금 500,000
18. ② 판매를 목적으로 외부로부터 구입한 물품을 '상품'이라 하고, 생산 중에 있는 물품을 '재공품'이라 한다.

19. ① 판매용으로 구입한 것을 상품이라 한다. 3분법은 상품을 매입하면 차변에 매입계정으로 분개하고 매입시 인수운임은 매입원가에 포함한다.
(차) 매   입 210,000   (대) 외상매입금 200,000
                          현   금 10,000

20. ④ 구입대금(500,000) + 설치비(20,000) + 시운전비(10,000) + 사용전수리비(15,000) = 취득원가(545,000)

21. ④ ㉠ $\dfrac{취득원가(1,000,000) - 잔존가액(0)}{내용연수(10)}$ = 감가상각비(100,000)

㉡ 감가상각비(100,000) × 3년 = 감가상각누계액(300,000)

㉢ 취득원가(1,000,000) − 감가상각누계액(300,000) = 장부금액(700,000)

22. ② 보기의 내용은 무형자산 중 개발비에 대한 설명이다. 무형자산은 식별 가능한 비화폐성 자산이다.

23. ① 발행금액이 액면금액 보다 크다.
③ 할증발행의 결과 자본금과 자본잉여금이 증가한다.
④ 발행가액과 액면가액의 차액을 주식발행초과금으로 처리한다.
※ 주식 할증 발행시 분개
(차) 당 좌 예 금 ×××   (대) 자   본   금 ×××
                              주식발행초과금 ×××

24. ② 매출원가가 증가하면 매출총이익, 영업이익, 법인세비용차감전순이익, 당기순이익이 감소한다.

포괄손익계산서	
과 목	금 액
수 익 (매 출 액)	×××
매 출 원 가	(×××)
매 출 총 이 익	×××
판 매 비 와 관 리 비	(×××)
영 업 이 익	×××
기 타 수 익	×××
기 타 비 용	(×××)
금 융 수 익	×××
금 융 원 가	(×××)
법 인 세 비 용 차 감 전 순 이 익	×××
법 인 세 비 용	×××
당 기 순 이 익	×××

25. ④ (차) 종 업 원 급 여 1,500,000   (대) 예 수 금   110,000
                                          보 통 예 금 1,390,000

기출문제 제6회 정답

01. ③	02. ③	03. ④	04. ①	05. ①
06. ④	07. ①	08. ②	09. ①	10. ①
11. ④	12. ③	13. ②	14. ②	15. ④
16. ④	17. ②	18. ④	19. ②	20. ①
21. ④	22. ④	23. ②	24. ②	25. ④

01. ③ 거래의 이중성에 의해 대차평균의 원리가 성립된다.
02. ③ (차) 임차료 (비용의 발생) (대) 현금 (자산의 감소)
03. ① 매출채권은 ₩180,000이다.
② 당기순이익은 알 수 없다.
③ 기말자산 총액은 ₩730,000이다.

이 월 시 산 표

㈜대한상공   2017년 12월 31일   (단위: 원)

차변	원면	계정과목	대변
300,000	생략	현 금	
250,000		상 품	
100,000		받 을 어 음	
80,000		외 상 매 출 금	
		지 급 어 음	350,000
		미 지 급 금	200,000
		자 본 금	180,000
730,000			730,000

04. ① 분개장에서 총계정원장의 전기가 정확한지를 파악하기 위함이다.

05. ① 11월 01일 (차)선급보험료 240,000 (대)현   금 240,000
12월 31일 (차)보 험 료 40,000 (대)선급보험료 40,000
※ 240,000 × 2/12 = 40,000

06. ④ ㉠ 재무회계(외부 보고용_외부투자자)
㉡ 관리회계(내부 보고용_경영자)

07. ① 매출액이 증가하면 매출총이익과 영업이익 증가한다. 매출원가가 증가하면 매출총이익과 영업이익이 감소한다. 접대비가 증가하면 영업이익이 감소한다. 배당금수익은 영업이익에 영향이 없다.

포괄손익계산서	
과 목	금 액
수 익 (매 출 액)	×××
매 출 원 가	(×××)
매 출 총 이 익	×××
판 매 비 와 관 리 비	(×××)
영 업 이 익	×××
기 타 수 익	×××
기 타 비 용	(×××)
금 융 수 익	×××
금 융 원 가	(×××)
법 인 세 비 용 차 감 전 순 이 익	×××
법 인 세 비 용	×××
당 기 순 이 익	×××

08. ② 매출채권은 자산으로 재무상태표 구성 요소이다.

09. ① 기타포괄손익-공정가치측정금융자산평가손실은 기타포괄손익이다.

포괄손익계산서	
과 목	금 액
수 익 (매 출 액)	200,000
비 용	(180,000)
당 기 순 이 익	20,000
기 타 포 괄 손 실	(30,000)
총 포 괄 손 실	−10,000

10. ① 자기앞수표는 통화대용증권으로 현금이다. 현금및현금성자산은 현금, 당좌예금, 보통예금, 현금성자산을 말한다.

11. ① 선급금은 금융자산이 아니다.
② 선수수익은 금융부채가 아니다.
③ 선급비용은 재화나 용역을 수취할 예정이므로 금융자산이 아니다.

12. ③ 매출채권(20,000) + 당기손익금융자산(4,000) + 현금및현금성자산(10,000) = 금융자산(34,000)
※ 선급금과 선급비용은 차후에 재화나 용역을 제공받을 자산이므로 금융자산으로 보지 않는다.

13. ② 보관 중인 어음을 배서양도하면 받을어음이 대변이다.
(차) 외 상 매 입 금 200,000   (대) 받 을 어 음 200,000

14. ① 당기 외상매출금 증가액은 ₩120,000이다.

③ 6월중 외상매출금 회수액은 ₩80,000이다.

④ 6월말 외상매출금 미회수액은 ₩220,000이다.

외상매출금

전 기 이 월	100,000	당 월 회 수 액	80,000
외 상 매 출 액	200,000	**차 기 이 월**	**220,000**
	300,000		300,000

15. ④ (차) 상품(매입) ××× (대) 외상매입금 ×××

16. ④ 상품, 제품, 재공품, 원재료, 소모품은 재고자산이다.

17. ② 승용차 구입(10,000,000) + 차량취득세(110,000) = 차량운반구의 취득원가(10,110,000)

※ 자동차세는 세금과공과 계정이다.

18. ④ 토지(5,000,000) + 취득세(60,000) + 등기비용(40,000) + 중개수수료(200,000) = 취득원가(5,300,000)

19. ② 회사 전화요금(통신비), 거래처직원과 식사(접대비), 불우이웃 돕기 성금(기부금), 회사홍보용 기념품제작비(광고선전비)

20. ① 7/09 (차)복리후생비 100,000 (대)현 금 100,000
　　　 7/16 (차)여비교통비 250,000 (대)가 지 급 금 250,000
　　　 7/23 (차)임 차 료 300,000 (대)현 금 300,000

21. ④ 보기 ①번은 임대료, 보기 ②번은 사채상환이익, 보기 ③번은 배당금수익이다.

22. ④ 종업원급여는 판매비와관리비로 분류된다.
　　　(차) 종 업 원 급 여 700,000 (대) 예 수 금 35,000
　　　　　　　　　　　　　　　　　　　　 보 통 예 금 665,000

23. ② (정확한 분개)
　　　(차) 종 업 원 급 여 1,500,000 (대) 예 수 금 110,000
　　　　　　　　　　　　　　　　　　　　 보 통 예 금 1,390,000
　　(수정 분개)
　　　(차) 가 수 금 110,000 (대) 예 수 금 110,000

24. ② 수익인식시점(매출인식시점)은 상품(제품)을 인도한 날 인식하므로 6월이 된다.

25. ④ (차) 대 손 충 당 금 20,000 (대) 외 상 매 출 금 100,000
　　　　 대 손 상 각 비 80,000

③ 포괄손익계산서에 기입될 임대료는 ₩60,000이다.

④ 임대료 당기분을 차기로 이월하는 것을 수익의 이연이라 한다.

09. ③ 광고선전비(1,000,000) + 세금과공과(120,000) + 복리후생비(250,000) + 급여(500,000) = 판매비와 관리비(1,870,000)

10. ② 영업이익 = 매출총이익 − (물류원가 + 관리비)

11. ③ 접대비(판매비), 이자비용(금융원가), 당기손익금융자산처분손실(기타비용)

12. ④ 총수익 − 총비용 = 당기순이익

13. ① 임차료는 '판매비와 관리비'이다.

14. ③ 취득시 만기나 상환기일이 3개월 이내인 금융상품이나 유가증권을 현금성자산이라 한다.

15. ③ 취득 당시 만기가 3개월 이내에 도래하는 받을어음은 매출채권이다.

16. ② 기타포괄손익−공정가치측정금융자산에 대한 설명이다.

17. ② 선수금과 선수수익은 재화나 용역을 제공해야 하는 것이므로 금융부채에 포함하지 않는다.

18. ② (차) 비 품 1,000,000 (대) 미 지 급 금 1,000,000

19. ② (가) (차) 비 품 800,000 (대) 미 지 급 금 800,000
　　　 (나) (차) 소 모 품 비 100,000 (대) 보 통 예 금 100,000

20. ② 7/1 (차) 받 을 어 음 100 (대) 매 출 100
　　　 7/5 (차) 매 입 100 (대) 받 을 어 음 100
　　※ 보관 중인 어음을 배서양도하면 받을어음이 대변이다.

21. ④ (차) 매 입 500,000 (대) 외 상 매 입 금 500,000
　　※ 신용카드 결제는 외상 거래이다.

22. ④ 판매용은 상품(재고자산)이다. 업무용 노트북은 비품(유형자산)이고, 건물(유형자산), 투자 목적 소유 토지는 투자부동산이다.

23. ③ 정상적으로 발생한 재고자산감모손실은 재고자산에서 제외한다. (차) 매출원가 ××× (대) 재고자산 ×××

24. ① (차) 종 업 원 급 여 2,000,000 (대) 단 기 대 여 금 100,000
　　　　　　　　　　　　　　　　　　　　 예 수 금 150,000
　　　　　　　　　　　　　　　　　　　　 보 통 예 금 1,750,000

25. ④ 수정전시산표와 결산 정리 사항 수정은 결산 예비절차이고, 분개장의 마감과 이월시산표의 작성은 결산 본절차이고, 재무상태표의 작성은 결산보고서 작성절차이다.

기출문제 제7회 정답

01. ①	02. ④	03. ②	04. ②	05. ④
06. ①	07. ①	08. ①	09. ③	10. ②
11. ③	12. ④	13. ①	14. ③	15. ③
16. ②	17. ②	18. ②	19. ②	20. ②
21. ④	22. ④	23. ③	24. ①	25. ④

01. ① 경영자는 내부 정보이용자이고, 소비자채권자투자자는 외부 정보이용자이다.

02. ④ 재무상태(자산, 부채, 자본), 재무(경영)성과(수익, 비용)

03. ② 기록, 계산 방식이 매우 합리적이어 기업의 종합적인 재정상태를 파악할 수 있다. (기록, 계산 방식이 단순한 것은 단식부기의 특징이다.)

04. ② 사원을 채용하기로 하다. 고용계약에 해당하므로 회계상 거래가 아니다.

05. ① 시산표는 결산 예비절차에 해당하고, 재무제표는 아니다.
　　② 잔액시산표는 총계정원장의 각 계정의 잔액을 산출하여 작성한다.
　　③ 시산표등식은 기말자산 + 총비용 = 기말부채 + 기초자본 + 총수익이다.

06. ① ㉠ 기초자산(300,000) − 기초부채(200,000) = 기초자본(100,000)
　　㉡ 기말자산(400,000) − 기말부채(250,000) = 기말자본(150,000)
　　㉢ 기말자본(150,000) − 기초자본(100,000) = 순이익(50,000)

07. ① 7/0 (차)소 모 품 비 100,000 (대)현 금 100,000
　　　 12/31 (차)소 모 품 10,000 (대)소 모 품 비 10,000

08. ② 재무상태에 기입될 선수임대료는 ₩180,000이다.

기출문제 제8회 정답

01. ④	02. ④	03. ④	04. ①	05. ④
06. ④	07. ②	08. ②	09. ④	10. ④
11. ③	12. ④	13. ③	14. ①	15. ②
16. ③	17. ②	18. ③	19. ②	20. ②
21. ③	22. ②	23. ③	24. ③	25. ②

01. ① 자산계정은 증가를 차변에, 감소를 대변에, 잔액은 차변에 남는다.
　　② 부채계정은 증가를 대변에, 감소를 차변에, 잔액은 대변에 남는다.
　　③ 자본계정은 증가를 대변에, 감소를 차변에, 잔액은 대변에 남는다.

02. ④ 자산·부채·자본으로 작성한다.

03. ① 작성 방법에 따라 합계, 잔액, 합계잔액 시산표로 분류할 수 있다.
　　② 분개내용의 정확성을 검증할 수 없다.
　　③ 시산표를 통해 모든 오류를 검증 할 수 없다.

04. ① (차) 현 금 200,000 (대) 매 출 200,000 → 입금전표

05. ④ 포괄손익계산서에 대한 설명이다.

06. ④ 보험료, 감가상각비, 세금과공과 등은 관리비로 분류한다. 즉, 이자비용은 금융원가이다.

07. ②

포괄손익계산서	
과 목	금 액
수 익 (매 출 액)	×××
매 출 원 가	(×××)
매 출 총 이 익	40,000
판 매 비 와 관 리 비	(30,500)
영 업 이 익	9,500
기 타 수 익	7,000
기 타 비 용	(5,000)
금 융 수 익	0
금 융 원 가	(2,000)
법 인 세 비 용 차 감 전 순 이 익	9,500
법 인 세 비 용	0
당 기 순 이 익	9,500
기 타 포 괄 이 익	3,000
기 타 포 괄 손 실	(0)
총 포 괄 이 익	12,500

· 종업원급여(25,000) + 보험료(4,000) + 임차료(1,500) = 판매비와관리비
  (30,500)
· 유형자산처분이익(7,000) = 기타수익(7,000)
· 기부금(5,000) = 기타비용(5,000)
· 이자비용(2,000) = 금융원가(2,000)
· 해외사업환산이익(3,000) = 기타포괄이익(3,000)

08. ② 영업주기내에 결제해야 할 것으로 예상하고 있는 것은 유동부채이다.
09. ④ (차) 현금과부족   20,000   (대) 임 차 료   9,000
                                        잡 이 익   11,000
10. ④ (차) 소 액 현 금   200,000   (대) 당 좌 예 금   200,000
11. ③ 20×1년 말 재무상태표에 반영될 당기손익-공정가치측정금융자산의 가액은
    ₩2,500,000이다. (재무상태표는 공정가치로 표시한다.)
12. ④ 11/ 1 (차) 소액현금   1,000,000   (대) 당좌예금   1,000,000
       11/30 (차) 소모품비   350,000   (대) 소액현금   620,000
             여비교통비   200,000
             통 신 비   50,000
             현금과부족   20,000
       12/ 1 (차) 소액현금   620,000   (대) 당좌예금   620,000
13. ③ 5/ 1 (차) 가지급금   100,000   (대) 현 금   100,000
       5/20 (차) 여비교통비   100,000   (대) 가지급금   100,000
14. ① 단기대여금(80,000) + 당기손익-공정가치측정금융자산(50,000) = 금융자
    산(130,000)
    ※ 상품(재고자산), 특허권(무형자산), 선수금(부채), 선수수익(부채), 선급금과
       선급비용은 차후에 재화나 용역을 제공받을 자산이므로 금융자산으로 보지
       않는다.
15. ② 타인발행수표(200,000) + 양도성예금증서(만기:2개월 남음)(10,000) + 송
    금환수표(70,000) = 현금및현금성자산(280,000)
16. ① 매출채권(320,000) × 0.01 - 대손충당금(2,000) = 1,200
    (차) 대손상각비   1,200   (대) 대손충당금   1,200
17. ③ (차) 외상매출금   500,000   (대) 매출   500,000
    ※ 판매용은 상품(재고자산)이고 신용카드 결제는 외상이다.
18. ③ 상품구입 시 매입에누리가 발생하면 상품의 취득원가는 동 금액만큼 감소한
    다.
19. ② (가) 선급금, (나) 가수금, (다) 미지급금에 대한 설명이다.
20. ② 총매입액(1,000,000) + 운반비(150,000) - 매입할인(100,000) = 순매입
    액(1,050,000)
21. ③ ㉠ 판매가능액(360,000) - 기초상품재고액(20,000) = 순매입액(340,000)
       ㉡ 판매가능액(360,000) - 기말상품재고액(24,000) = 매출원가(336,000)
22. ② (차) 종업원급여   1,000,000   (대) 소득세예수금   50,000
                                        현 금   950,000
23. ③ ㉠ 총수익(2,500,000) - 총비용(1,800,000) = 당기순이익(700,000)

㉡	자 본 금	
인 출 금	–	기초자본금 1,000,000
당기순손실	–	추 가 출 자 액 (800,000)
기 말 자 본 금 2,500,000		당 기 순 이 익 700,000

24. ③ 은행대출금(2,000,000)은 차입금(부채)이다.
    (차) 현   금   3,000,000   (대) 단기차입금   2,000,000
        건   물   4,000,000   자 본 금   5,000,000
25. ② (차) 세금과공과   250,000   (대) 현금   250,000

기출문제 제9회 정답

01. ③	02. ②	03. ④	04. ②	05. ③
06. ②	07. ②	08. ④	09. ③	10. ③
11. ①	12. ①	13. ②	14. ③	15. ③
16. ③	17. ④	18. ③	19. ④	20. ②
21. ③	22. ③	23. ①	24. ②	25. ③

01. ③ ㉠ 기초자산(90,000) - 기초부채(60,000) = 기초자본(30,000)
       ㉡ 기말자산(90,000) - 기말부채(40,000) = 기말자본(50,000)
       ㉢ 총수익(70,000) - 총비용(50,000) = 당기순이익(20,000)
       ㉣ 기말자본(50,000) - 기초자본(30,000) = 당기순이익(20,000)
02. ② 재무제표 작성책임은 경영진에게 있다.
03. ④ 시산표는 한 변 금액 오류를 발견할 수 있다.
04. 10/ 1 (차) 임차보증금   1,000,000   (대) 현금   1,240,000
             임차료   240,000
    12/31 (차) 선급비용   180,000   (대) 임차료   180,000
    ① 당기순이익 ₩60,000이 감소한다.
    ③ 임차보증금 ₩1,000,000은 비유동자산으로 처리한다.
    ④ 당기분 포괄손익계산서에 비용으로 처리되는 금액은 ₩60,000이다.
05. ③ ㉠ 예비절차 : 시산표 작성, 결산정리분개
       ㉡ 본절차 : 손익계산서 계정마감, 재무상태표 계정마감
       ㉢ 결산보고서 작성
06. ② 시산표는 전기의 정확성을 검증하는 표이다. 차변에 자산과 비용이, 대변에
    부채, 자본, 수익이 기입된다.
07. ② (차) 임차료   60,000   (대) 미지급임차료   60,000
08. ④ 재무제표에는 재무상태표, 포괄손익계산서, 현금흐름표, 자본변동표에 주석
    을 포함한다.
09. ③ 당기 상품변동액을 당기 상품매입액에 가감하는 방법으로 표시하는 것은 성
    격별 포괄손익계산서 작성에 대한 설명이다.
10. ③ (가) (차) 건물   1,000,000   (대) 당좌예금   1,000,000
       (나) (차) 투자부동산   2,000,000   (대) 현금   2,000,000
11. ① 타인발행 당좌수표는 현금이다.
12. ② 취득일이 아니고, 보고기간말(결산일)로부터 1년이다.
    ③ 취득원가가 아니고, 공정가치로 평가해야 한다.
    ④ 금융부채에 대한 설명이다.
13. ② 약속어음이 만기가 되어 추심이 완료되었을 때 받을어음 계정을 대변에 기록
    한다.
14. ③ ㉠ 총매입액(300,000) - 매입할인(10,000) = 순매입액(290,000)
       ㉡ 총매출액(500,000) - 매출에누리(20,000) = 순매출액(480,000)
       ㉢ 기초재고액(100,000) + 순매입액(290,000) - 기말재고액(110,000) =
          매출원가(280,000)
       ㉣ 순매출액(480,000) - 매출원가(280,000) = 매출총이익(200,000)
15. ③ (차) 단기대여금   150,000   (대) 현금   150,000
16. ③ (150,000 + 140,000 + 100,000) ÷ (300 + 200 + 100) = 650
17. ④ 종업원급여와 퇴직급여는 별도의 계정이다.
18. ③ 상품재고장에 매출에누리, 매출할인, 매출제비용은 기입하지 않는다.

19. ④ 도착지인도기준에 의하여 매입할 경우 매입운임은 판매자의 부담으로 매입원가에 포함하지 않는다.
20. ② ⊙ 기초재고액(300,000) + 순매입액(1,500,000) − 기말재고액(400,000) = 매출원가(1,400,000)
　　ⓒ 매출원가(1,400,000) × 0.2 = 매출총이익(280,000)
　　ⓒ 순매출액(1,680,000) − 매출원가(1,400,0000) = 매출총이익(280,000)
21. ② 주식회사의 자본은 발행주식의 액면금액으로 표시한다.
22. ③ 보험료, 임차료, 감가상각비는 판매비와관리비, 이자비용은 금융원가이다.
23. ① (가) 접대비, (나) 기부금에 대한 설명이다.
24. ② (차) 종업원급여　3,000,000 (대) 예 수 금　　200,000
　　　　　　　　　　　　　　　　당좌예금　2,800,000
25. ③ 판매가능액[기초상품재고액 + 순매입액] − 기말상품재고액 = 매출원가

기출문제 제10회 정답

01. ③	02. ④	03. ④	04. ①	05. ②
06. ④	07. ③	08. ②	09. ④	10. ④
11. ②	12. ④	13. ①	14. ④	15. ②
16. ②	17. ④	18. ④	19. ②	20. ③
21. ②	22. ②	23. ②	24. ①	25. ④

01. ① (차) 현금(자산의 증가)　(대) 자본금(자본의 증가)
　② (차) 비품(자산의 증가)　(대) 미지급금(부채의 증가)
　③ (차) 토지(자산의 증가)　(대) 현금(자산의 감소)
　④ (차) 당기손익금융자산(자산의 증가) (대) 현금(자산의 감소)
　　　수수료비용(비용의 발생)
02. [보기] (차) 복리후생비(비용의 발생)　(대) 미지급금(부채의 증가)
　① (차) 외상매출금(자산의 증가)　(대) 상품(자산의 감소)
　② (차) 통신비(비용의 발생)　(대) 보통예금(자산의 감소)
　③ (차) 비품(자산의 증가)　(대) 당좌예금(자산의 감소)
　④ (차) 광고선전비(비용의 발생)　(대) 미지급금(부채의 증가)
03. ④ 시산표는 자산 → 부채 → 자본 → 수익 → 비용 계정의 순으로 배열한다.
04. ① 시산표는 전기의 정확성을 검증하는 표이다.
05. ② 수익항목과 비용항목은 총액으로 표시하는 것을 원칙으로 한다.
06. ④ 자산은 미래에 경제적 효익을 창출할 것으로 기대되는 자원이다.
07. ① (차) 보통예금 (대) 현금은 모두 현금및현금성자산이므로 변동이 없다.
　② (차) 받을어음 (대) 외상매출금은 모두 매출채권이므로 변동이 없다.
　③ (차) 현금 (대) 정기예금은 현금및현금성자산은 증가하고 기타금융자산은 감소한다.
　④ (차) 현금성자산 (대) 당좌예금은 모두 현금및현금성자산이므로 변동이 없다.
08. ① 인수운임 현금지급은 (차) 상품 (대) 현금이므로 외상매입금과 관련이 없다.

외상매입금

지 급 액	(385,000)	전기이월	20,000
환 출 액	10,000	외상매입액	400,000
차 기 이 월	25,000		

09. ④ 장부 금액 〈 실제금액 이므로 자산이 증가한다.
　　(차) 현 금　10,000　(대) 현금과부족　10,000
10. ④ 당점이 발행한 약속어음을 수취하면 부채가 감소한다.
　　(차) 지급어음　500,000　(대) 매 출　500,000
11. ② 선일자수표는 약속어음(받을어음)으로 매출채권이다.
12. ④ 선급금은 재화나 용역을 수취할 예정이므로 금융자산이 아니다.
13. ① 5/11 (차) 당기손익금융자산 240,000 (대) 당좌예금　250,000
　　　　　수수료 비용　10,000
　　※ 200 × 1,200 = 240,000(취득금액)
　　　(취득 시 재비용은 수수료비용으로 별도 처리한다.)
　9/20 (차) 현금　　　125,000 (대) 당기손익금융자산 120,000
　　　　　　　　　　　　　당기손익금융자산처분이익　5,000

　　※ (100 주 × 1,300) − 5,000 = 125,000(처분금액)
　　　(100 주 × 1,200) = 120,000(장부금액)
　　수수료비용(10,000) − 당기손익금융자산처분이익(5,000) = 당기순손실(5,000)
14. ④ 투자지분상품이란 당기손익-공정가치측정금융자산과 기타포괄손익-공정가치측정금융자산을 말한다. 즉 주식을 말한다.
15. ② 2,500,000 + 20,000 + 50,000 − 200,000 = 2,370,000
　　※ 자산계정(선급비용, 미수수익)은 당기순이익에 + ,
　　부채계정(선수수익, 미지급비용)은 당기순이익에 − 계산한다.
16. ② ⊙ 회수불능 : (차) 대손충당금 40,000　(대) 매출채권　50,000
　　　　　　　　　대손상각비 10,000
　　ⓒ 매출채권(2,000,000) × 0.01 − 대손충당금잔액(0) = 20,000
　　　(차) 대손상각비 20,000　(대) 대손충당금 20,000
　　ⓒ 10,000 + 20,000 = 30,000
17. ④ 종업원이 부담할 소득세는 예수금이다.
18. ③ 당월 발생 급여를 지급하지 못한 경우 대변에 미지급금계정으로 기입한다.
19. ② 먼저 매입한 상품 먼저 매출하는 방법인 선입선출법의 특징이다.
20. ③ 컴퓨터소프트웨어는 무형자산이다.
21. ② 당기손익-공정가치측정 금융자산평가이익은 당기손익(영업외수익)에 반영한다.
22. ② 보기의 내용은 무형자산(컴퓨터소프트웨어, 개발비, 특허권)이고, 임차보증금은 기타비유동자산이다.
23. ② ⊙ 기초자산(550,000) − 기초부채(330,000) = 기초자본(220,000)
　　ⓒ 총수익(300,000) − 총비용(220,000) = 당기순이익(80,000)
　　ⓒ

자 본 금

배 당 금	30,000	기 초 자 본	220,000
당 기 순 손 실	−	추 가 출 자 액	0
기 말 자 본 금	270,000	당 기 순 이 익	80,000

24. ① 영업수익은 매출액이다. 임대료는 영업외수익, 이자수익은 금융수익이다.
25. ④ 직원의 회계업무 교육 강사비 지출 − 교육훈련비

기출문제 제11회 정답

01. ②	02. ④	03. ①	04. ①	05. ②
06. ④	07. ④	08. ④	09. ④	10. ②
11. ④	12. ②	13. ③	14. ④	15. ②
16. ④	17. ①	18. ④	19. ③	20. ①
21. ①	22. ②	23. ③	24. ②	25. ③

01. ② 회계기간은 기업의 재무상태와 경영성과를 파악하기 위하여 인위적으로 구분한 시간적(기간적)범위를 말한다.
02. ① (차) 현 금 50,000 (대) 미 수 금 50,000 → 입금전표
　② (차) 현 금 300,000 (대) 보통예금 300,000 → 입금전표
　③ (차) 현 금 700,000 (대) 매 출 700,000 → 입금전표
　❹ (차) 이자비용 20,000 (대) 현 금 20,000 → 출금전표
03. ① ⊙ 기초자산(500,000) − 기초부채(200,000) = 기초자본(300,000)
　　ⓒ 기말자산(700,000) − 기말부채(200,000) = 기말자본(500,000)
　　ⓒ 총수익(800,000) − 총비용(600,000) = 당기순이익(200,000)
　　ⓔ 기말자본(500,000) − 기초자본(300,000) = 당기순이익(200,000)
04. ① 회계 거래를 분개장에 일단 기입한 후 총계정원장에 기입하여야 한다.
05. ② 일정시점 재무상태(자산, 부채, 자본)를 나타내는 보고서를 재무상태표라 한다.
06. ④ 물가상승시 기말재고(당기순이익)의 크기
　　선입선출법 〉 이동평균법 ≧ 총평균법 〉 후입선출법
07. ④ ㉮ (차) 현 금 100,000 (대) 보통예금 100,000
　　㉯ (차) 현금성자산 500,000 (대) 현 금 500,000
　　※ 현금및현금성자산은 현금, 당좌예금, 보통예금, 현금성자산을 말한다.

08. ④ 금융자산에는 현금및현금성자산, 매출채권과 기타채권, 기타금융자산(당기손익-공정가치측정금융자산)등이 있다. 선급금과 선급비용은 재화나 용역을 수취할 예정이므로 금융자산이 아니다.

09. ① 선수금과 선수수익은 재화나 용역을 제공해야 하는 것이므로 금융부채가 아니다.
　② 기업의 지분상품을 뜻하는 것으로 기업이 매입한 다른 회사의 주식 등이 있다.(금융자산 설명이다.)
　③ 거래 상대방에게 현금 등 금융자산을 수취할 계약상의 권리를 뜻하는 것으로 매출채권 등이 있다.(금융자산 설명이다.)

10. ② (차) 받을어음 500,000　(대) 상품 500,000

11. ④ 통제계정과 보조원장을 작성하는 계정은 외상매출금과 외상매입금이 있다.

12. ① 당좌예입시 당좌차월(단기차입금) 잔액이 있으면 우선 상계처리한다.

13. ③ 가수금과 현금과부족 계정은 임시계정이므로 재무상태표에 표시될 수 없는 계정과목이다.

14. ④ 기타비용은 불변이다.

15. ② 상품 매입시 운임과 하역료는 원가에 포함한다. 3분법이므로 차변에 매입계정이다.
　(20대 × 50,000) + 100,000 = 1,100,000

16. ③ 차량운반구 개조에 따른 비용은 자산으로 처리하는 경우이다.
　(내용연수 증가, 가치증가, 구조변경, 능률향상, 사용전수리비 등은 자산으로 처리한다.)

17. ① ㉠ 10,000,000 × 0.025 = 250,000
　㉡ (차) 종업원급여 250,000　(대) 미지급급여 250,000

18. 수익의 발생은 자본의 증가를 가져온다.
　① (차) 현금(자산의 증가)　(대) 이자수익(수익의 발생)
　② (차) 현금(자산의 증가)　(대) 임대료(수익의 발생)
　③ (차) 현금(자산의 증가)　(대) 수수료수익(수익의 발생)
　❹ (차) 현금(자산의 증가)　(대) 받을어음(자산의 감소)

19. ③ 급여 지급시 소득세, 건강보험료, 국민연금은 예수금계정으로 회계처리한다.

20. ① (차) 대손충당금 300,000　(대) 외상매출금 300,000
　외상매출금이 회수 불능 되면 대손충당금으로 대체하고 부족하면 대손상각비 계정으로 처리한다.

21. ② 기능별 표시방법: 매출액에서 매출원가를 차감한 금액을 매출총이익으로 구분하여 표시한다.
　③ 성격별 표시방법: 당기 상품변동액을 당기 상품매입액에 가감 하는 방법으로 표시한다.
　④ 기능별 표시방법: 비용을 종업원 급여, 감가상각비, 이자비용 등과 같이 성격별로 구분한 다음 매출원가를 반드시 구분 하여 표시한다.

22. ② 건물, 토지 등을 빌려 사용하고 사용료를 지급하면 임차료 계정으로 회계처리한다.

23. ③

포괄손익계산서			
급　　여	50,000	매 출 총 이 익	200,000
세 금 과 공 과	20,000	당기손익- 공정가치측정금융자산처분이익	10,000
임　차　료	30,000	이 자 수 익	1,000
기　부　금	2,000	잡 이 익	10,000
당 기 순 이 익	119,000		
	221,000		221,000

24. ② ㉠ $\dfrac{(500,000 - 50,000)}{5}$ = 90,000 × 2년 = 180,000
　㉡ (차) 감가상각누계액 180,000　(대) 비　　품 500,000
　　　미 수 금 350,000　　유형자산처분이익 30,000

25. ③ 재무제표에는 재무상태표, 포괄손익계산서, 현금흐름표, 자본변동표, 주석을 포함한다.

기출문제 제12회 정답				
01. ②	02. ①	03. ③	04. ④	05. ②
06. ①	07. ④	08. ④	09. ④	10. ①
11. ②	12. ①	13. ②	14. ④	15. ④
16. ②	17. ④	18. ③	19. ①	20. ②
21. ③	22. ②	23. ③	24. ②	25. ④

01. ② 결산 시 선수임대료(차기)에 대해 정리분개 한다.
　120,000 ÷ 12 × 8 = 80,000 (선수임대료)

02. ② 12/31 (차) 소모품비(비용발생) 140,000　/ (대) 소모품(자산감소) 140,000
　② 당기순이익은 ₩140,000만큼 감소한다.
　③ 재무상태표에는 자산이 ₩140,000만큼 감소한다.
　④ 자본은 ₩140,000만큼 감소한다.

03. ③ (차) 이자비용 50,000　(대) 미지급비용 50,000
　비용 50,000원 과소계상과 부채 50,000원 과소계상 되었다.

04. ① (차) 현금[현금및현금성자산 증가]　(대) 단기차입금
　② (차) 현금[현금및현금성자산 증가]　(대) 외상매출금
　③ (차) 당좌예금[현금및현금성자산 증가]　(대) 상품
　❹ (차) 단기금융상품　(대) 당좌예금[현금및현금성자산 감소]

05. ② (가)는 결산의 본절차이다.
　결산의 본절차는 총계정원장 및 기타장부를 마감하는 것이다.
　‘ㄴ’ 은 결산의 보고서작성의 이고, ‘ㄹ’ 은 결산의 예비절차이다.

06. ① 유동성배열법은 현금화 속도가 빠른 순서를 말한다.

07. ④ 기부금으로 영업외 비용이다.

08. ④ 12/21 (차) (가)통신비 20,000　(대) 현금과부족 20,000
　12/31 (차) (나)잡손실 5,000　(대) 현금과부족 5,000

09. ① 배당금지급통지표는 현금이다.
　② 약속어음을 발행하여 지급하면 지급어음이다.
　③ 자기앞수표는 현금이다.
　❹ 당점 발행 수표를 지급하면 당좌예금이다.

10. ② (차) 유형자산 증가 (대) 유동부채 증가
　③ (차) 유동부채 감소 (대) 당좌자산 감소
　④ (차) 유동부채 감소 (대) 유동부채 증가

11. ② 150,000(현금) + 40,000(당기손익-공정가치측정금융자산) + 220,000(외상매출금) = 410,000
　※ 선급금과 선급비용은 차후에 재화나 용역을 제공받을 자산이므로 금융자산으로 보지 않는다.

12. ① ㉠ 10/1 기타포괄손익-공정가치측정금융자산 510,000 (대) 현금 510,000
　　(100주 × 5,000) + 10,000 = 510,000(취득금액)
　㉡ 12/1 당좌예금 685,000 (대)기타포괄손익-공정가치측정금융자산 510,000
　　　　　　　　　기타포괄손익-공정가치측정금융자산처분이익 175,000
　　(100주 × 7,000) − 15,000 = 685,000(처분금액)

13. ② 10/25 (차) 수수료비용 500　(대) 현　금 500
　10/27 (차) 당좌예금 100,000　(대) 받을어음 100,000

14. ④ ㉠ 대손충당금잔액이 있는 경우 : (차) 대손충당금×× (대) 외상매출금××
　㉡ 대손충당금잔액이 없는 경우 : (차) 대손상각비×× (대) 외상매출금××

15. ④ 환어음을 발행하면 (차) 외상매입금　(대)외상매출금 이다.

16. ② 선급금과 선급비용은 차후에 재화나 용역을 제공받을 자산이므로 금융자산으로 보지 않는다.

17. ④ 급여지급시 소득세, 국민연금, 건강보험료 등 일시적으로 보관하는 경우 예수금 계정으로 처리한다.

18. ③ 먼저 매입한 상품 먼저 매출하는 방법인 선입선출법의 특징이다.

19. ① * 물가상승시 기말재고(당기순이익)의 크기
　선입선출법 〉 이동평균법 ≧ 총평균법 〉 후입선출법
　* 물가상승시 매출원가의 크기
　선입선출법 〈 이동평균법 ≦ 총평균법 〈 후입선출법

20. ② 판매목적으로 보유하고 있는 자산은 재고자산이다.

21. ③ 1/1 (차) 감가상각누계액 400,000　(대) 건　　물 1,000,000
　　　　미 수 금 700,000　　유형자산처분이익 100,000

22. ② 자본조정에 대한 설명으로 자본조정에는 자기주식, 주식할인발행차금, 감자차손, 자기주식처분손실 등이 있다.

23. ③ 금융자산에는 현금및현금성자산, 매출채권과 기타채권, 기타금융자산 등이 있다. 선급금과 선급비용은 금융자산이 아니다.

24. ① (차) 대손상각비　10,000　　　(대) 외상매출금　10,000
　❷ (차) 외상매출금　200,000　　(대) 매　　출　200,000
　③ (차) 매　　출　20,000　　　(대) 외상매출금　20,000
　④ (차) 매　　출　30,000　　　(대) 외상매출금　30,000

25. (차) 도서인쇄비(비용의 과소계상) (대) 미지급비용(부채의 과소계상)
　① ₩1,000만큼의 비용계정 과소계상
　② 시산표에서 차변과 대변 총계 일치함
　③ ₩1,000만큼의 비용계정의 과소계상
　❹ 비용이 과소 계상되면 순이익은 과대 계상된다.

기출문제 제13회 정답

01. ①	02. ②	03. ①	04. ①	05. ③
06. ④	07. ④	08. ③	09. ①	10. ①
11. ④	12. ①	13. ④	14. ③	15. ④
16. ②	17. ②	18. ①	19. ④	20. ①
21. ③	22. ②	23. ②	24. ①	25. ④

01. ① 자산 - 부채 = 자본(자본등식)

02. ② 시산표 작성은 결산의 예비절차, 분개장마감과 총계정원장마감은 결산의 본절차, 재무상태표작성은 결산보고서 작성절차이다.

03. ① 시산표는 한변의 금액오류만 발견된다.

04. ① 광고선전비 계상은 수시로 가능하다.

05. ③ 매출액은 수익이므로 동일하게 표시되고 관리비, 물류원가, 매출총이익은 기능별 포괄손익계산서에 표시되고 성격별 포괄손익계산서에는 표시되지 않는다.

06. ④ 일정시점 재무상태(자산, 부채, 자본)을 나타내는 보고서를 재무상태표라 한다.

07. ④ 가지급금은 현금의 지출이 있었으나 처리할 계정과목이나 금액이 불확실할 경우 사용하는 자산성격의 임시 가계정이다.

08. ③

포괄손익계산서

세 금 과 공 과	20,000	매 출 총 이 익	200,000
급　　　여	50,000	당기손익-공정가치	
임　차　료	30,000	측정금융자산처분이익	10,000
기　부　금	2,000		
당 기 순 이 익	**119,000**	이 자 수 익	1,000
		잡　이　익	10,000
	221,000		221,000

09. ① 선급금과 선급비용은 차후에 재화나 용역을 제공받을 자산이므로 금융자산으로 보지 않는다.

10. ① (차) 받을어음　200,000　(대) 매출　200,000

11. ④ 어음을 발행하여 지급하면 지급어음, 보관 중인 어음을 배서양도하면 받을어음이 대변이다.
　(차) 매입　1,000,000　(대) 지급어음　600,000
　　　　　　　　　　　　　　　　받을어음　400,000

12. ① 먼저 매입한 상품을 먼저 매출하는 방법인 선입선출법의 특징이다.

13. ④ (차) 현　금(자산증가)　20,000　(대) 토　　지(자산감소)　100,000
　　　　미수금(자산증가)　100,000　　　유형자산처분이익(수익발생)　20,000
　※ 수익의 발생은 결과적으로 자본의 증가를 가져온다.
　※ 일반적 상거래에서 발생한 어음이 아니면 회계상 어음으로 인정하지 않으므로 미수금 계정으로 회계처리 한다.

14. ③ 가. (차) 가지급금　200,000　(대) 당좌예금　200,000
　　　나. (차) 여비교통비　150,000　(대) 가지급금　200,000
　　　　　　　현　　금　50,000

15. ④ 차량 구입 시 가입한 자동차 보험료는 차량운반구 취득원가에 포함하지 않는다.

16. ② (차) 급　여　10,000　　(대) 현　금　9,800
　　　　　　　　　　　　　　　　예수금　200

17. ② ㉠ 직접 대응 비용 : 매출원가, 판매원 수당 등
　㉡ 기간별 대응 비용 : 광고비 등
　㉢ 합리적이고 체계적인 배분비용 : 감가상각비, 무형자산상각비 등

18. ①

매출채권

전 기 이 월	150,000	**회 수 액**	**(120,000)**
매　출　액	270,000	매 출 환 입 액	50,000
		대　손　액	50,000
		차 기 이 월	200,000
	420,000		420,000

19. ④ 관리회계에 대한 설명이다.

20. ① ㉠ 외상매출금(100,000) × 0.02 - 대손충당금(1,500) = 500
　㉡ (차) 대손상각비　500　(대) 대손충당금　500

21. ③ 보기 ①②④번은 수익적 지출이다.

22. ② 7/14 (차) 소 모 품　70,000　(대) 현　금　70,000
　　　12/31 (차) 소모품비　58,000　(대) 소모품　58,000

23. ① 주식 할증발행은 발행금액이 액면금액보다 크다.
　③ 할증발행의 결과 자본잉여금이 변동된다.
　④ 발행가액과 액면가액의 차액을 주식발행초과금으로 처리한다.

24. ① (차) 현금　98,000　(대) 외상매출금　100,000
　　　　　매출　2,000

25. ④ 수입인지는 세금과공과로 회계처리 한다.
　※ 현금은 통화와 통화대용증권(자기앞수표, 타인발행 당좌수표, 배당지금지급통지서, 우편환증서, 송금환증서, 공사채만기이자표, 국고송금통지서 등)이 있다.

기출문제 제14회 정답

01. ④	02. ③	03. ③	04. ③	05. ①
06. ②	07. ④	08. ②	09. ③	10. ③
11. ④	12. ④	13. ④	14. ④	15. ①
16. ③	17. ①	18. ④	19. ②	20. ①
21. ④	22. ③	23. ①	24. ②	25. ③

01. ④ 회계는 기업의 이해관계자들이 합리적인 의사결정을 할 수 있도록 유용한 회계정보를 제공한다.

02. ③ 입금전표 외상매출금 ₩20,000의 의미는 '상품 ₩20,000을 매출하고 대금은 현금으로 받다' 이다.

03. ③ ㉠ 4/ 1 (차) 선급보험료 240,000 (대) 현　　금 240,000
　㉡ 240,000 × $\frac{9}{12}$ = 180,000 (당기 보험료)
　㉢ 12/31 (차) 보 험 료 180,000 (대) 선급보험료 180,000

04. ③ (차) 잡손실　10,000　(대) 현　금　10,000

05. ① '거래 → 분개장 → 총계정원장 → 시산표 → 결산정리 분개·기입 → 장부마감 → 재무제표' 작성이 매기 반복되는 과정을 회계의 순환과정이라 한다.

06. ② 선급금, 선급비용, 미수수익은 유동자산 중 당좌자산에 속하고, 임차보증금은 비유동자산 중 기타비유동자산에 속한다.

07. ④ 비유동자산은 투자자산, 유형자산, 무형자산, 기타비유동자산을 포함한다.
　비품(유형자산), 상품(재고자산), 미수금(당좌자산), 산업재산권(무형자산)이다.

08. ② 이익잉여금, 유동자산, 자본조정은 재무상태표 구성항목이다.

09. ③ 일반적 상거래에서 발생한 신용카드 결제금액은 외상매입금으로 회계처리 한다.

10. ① 상품(재고자산), 비품(유형자산)
  ② 예수금(부채), 미지급금(부채)
  ④ 미수수익(당좌자산), 미지급비용(부채)
11. ① 매입처에서 제시한 환어음을 인수하면 어음상의 채무가 발생한다.
  ② 상품 매출대금으로 약속어음을 받으면 받을어음(매출채권)이 증가한다.
  ③ 상품 매입 대금으로 약속어음을 발행해 주면 어음상의 채무가 발생한다.
12. ② (차) 현금 500,000 (대) 선수금 500,000
13. ③

당좌예금

전 기 이 월	500,000	수 표 발 행	1,200,000
예 입 액	300,000	차 기 이 월	-400,000
		(단 기 차 입 금)	
	800,000		800,000

14. ④ 매입에누리는 총매입에서 차감항목이다.
15. ① (차) 미 수 금 300,000 (대) 비품 1,000,000
    감가상각누계액 700,000
16. ③ 회계기간 말 재무상태표상의 이익잉여금은 주주총회 승인 전의 금액으로 나타내야 한다.
17. ① (차) 종업원급여 1,500,000 (대) 현금 1,500,000
18. ④ 매출원가는 직접 대응 비용이다.
19. ② 12/31 (차) 임 대 료 50,000 (대) 선수임대료 50,000
     (차) 임 대 료 70,000 (대) [가 손   익 70,000
   1/1 (차) [나 선수임대료 50,000 (대) 임 대 료 50,000
20. ① (차) 매입 5,000 (대) 당 좌 예 금 4,000
            당좌차월(단기차입금) 1,000
21. ④ 순매출액 = 총매출액 - (매출환입 + 매출에누리 + 매출할인)
22. ③ 기계 장치의 성능을 유지시키기 위한 윤활유 교체는 수익적 지출에 해당한다.
23. ① 가. 이자수익 미경과분(선수수익)
   나. 수수료 미회수분(미수수익)
   다. 급여 미지급액(미지급비용)
   라. 소모품 미사용액(소모품)
   540,000 - 65,000 + 52,000 - 45,000 + 25,000 = 507,000
24. ② (차) 매입 250,000 (대) 지급어음 250,000
25. ③ (차) 현   금 150,000 (대) 비   품 300,000
   감가상각누계액 180,000   유형자산처분이익 30,000

기출문제 제15회 정답

01. ②	02. ③	03. ①	04. ③	05. ①
06. ④	07. ④	08. ②	09. ④	10. ①
11. ②	12. ③	13. ①	14. ④	15. ①
16. ④	17. ③	18. ③	19. ②	20. ①
21. ②	22. ②	23. ②	24. ①	25. ④

01. ② (차) 현금 500,000 (대) 보통예금 500,000
   즉, 현금이 들어오면 입금전표이다.
02. ③ $120,000 \times \dfrac{9}{12} = 90,000$ (선급비용)
03. ① 선급비용(비용의 이연), 선수수익(수익의 이연)
   미수수익(수익의 예상), 미지급비용(비용의 예상)
04. ① 손익계산서의 두 가지 기본요소는 비용과 수익이다.
  ② 재무상태표는 일정시점의 재무상태를 나타내는 보고서이다.
  ④ 주석은 재무제표에 표시된 정보에 대하여 추가로 제공된 정보로서 재무제표에 포함된다.
05. ① 비유동부채에는 장기차입금, 장기미지급금, 사채, 퇴직급여부채, 임대보증금 등이 있다.
06. ④ 자본조정은 자본항목으로 재무상태표 구성 항목에 해당한다.

07. ④ 당좌예금(100,000) + 보통예금(80,000) = 현금및현금성자산(180,000)
   당좌차월(10,000) = 단기차입금(10,000)
   만기가 1년이상 정기예금(40,000) = 비유동자산(기타금융자산)(40,000)
08. ② 1,000주 × @₩6,000 = 6,000,000
   취득시 수수료는 수수료비용 계정으로 별도 표시한다.
09. ④ 갑상점(250,000) + 을상점(120,000) = 370,000

갑상점

1/17	현금	20,000	1/1	전기이월	30,000
1/31	**차기이월**	**(250,000)**	1/15	매입	240,000

을상점

1/25	당좌예금	400,000	1/1	전기이월	20,000
1/31	**차기이월**	**(120,000)**	1/20	매입	500,000

10. ①

매입채무

지 급 액	100,000	전 기 이 월	0
매 입 할 인	1,000	외 상 매 입	200,000
차 기 이 월	**(99,000)**		
	200,000		200,000

11. ② (가) (차) 가지급금 200,000 (대) 현금 200,000
   (나) (차) 선급금 200,000 (대) 현금 200,000
12. ③ ㉠ 100개 + 100개 = 200개(판매수량)
   ㉡ (100개 × ₩100) + (100개 × ₩100) = 20,000(매출원가)
   ㉢ 100개 × ₩120 = 12,000(기말재고액)
13. ① 당기의 순이익이 과대계상된다.
   * 물가상승시 기말재고(당기순이익)의 크기
    선입선출법 > 이동평균법 ≧ 총평균법 > 후입선출법
   * 물가상승시 매출원가의 크기
    선입선출법 < 이동평균법 ≦ 총평균법 < 후입선출법
14. ④ 구입가격(500,000) + 인수운임(30,000) + 사용전 시 운전비(20,000) = 취득원가(550,000)
15. ① 손익 계정에 대체하는 계정과목은 수익과 비용이다.
   개발비는 무형자산에 해당한다.
16. ④ (차) 예수금 15,000 (대) 현금 15,000
17. ③ 대체분개는 (차) 손익 100,000 (대) 자본금 100,000이다.
18. ③ (차) 접 대 비 300,000 (대) 보통예금 800,000
   복리후생비 500,000
19. ② ㉠ 기초상품재고액(30,000) + 당기상품매입액(55,000)
    - 기말상품재고액(35,000) = 매출원가(50,000)
   ㉡ 순매출액(75,000) - 매출원가(50,000) = 상품매출이익(25,000)
20. ① ※ 수익인식 5단계
   ㉠ 고객과의 계약을 식별
   ㉡ 수행의무를 식별
   ㉢ 거래가격을 산정
   ㉣ 거래가격을 계약 내 수행의무에 배분
   ㉤ 수행의무를 이행할 때 수익을 인식
21. ② 매출총이익(800,000) - 물류원가와관리비(150,000+90,000) = 영업이익(560,000)
22. ② 무형자산에 대한 설명이며, 임차보증금은 기타비유동자산에 해당한다.
23. ② 비용의 발생은 차변요소이다.
24. ① 당기손익-공정가치측정금융자산의 공정가치(시가) ₩450,000을 처분가격 ₩480,000에 매각처분하였으므로 처분이익은 ₩30,000원이다.
25. ④ 수익(매출액)과 법인세비용은 동일하게 표시되며, 매출원가는 기능별 포괄손익계산서에만 표시된다.

기출문제 제16회 정답				
01. ④	02. ②	03. ①	04. ④	05. ①
06. ③	07. ③	08. ④	09. ①	10. ③
11. ③	12. ①	13. ①	14. ③	15. ①
16. ④	17. ④	18. ③	19. ④	20. ③
21. ③	22. ③	23. ③	24. ③	25. ③

01. ④ 대변이 증가, 차변이 감소하는 계정은 부채이다.
02. ① 시산표는 한 변의 금액오류를 찾을 수 있다.
    ③ 전기과정에서 차변과 대변 모두 잘못된 금액으로 기록한 경우 시산표 작성으로 오류를 발견할 수 없다.
    ④ 시산표의 총계가 일치하다고 분개장과 원장이 바르게 기록됐다고 할 수 없다.
03. ① 수정 전 당기순이익(100,000) + 보험료 선급액(5,000) + 이자 미수액(3,000) − 임대료 선수액(10,000) = 수정 후 당기순이익(98,000)
    ※ 자산의 증가와 부채의 감소는 당기순이익이 증가하고,
      자산의 감소와 부채의 증가는 당기순이익이 감소한다.
04. ① 10월 2일 소모품 매입 시 자산처리법으로 처리하였다.
    ② 당기분 소모품 사용액은 ₩60,000이다.
    ③ 결산 시 소모품 재고액은 ₩40,000이다.
05. ① (차) 이자비용 ××× (대) 미지급이자 ×××
06. ④ (가)는 결산의 보고서(재무제표) 작성절차이다. ①②③ 보기는 모두 결산의 예비절차이다.
07. ③ 출금전표는 현금이 지급된 거래이므로 현금 기입은 생략한다.
    (차) 외상매입금 600,000 (대) 현금 600,000
08. ④ 일정기간 기업의 경영성과를 제공하는 재무보고서는 포괄손익계산서이다.
09. ① 선급금과 선급비용은 차후에 재화나 용역을 제공받을 자산이므로 금융자산으로 보지 않는다.
10. ① 9월 외상매출금 기초잔액은 ₩120,000이다.
    ② 9월 외상매출금 기말잔액은 ₩260,000이다.
    ④ 9월에 외상으로 매출한 상품은 ₩260,000이다.
11. ③ (차) 상품 30,000 (대) 외상매입금 30,000
12. ① 신용카드 결제 시 일반적 상거래에서 발생한 채무는 외상매입금계정이고, 일반적 상거래가 아니면 미지급금계정으로 한다.
13. ① (차) 대손충당금 300,000 (대) 외상매출금 300,000
    ※ 외상매출금이 회수 불능 되면 대손충당금으로 대체하고 부족하면 대손상각비 계정으로 처리한다.
14. ③ 미지급금(60,000) + 외상매입금(100,000) = 금융부채(160,000)
    ※ 선수금과 선수수익은 재화나 용역을 제공해야 하는 것이므로 금융부채가 아니다.
15. ① (차) 미수금 100,000 (대) 비품 100,000
16. ④ (차) 예수금 55,000 (대) 현금 55,000
17. ④ 상품 계약금을 받은 거래는 선수금으로 우선 부채로 인식한다.
18. ③ 매출에누리, 매출할인, 매출제비용은 상품재고장에 기입하지 않는다.
19. ④ ㉠ $\dfrac{취득원가(1,000,000) - 잔존가액(0)}{내용연수(5년)}$ = 감가상각비(200,000)
    ㉡ 감가상각비(200,000) × 4년 = 감가상각누계액(800,000)
    ※ 정액법은 매기 감가상각비의 크기가 동일하다.
20. ③ 구입대금(300,000) + 운반비(20,000) + 설치비(10,000) = 취득원가(330,000)
21. ③ 총계정원장은 모든 계정을 기입한다.
22. ③ 고용계약은 회계상 거래가 아니다.
23. ③ ㉠ 기초자산(870,000) − 기초부채(370,000) = 기초자본(500,000)
    ㉡ 총수익(60,000) − 총비용(50,000) = 당기순이익(10,000)
    ㉢ 기말자본(510,000) − 기초자본(500,000) = 당기순이익(10,000)
24. ③ 보관 중인 어음을 배서양도하면 받을어음이 대변이다.
    (차) 외상매입금 5,000 (대) 받을어음 5,000

25. ③ (차) 현금 30,000 (대) 잡이익 30,000
    ※ 회계기간 중에는 현금과부족으로 처리하고, 결산시에는 과잉액은 잡이익, 부족액은 잡손실로 처리한다.

제1회 모의고사 정답

01. ④	02. ④	03. ①	04. ④	05. ②
06. ③	07. ④	08. ④	09. ①	10. ②
11. ④	12. ①	13. ②	14. ④	15. ②
16. ④	17. ②	18. ④	19. ④	20. ④
21. ③	22. ①	23. ①	24. ①	25. ④

제2회 모의고사 정답

01. ②	02. ④	03. ④	04. ④	05. ①
06. ①	07. ④	08. ②	09. ④	10. ③
11. ③	12. ④	13. ①	14. ③	15. ②
16. ②	17. ①	18. ②	19. ③	20. ①
21. ④	22. ④	23. ②	24. ③	25. ①

제1회 해설

01. ④ 선수금은 자산이 아니고 부채이다.
02. ④ 상품권은 상품권선수금계정으로 분개한다.
03. ① 포괄손익계산서계정은 수익·비용이며 소모품은 자산이다.
04. ④ (차) 단기차입금 300,000 (대) 현   금 300,000
     즉, 단기차입금 ₩300,000을 현금으로 지급한 거래이다.
05. ② 재무회계는 외부보고용이며 관리회계는 내부보고용이다.
06. ③ 전기부터 차기까지가 아니고 기초부터 기말까지 이다.
07. ④ 만기가 3개월인 정기예금은 현금성자산이다.
08. ④ 체감잔액법에는 이중체감법, 정률법, 연수합계법등이 있다.
09. ① 매입시 제비용은 매입원가에 포함 한다.
10. ② 차변합계금액과 대변합계금액이 일치하는 것을 대차평균의 원리라고 한다.
11. ① (차) 당좌예금(자산의 증가) (대) 현   금(자산의 감소)
    ② (차) 현   금(자산의 증가) (대) 단기대여금(자산의 감소)
    ③ (차) 상   품(자산의 증가) (대) 외상매입금(부채의 증가)
    ④ (차) 현   금(자산의 증가) (대) 이자수익(수익의 발생)
12. ① 재무제표 작성책임은 경영진에게 있다.
13. ② (차) 현   금   200,000 (대) 단기차입금   200,000
14. ④ 소득세는 인출금계정으로 처리 한다.
15. ② (차) 매   입 3,000 (대) 현   금 3,000 ⇒ 출금전표
      매   입 2,000   외상매입금 2,000 ⇒ 대체전표
16. ④ 기초상품(120,000) + 순매입액(500,000) - 기말상품(100,000)
      = 매출원가(520,000)
      순매출액(800,000) - 매출원가(520,000) = 매출총이익(280,000)
17. ② (차) 종업원급여   1,000,000 (대) 예 수 금   50,000
                                현   금 950,000

18. ④

외상매입금

지 급 액	(410,000)	전기이월	50,000
환 출 액	100,000	외상매입액	500,000
차기이월	40,000		

19. ④

자 본 금

인 출 액	400,000	기초자본금	(300,000)
당기순손실	–	추가출자액	200,000
기말자본금	900,000	당기순이익	800,000

20. ④ 환입액은 매출장 기입내용이다.
21. ③ 240,000 ÷ 12 × 7 = 140,000(선급임차료)
22. ① 매출에누리 매출할인 매출제비용은 상품재고장에 기입하지 않는다.
23. ① 주식을 구입하면 차변에 당기손익금융자산이 증가하고, 수표발행지급하면 대변에 당좌예금이 감소한다.
24. ① 상품 계약금을 지급한 것은 선급금계정이다.
25. ④ (차) 받을어음(자산의 증가) (대) 외상매출금(자산의 감소)

제2회 해설

01. ② ㉠ 대손충당금잔액이 있는 경우 : (차) 대손충당금×× (대) 외상매출금××
       ㉡ 대손충당금잔액이 없는 경우 : (차) 대손상각비×× (대) 외상매출금××
02. ④ 상품은 재고자산이다.
03. ④ 임대료는 수익으로 포괄손익계산서계정이다.
04. ④ 단기차입금은 부채이다. 수익과 비용만 손익계정에 대체된다.
05. ① ㉠ 기초재고(200,000)+순매입액(250,000)-기말재고(100,000)
         = 매출원가(350,000)
       ㉡ 총수익 : 매출(500,000)
       ㉢ 총비용 : 매출원가(350,000)+종업원급여(100,000)+이자비용(10,000)
       ㉣ 총수익(500,000) - 총비용(460,000) = 당기순이익(40,000)
06. ① 기초재고(500,000)+순매입액(3,000,000)-기말재고(0)
       = 매출원가(3,500,000)
07. ② ㉠ (20,000+90,000+70,000) ÷ (100+300+200) = 300
       ㉡ 4월 20일 500 × 400 = 200,000(순매출액)
       ㉢ 500개 × 300 = 150,000(매출원가)
       ㉣ 순매출액(200,000)-매출원가(150,000)=매출총이익(50,000)
08. ② 자산의 감소로 거래이다.
09. ① (차) 수도광열비(비용의 발생)   (대) 현   금(자산의 감소)
    ② (차) 임 차 료(비용의 발생)   (대) 당좌예금(자산의 감소)
    ③ (차) 이자비용(비용의 발생)   (대) 현   금(자산의 감소)
    ④ (차) 외상매출금(자산의 증가) (대) 상   품(자산의 감소)
10. ③ 인력과 경비를 절감 할 수 있다.
12. ④ 당기손익-공정가치측정금융자산으로 기타단기금융자산이다.
13. ① 9월 3일 거래는 현금을 당좌예입한 거래이다.
14. ③ 주당 액면가액 × 발행주식수 = 자본금
15. ② 3개월간 대여한 것은 단기대여금이다.
16. ② 환어음을 인수하면 (차) 외상매입금 (대) 외상매출금 이다.
17. ① 동점발행수표는 현금이며, 당점발행수표는 당좌예금이다.
18. ② 상품매출시 발송운임은 운반비계정이다.
19. ③ 토지 구입시 취득등록세는 토지의 원가에 가산한다.
20. ① 주식을 발행하면 대변에 자본금계정이고, 사채를 발행하면 대변에 사채계정이다.
21. ④ 출장사원의 송금액은 대변에 가수금계정이다.
22. ④ 상품권을 회수하고 상품을 인도시 수익을 인식한다.
23. ② 매출채권(400,000) × 0.02 - 대손충당금(1,000) = 7,000
24. ③ 기업주 소득세는 인출금계정 차변이다.
25. ① $\dfrac{(22,000) - (2,000)}{5}$ = 4,000 × 5년 = 20,000

     (차) 감가상각누계액   20,000 (대) 기 계 장 치 22,000
        (미 수 금)   5,000   유형자산처분이익 3,000

제3회 모의고사 정답				
01. ②	02. ④	03. ④	04. ③	05. ③
06. ④	07. ③	08. ④	09. ④	10. ③
11. ③	12. ②	13. ②	14. ④	15. ③
16. ④	17. ④	18. ③	19. ③	20. ②
21. ④	22. ④	23. ③	24. ②	25. ①

제4회 모의고사 정답				
01. ①	02. ①	03. ①	04. ④	05. ④
06. ②	07. ①	08. ①	09. ④	10. ④
11. ②	12. ②	13. ②	14. ④	15. ④
16. ③	17. ①	18. ②	19. ④	20. ②
21. ③	22. ②	23. ②	24. ③	25. ③

01. ② 포괄손익계산서 또는 주석에 특별손익항목을 표시 할 수 없다.
02. ④ 채권자가 현재의 시점에서 구체적으로 확정되어야 하는 것은 아니다.
03. ④ 소모품은 자산이고, 소모품비는 비용이다.
04. ③ (차) 잡 손 실 100　　　　　(대) 현　　　금 100
05. ③ 이자비용은 금융원가로 별도 표시한다.
06. ④ 수익의 발생은 대변이다.
07. ③ 분개란 어느 계정과목 어느 변에 얼마를 기입하는가를 결정하는 것을 말한다.
08. ① (차) 상　　　품(자산의 증가)　　(대) 현　　　금(자산의 감소)
　　　　　　　　　　　　　　　　　　　　외상매입금(부채의 증가)
　　② (차) 외상매입금(부채의 감소)　(대) 현　　　금(자산의 감소)
　　③ (차) 현　　　금(자산의 증가)　(대) 임 대 료(수익의 발생)
　　④ (차) 현　　　금(자산의 증가)　(대) 단기대여금(자산의 감소)
　　　　　　　　　　　　　　　　　　　　이자수익(수익의 발생)
09. ④ 선급금이 아니고 가수금이다.
10. ③ 당점발행 당좌수표는 당좌예금이다.
11. ③ 외상매출금이 회수 불능 되면 대손충당금으로 대체하고 부족하면 대손상각비 계정으로 처리한다.
13. ② 현금이 들어오면 입금전표이다.
14. ④ 선급금과 선급비용은 금융자산이 아니다.
15. ③ 집세를 받으면 임대료계정 대변에 기입한다.
16. ④ 보기 ④번은 분개설명이다.
17. ④ 상품의 3분법은 이월상품, 매입, 매출계정이다.
18. ③ 상품재고장에는 매출에누리, 매출할인, 매출제비용은 기입하지 않는다.
19. ③ [급여지급시]　　(차) 종업원급여 ××　　　(대) ○○예수금 ××
　　　　　　　　　　　　　　　　　　　　　　　현　　　금 ××
　　　[원천징수 납부시] (차) ○○예수금 ××　　(대) 현　　　금 ××
20. ② 총매입액(매입제비용) – 환출 및 매입에누리·매입할인 = 순매입액
　　　(20,000 + 2,000) – (1,000 + 2,400 + 1,600) = 17,000
21. ④ 수정전 잔액시산표 : 이월상품(기초상품재고액), 매입(순매입액), 매출(순매출액)이다. 즉, 기말상품재고액은 알 수 없다.
22. ④ 자산처리법에서 소모품 사용액은 소모품비계정에 대체한다.
23. ③ 이동평균법은 매입시마다 평균단가를 구하여 인도단가를 결정한다.
24. ② 매출품이 환입되면 매출취소 분개를 한다.
25. ① 사채의 발행방법은 평가(액면)발행, 할증발행, 할인발행이 있다.

01. ① $\dfrac{(\text{취득원가} - \text{잔존가격})}{\text{내용연수}}$ = 감가상각비

　　$\dfrac{(12,000,000 - 200,000)}{5}$ = 200,000

　　정액법(직선법)은 매기 감가상각비의 크기가 동일하다.
02. ① 매출채권이란 외상매출금과 받을어음을 말한다.
03. ① 선급비용(비용의 이연), 선수수익(수익의 이연)
　　　미수수익(수익의 예상), 미지급비용(비용의 예상)
04. ④ 주문, 계약, 약속, 보관 등은 회계상 거래가 아니다.
05. ④ 금융자산은 재무상태표계정이다.
06. ② (차) 현　　　금 ××　　　　　(대) 당좌예금 ××
07. ① 당좌수표를 발행하면 당좌예금이 감소한다.
08. ① 일반적 상거래에서 약속어음이나 환어음을 수취하면 차변에 받을어음계정이다.
09. ④ 일반적 상거래의 외상채무는 외상매입금이고, 일반적 상거래 이외의 외상채무는 미지급금이다.
10. ④ 결산의 본절차는 총계정원장 및 기타장부를 마감하는 것이다.
11. ② 인출금은 개인기업에서 사용하는 계정으로 임시가계정이다.
12. ② 자본의 감소를 가져오는 것은 비용이다.
13. ② ㉠ 전기에 대손 된 것 회수 : (차) 현　　　금 ×× (대) 대손충당금 ××
　　　 ㉡ 당기에 대손 된 것 회수 : (차) 현　　　금 ×× (대) 대손충당금 ××
　　　　　　　　　　　　　　　　　　　　　　　　　　　　대손상각비 ××
14. ④ 양도성예금증서는 단기금융상품계정으로 기타금융자산이다.
15. ④ 상품매출시 발송운임은 운반비계정으로 처리한다.
16. ③ ㉠ 회계기간 중 현금 과잉시 : (차) 현　　　금 ×× (대) 현금과부족 ××
　　　 ㉡ 보고기간 말 현금 과잉시 : (차) 현　　　금 ×× (대) 잡 이 익 ××
17. ① 시산표 작성순서를 역순으로 검토한다. ① → ② → ③ → ④
18. ② 상품을 3분법으로 하면 이월상품, 매입, 매출계정으로 사용한다.
19. ④ 자본잉여금에는 주식발행초과금, 감자차익, 자기주식처분이익등이 있다.
20. ② (차) 비　　　품 30,000　　　(대) 미지급금 30,000
21. ③ 미수수익을 기장누락하면 자산과 수익이 과소계상 된다. 따라서 수익이 과소계상 되면 결과적으로 자본이 과소계상 된다.
22. ②

상 품 재 고 장

[이동평균법]　　　　　　　품명 : A상품　　　　　　　(단위 : 개)

월일	적 요	인　수			인　도			잔　액		
		수량	단가	금액	수량	단가	금액	수량	단가	금액
6 1	전월이월	100	600	60,000				100	600	60,000
5	매 출				60	600	36,000	40	600	24,000
22	매 입	40	650	26,000				80	625	50,000
27	매 출				60	625	37,500	20	625	12,500
31	차 월 이 월				20	625	12,500			
		140		76,000	140		76,000			

즉, 차월이월 ₩12,500이 기말재고액이다.
23. ② 결산시 수익과 비용은 손익계정에 대체된다. 감가상각비는 비용이다.
24. ③ 상품이외의 외상채무는 미지급금계정으로 처리한다.
25. ③ (차) 토　　　지 160,000　　　(대) 미지급금 160,000

제5회 모의고사 정답

01. ③	02. ①	03. ③	04. ④	05. ④
06. ③	07. ③	08. ③	09. ②	10. ③
11. ③	12. ②	13. ④	14. ②	15. ④
16. ①	17. ④	18. ①	19. ④	20. ④
21. ④	22. ④	23. ③	24. ①	25. ②

01. ③ 당기손익-공정가치측정금융자산은 공정가치(시가) ₩120,000으로 기입한다.

02. ①

외상매출금

전 기 이 월	(100,000)	회 수 액	800,000
외상매출액	790,000	환 입 액	20,000
		차 기 이 월	70,000

03. ③ ㉠ 기초재고액 + 순매입액 – 기말재고액 = 매출원가
　　　25,000 + (53,000) – 40,000 = 38,000
　　㉡ 총매입액 – 환출 및 매입에누리·매입할인 = 순매입액
　　　56,000 – (3,000) = 53,000

04. ④ 보관이 불편하고 분실 위험이 높다. 즉 전표회계의 단점

05. ④ [급여지급시] (차) 종업원급여 ×× (대) ○○예수금 ××
　　　　　　　　　　　　　　　　　　　 현 금 ××
　　[원천징수 납부시] (차) ○○예수금 ×× (대) 현 금 ××

06. ③ 외상매출금 기말잔액은 ₩480,000이다.

07. ③ 상품재고장(60개 원가 내역)
　　8일 매입분 (10개 × @₩400 = 4,000)
　　16일 매입분 (50개 × @₩450 = 22,500)

08. ③ 경영진과 종업원은 내부이해관계자이고 나머지는 외부이해관계자이다.

09. ② 상품매입시 제비용은 매입원가에 가산하고 계약금 지급액은 선급금계정이다.

10. ③ 당기순이익이 계상되면 자본이 증가해야 한다.

11. ③ 정기예·적금과 양도성예금증서는 단기금융상품계정으로 기타금융자산에 해당한다.

12. ② 사채를 발행하면 대변에 사채계정이다.

13. ④ 외상매출금을 조기회수하여 외상대금을 할인해주는 것을 매출할인이라 하며, 총매출액에서 차감하면 된다.

14. ② 결산 예비절차 (수정전 시산표 작성 → 기말정리사항의 수정) → 결산 본절차 (포괄손익계산서계정마감 → 재무상태표계정마감) → 재무제표작성절차로 이루어진다.

15. ④ 100,000 × 0.02 – 2,000 = 0

16. ① 보기 2번은 회계단위 설명이고, 보기 3번은 대부분 기업이 1월 1일이 기초이고 12월 31일은 기말이다.

17. ④ 상품재고장은 판매가격으로 기장하지 않고 원가로 기장한다.

18. ① ㉮ 자산 = 부채 + 자본(재무상태표 등식)
　　㉯ 총비용 + 당기순이익 = 총수익(포괄손익계산서 등식)

19. ① ㉠ 총수익 9,000,000 – 총비용 7,000,000 = 순손익 (2,000,000)
　　㉡ 기말자본 (6,000,000) – 기초자본 4,000,000 = 순손익 2,000,000

20. ④ ㉠ 기초자산(200,000)–기초부채(100,000)=기초자본(100,000)
　　㉡ 기말자산(200,000+120,000)–기말부채(100,000–40,000)
　　　= 기말자본 (260,000)

21. ④ 수취한 약속어음은 받을어음계정이고, 매각거래에서 할인료는 매출채권처분손실계정으로 회계처리 한다.

22. ④ 비용의 발생은 차변항목이다.

23. ③ 복식부기의 특징은 거래의이중성, 대차평균의원리, 자기검증능력이 있다.

24. ① 수도요금, 전기요금, 가스요금은 수도광열비로 한다.

25. ② 당좌예금잔액을 초과해서 수표를 발행한 것을 당좌차월이라 하고 당좌차월은 재무상태에 단기차입금으로 기장한다.

제6회 모의고사 정답

01. ④	02. ②	03. ③	04. ④	05. ③
06. ④	07. ④	08. ④	09. ③	10. ②
11. ②	12. ③	13. ④	14. ④	15. ②
16. ①	17. ①	18. ①	19. ②	20. ③
21. ③	22. ③	23. ①	24. ①	25. ②

01. ④ 외상매입금을 약정기일보다 미리지급하여 할인받는 것을 매입할인이라 하며 이는 매입액에서 차감한다.

02. ② 분개를 총계정원장에 옮겨 적는 것을 전기라 한다.

03. ③ 현금이 없으면 대체전표이다.

04. ④ 계정과목오류와 분개장에 분개가 누락된 것은 발견 할 수 없다. 분개가 전기되지 않으면 분개장 금액이 크고, 분개를 이중으로 전기하면 총계정원장의 금액이 크다.

05. ③ 선급보험료(자산), 미수임대료(자산), 미지급임차료(부채)

06. ④ 선급금의 반대계정은 선수금이다.

07. ④ 보기 1번은 선수금과 선수수익은 금융부채가 아니다. 보기 2번, 보기 3번은 금융자산 설명이다.

08. ④ 보기 1번은 외상매입금계정 대변, 보기 2번은 매입계정 차변, 보기3번은 매입계정 대변

09. ③ (차) 매 입 300,000 (대) 현 금 200,000
　　　　　　　　　　　　　　　　　　외상매입금 100,000

10. ② (가) (차) 이자비용 50,000 (대) 당 좌 예 금 50,000
　　(나) (차) 당좌예금 100,000 (대) 배당금수익 100,000

11. ② (차) 기계장치 800,000 (대) 미 지 급 금 800,000

12. ③ (차) 현 금 300,000 (대) 선 수 금 300,000

13. ④ 수익과 비용의 차액으로 당기순손익을 구한다.

14. ④ 현금및현금성자산은 현금, 당좌예금, 보통예금, 현금성자산의 통합계정이다. 보기 ㉯는 현금성자산 보기 ㉰는 당좌예금

15. ② 건물이 완공되기 전까지 지급한 것은 건설중인자산계정이고, 건물이 완공되는 시점에서 건물계정으로 대체된다.

16. ① 기능별 포괄손익계산서에서는 표시하고, 성격별 포괄손익계산서에서는 표시되지 않는다.

17. ① 대손상각비는 ₩10,000이다.

18. ① 20 × 120 = 2,400

19. ① (차) 외상매입금(부채의 감소) (대) 현 금(자산의 감소)
　　② (차) 현 금(자산의 증가) (대) 당기손익금융자산(자산의 감소)
　　　　　　　　　　　　　　　　당기손익금융자산처분이익(수익의 발생)
　　③ (차) 현 금(자산의 증가) (대) 상 품(자산의 감소)
　　　　상품매출손실(비용의 발생)
　　④ (차) 건 물(자산의 증가) (대) 미지급금(부채의 증가)
　　∴ 수익의 발생은 자본의 증가요인이다.

20. ③ (차) 통 신 비 ×× (대) 현 금 ×× ⇒ 손익거래
　　　　수도광열비 ××

21. ③ 건물 취득시 취득세등록세는 건물이 된다.

22. ③

재무상태표

현　　　금	10,000	단기차입금	2,000
외 상 매 출 금	3,000	예 수 금	700
비　　　품	3,500	외상매입금	1,400
선 급 보 험 료	2,300	미지급이자	1,600
미　수　금	800	자 본 금	(16,000)
단 기 대 여 금	1,200		
당기손익금융자산	900		

23. ① 9월중 당좌예입액은 ₩5,000이다.

24. ① 재무상태표와 포괄손익계산서의 당기순손익은 반드시 일치한다.

25. ② ㉠ (50,000 + 70,000) ÷ (100개 + 100개) = @₩600
　　㉡ 200개 – 150개 = 재고수량 50개
　　㉢ 50개 × @₩600 = 30,000

제7회 모의고사 정답

01. ④	02. ④	03. ②	04. ③	05. ②
06. ①	07. ④	08. ①	09. ③	10. ③
11. ④	12. ①	13. ②	14. ④	15. ①
16. ③	17. ③	18. ②	19. ②	20. ③
21. ②	22. ③	23. ③	24. ②	25. ②

제8회 모의고사 정답

01. ④	02. ④	03. ④	04. ②	05. ④
06. ③	07. ④	08. ②	09. ③	10. ④
11. ①	12. ④	13. ②	14. ②	15. ④
16. ③	17. ④	18. ④	19. ①	20. ③
21. ④	22. ③	23. ③	24. ①	25. ④

01. ④ 잔액시산표 차변은 자산과 비용, 대변은 부채·자본·수익이다.

02. ④

비 용			
기초선급액	–	기초미지급액	90,000
지급액	(570,000)	손익(당기분)	600,000
기말미지급액	120,000	기말선급액	–

03. ② 매입채무는 외상매입금과 지급어음이다.

04. ③ ㉠ 기말자산(500,000) – 기말부채(200,000) = 기말자본(300,000)
　　㉡ 총수익(200,000) – 총비용(180,000) = 순이익(20,000)
　　㉢ 기말자본(300,000) – 기초자본(280,000) = 순손익(20,000)

05. ② 20×1년 취득가액 5,000,000 × 정률 0.4 = 2,000,000
　　20×2년 (취득원가 5,000,000–감가상각누계액 2,000,000) × 0.4
　　= 1,200,000

06. ① 선입선출법은 물가상승시 매출원가는 작아지고, 매출총이익은 커진다.

07. ④ 500,000 × 0.02 – 20,000 = –10,000

08. ① ㉠ 총수익(4,000) – 총비용(5,000) = 순이익(–1,000)
　　㉡ 기말자본(4,000) – 기초자본(5,000) = 순손익(–1,000)

09. ① (차) 상　　품(자산의 증가)　　(대) 외상매입금(부채의 증가)
　　② (차) 선급보험료(자산의 증가)　　(대) 보 험 료(비용의 소멸)
　　③ (차) 미수임대료(자산의 증가)　　(대) 임 대 료(수익의 발생)
　　④ (차) 건　　물(자산의 증가)　　(대) 당좌예금(자산의 감소)

10. ③ 자기앞수표는 현금계정이고 건물을 처분하고 1개월 후에 받기로 하면 미수금 차변이다.

11. ④ 일정기간 평균을 내는 것은 총평균법이다.

12. ① ㉠ (차) 대손충당금 3,000　　(대) 외상매출금 3,000
　　㉡ 150,000 × 0.03 – 2,000 = 2,500
　　　　(차) 대손상각비 2,500　　(대) 대손충당금 2,500

13. ② 5/17 (차) 현금과부족 60,000　　(대) 현　　금 60,000

14. ④ A : (차) 비품　　(대) 미지급금
　　　 B : (차) 매입　　(대) 외상매입금

15. ① (차) 선 급 금(자산의 증가)　　(대) 현　　금(자산의 감소)
　　② (차) 보통예금(자산의 증가)　　(대) 당기손익금융자산(자산의 감소)
　　　　　　　　　　　　　　　　　　　 당기손익금융자산처분이익(수익의 발생)
　　③ (차) 현　금(자산의 증가)　　(대) 단기대여금(자산의 감소) ⇒ 교환거래
　　④ (차) 현　금(자산의 증가)　　(대) 외상매출금(자산의 감소)

16. ③ 1,500,000 – 1,200,000 = 300,000(평가손실) 자산의 감소로 손실이다.

17. ③ 미상각 잔액은 1,000,000 – 200,000 = 800,000이다.

18. ② $\dfrac{(500,000 - 0)}{10}$ = 50,000 × 5년 = 250,000

19. ② 손익계정 차변 매입(매출원가), 손익계정 대변 매출(순매출액)
　　㉠ 총매입액(51,000) – 매입환출액(1,000) = 순매입액(50,000)
　　㉡ 기초재고(800) + 순매입액(50,000) – 기말재고(1,800)
　　　 = 매출원가(㉠ 49,000)
　　㉢ 총매출액(102,000) – 매출에누리(2,000) = 순매출액(㉡ 100,000)

20. ③ 3전표란 입금전표, 출금전표, 대체전표를 말한다.

21. ② 판매용 컴퓨터는 상품이다.

22. ③ 외부정보이용자는 재무회계, 내부정보이용자는 관리회계

23. ③ 매입장에 기초상품재고액과 기말상품재고액은 표현되지 않는다.

24. ② (차) 외상매입금(부채의 감소) 250,000　(대) 현금(자산의 증가) 100,000
　　　　　　　　　　　　　　　　　　　　　　지급어음(부채의 증가) 150,000

25. ② 차입일이 아니고 결산일(보고기간종료일)이다.

01. ④ 복식부기는 거래의 이중성에 의해 대차평균의 원리가 성립되고 자기검증능력이 있다. 현금의 수입과 지출은 단식부기에서도 기입된다.

02. ④ 기계장치는 유형자산이다.

03. ④ (차) 손　익 5,000　　(대) 자 본 금 5,000

04. ② 재무제표에는 재무상태표, 포괄손익계산서, 현금흐름표, 자본변동표에 주석을 포함한다.

05. ① (차) 당좌예금　　(대) 외상매출금
　　② (차) 당좌예금　　(대) 보통예금
　　③ (차) 상　품　　(대) 당 좌 예 금
　　④ (차) 비　품　　(대) 현　　금

06. ③ 이월시산표는 결산본절차에서 작성된다.

07. ④ 상품계약금을 주면 차변에 선급금이고, 받으면 대변에 선수금이다.

08. ② 정률법 : (취득원가 – 감가상각누계액) × 정률 = 감가상각비

10. ④ 거래처별원장은 매출처원장과 매입처원장을 말하며 이는 보조원장이다.

11. ① 상품의 매출수익은 상품을 인도하는 시점에서 인식한다.

12. ④ 처분가치는 알 수 없다.

13. ② 시산표 등식 : 기말자산 + 총비용 = 기말부채 + 기초자본 + 총수익

14. ② 내용년수 증가는 자산으로 처리 한다.

15. ④ 당기손익–공정가치측정금융자산의 취득과 처분은 수시로 가능하다.

16. ③ 가수금은 부채성격을 가진 임시계정(가계정)이다.

17. ④ 중요성과 통합표시

18. ④ 내용불명 입금액은 가수금계정 대변이다.

19. ① 선입선출법은 물가상승시 매출원가는 적고, 매출총이익은 크게 나타난다.

20. ③ 선급금이 아니고 가지급금이다.

21. ④ 외상매출금은 매출채권으로 재고자산이 아니다.
　　보기 1번은 원재료, 보기 2번은 재공품, 보기 3번은 제품이다.
　　재고자산 : 상품, 저장품(소모품), 원재료, 재공품, 반제품, 제품

22. ③ 배당금을 받으면 배당금수익이다.

23. ③ 2/10 (차) 비 품 50,000　　(대) 미지급금 50,000
　　　 2/15 (차) 미지급금 50,000　　(대) 당좌예금 50,000

24. ① 결산보고일로부터 1년 이내로 차입하면 단기차입금이다.

25. ④ 동점발행 당좌수표는 현금이다.
　　㉠ 전기에 대손 된 것 회수 : (차) 현　　금 ×× (대) 대손충당금 ××
　　㉡ 당기에 대손 된 것 회수 : (차) 현　　금 ×× (대) 대손충당금 ××
　　　　　　　　　　　　　　　　　　　　　　　　　 대손상각비 ××

제9회 모의고사 정답				
01. ②	02. ③	03. ②	04. ③	05. ②
06. ③	07. ①	08. ①	09. ④	10. ①
11. ①	12. ①	13. ②	14. ③	15. ③
16. ①	17. ③	18. ③	19. ③	20. ②
21. ①	22. ③	23. ④	24. ①	25. ②

01. ② 만기일전 약속어음(받을어음), 정기적금(단기금융상품), 공채증서(당기손익
－공정가치측정금융자산)
02. ③ 화재로 인한 손실, 상품의 도난 등은 자산이 감소한 거래이다.
03. ② 사채를 발행하면 대변에 사채계정이다.
04. ③

현　　금(자산)			
전기이월	10,000	현금지출	95,000
현금수입	110,000	차기이월	25,000

05. ② 재무성과는 수익과 비용계정을 말하며 매출채권은 자산계정이다.
06. ③ 기업의 재산세, 자동차세, 상공회의소회비 등은 세금과공과계정이다.
07. ① 3/5 (차) 현　　　금 100,000 (대) 상품권선수금 100,000
　　　4/10 (차) 상품권선수금 100,000 (대) 매　　출 100,000
08. ① 환어음을 인수하면 (차) 외상매입금 200,000 (대) 지급어음 200,000
09. ④

외상매입금			
지 급 액	(140,000)	전기이월	100,000
차기이월	110,000	외상매입액	150,000

10. ① ㉠ 7/1　(차) 당기손익금융자산 2,000,000 (대) 당좌예금 2,000,000
　　　㉡ 주식 공정가치 100주 × 15,000 = 1,500,000 즉 자산의 감소 500,000이므로
　　　㉢ 12/31 (차) 당기손익금융자산평가손실 500,000 (대) 당기손익금융자산 500,000이다.
11. ① 기능별 포괄손익계산서에서는 매출원가를 구분표시하고 성격별 포괄손익계
산서에서는 매출원가를 구분표시하지 않는다.
12. ① 회계에 있어서 측정, 보고가 매 회계기간 반복되는 과정을 회계의 순환과정이
라 한다.
13. ② 재무상태표는 일정시점 기업의 재무상태를 파악하는 보고서이다.
14. ③ 보고기간말로부터 1년 이상 빌려준 금전은 장기대여금계정이다.
15. ③ 매출할인은 3분법에서 매출계정이다.
16. ① ㉠ 어음대금을 지급하면 (차) 지급어음 ×× (대) 당좌예금 ××
　　　㉡ 어음대금을 추심하면 (차) 당좌예금 ×× (대) 받을어음 ××
17. ③ 판매목적은 상품(재고자산)이다.
18. ① (차) 현　　　금　　10,000 (대) 외상매출금　　10,000
　　② (차) 현　　　금　　12,000 (대) 선 수 금　　12,000
　　③ (차) 외상매출금　　30,000 (대) 매　　출　　30,000
　　④ (차) 선 급 금　　15,000 (대) 현　　금　　15,000
19. ③ 기업의 재산세는 세금과공과계정이다.
20. ② ㉠ 상품매입시 발생하는 당점부담운임은 매입원가에 포함한다.
　　　㉡ 10개 × @₩4,000 = 40,000 + 1,000 = 41,000 ÷ 10개 = @₩4,100
21. ① 당기손익－공정가치측정금융자산은 유동자산으로만 분류된다.
22. ③ 동점발행수표는 현금이다.
23. ④ 매출에누리, 매출할인, 매출제비용은 상품재고장에 기입하지 않는다.
24. ① (1) (차) 선급비용 100,000 (대) 보험료 100,000
25. ② 결산의 본절차에는 총계정원장의 마감과 기타장부의 마감이다.

제10회 모의고사 정답				
01. ④	02. ③	03. ②	04. ②	05. ②
06. ②	07. ①	08. ③	09. ④	10. ④
11. ④	12. ④	13. ①	14. ②	15. ②
16. ③	17. ①	18. ④	19. ④	20. ②
21. ③	22. ④	23. ④	24. ④	25. ②

01. ④ ㉠ 순매출액(16,000) － 매출원가(13,000) = 매출총이익(3,000)
　　　㉡ 기초재고액(4,000)+순매입액(10,000)－기말재고액(1,000)=매출원가(13,000)
02. ③ 금융부채에는 매입채무, 차입금과 미지급금, 사채 등이 있고 선수금과 선수
수익은 금융부채가 아니다.
03. ② 손익계정에는 비용과 수익이 대체되어 기입된다.
04. ② 상품 매입시 인수운임은 상품매입원가에 포함한다.
05. ② 상품이외의 외상채무는 외상매입금이 아니고 미지급금이다.
06. ② K-IFRS에서 후입선출법은 인정하지 않는다.
07. ① (차) 현　　금 100,000 (대) 매　　출 100,000
　　　즉, 현금이 차변이면 입금전표이다.
08. ③ 미수수익은 결산정리분개에서 나타나지만, 미수금은 회계기간 중에 나타날
수 있는 계정과목이다.
09. ④ ㉠ 출장사원 송금액 : (차) 보통예금 ×× (대) 가 수 금 ××
　　　㉡ 가수금 판명시 : (차) 가 수 금 ×× (대) 외상매출금 ××
　　　　　　　　　　　　　　　　　　　　선 수 금 ××
10. ④ ㉠ 기말자산(35,000) － 기말부채(15,000) = 기말자본(20,000)
　　　㉡ 기말자본(20,000) － 기초자본(17,000) = 순손익(3,000)
　　　㉢ 기초자산(30,000) － 기초부채(13,000) = 기초자본(17,000)
11. ④ 부채는 타인자본, 자본은 자기자본이라 한다.
12. ④ ㉠ 11월 1일 분개 (차) 보 험 료 180,000 (대) 현　　금 180,000
　　　㉡ 월 보험료 : 보험료 180,000 ÷ 6개월 = 30,000
　　　㉢ 미경과 보험료 : 30,000 × 4개월 = 120,000(선급보험료)
13. ①

재무상태표			
현　　금	4,000	단기차입금	2,000
외상매출금	3,000	지 급 어 음	1,600
건　　물	3,500	자 본 금	(7,700)
미 수 금	800		

14. ② 법인카드결제는 일반적 상거래가 아니므로 미지급금으로 한다.
15. ② 상품매출 수익인식 시기는 상품을 인도한 날 인식한다.
16. ③ $\dfrac{(500,000 - 0)}{10}$ = 50,000
17. ① 보기 ②③④번은 자산으로 처리하는 경우이다.
18. ④ 기말(수정 전) 대손충당금 잔액은 ₩1,000이다.
19. ① 약속어음 발행인이 어음상 채무자가 된다.
　　② 약속어음은 발행인(지급인), 수취인의 관계로 이루어진다.
　　③ 환어음은 발행인, 수취인, 지명인(인수인, 지급인)의 관계로 이루어진다.
20. ② 상품매출시는 판매금액으로 기입되고, 상품매출시 발송운임은 운반비계정이다.
21. ③ 자산, 부채, 자본의 증감변화가 없는 것은 회계상 거래가 아니다.
22. ④ 감가상각의 목적은 취득원가를 기간배분하여 비용화 시키는 것이다.
23. ④ 재무제표의 명칭과 함께 기재하는 내용은 회사명, 보고기간종료일 또는 회계
기간, 보고통화 및 금액단위 등이다.
24. ④ [급여지급시] (차) 종업원급여 ×× (대) ○○예수금 ××
　　　　　　　　　　　　　　　　　　　 보 통 예 금 ××
25. ② (10,000,000+100,000)－(500,000+200,000+100,000)=9,300,000

제11회 모의고사 정답				
01. ③	02. ④	03. ①	04. ③	05. ③
06. ③	07. ④	08. ③	09. ②	10. ③
11. ②	12. ②	13. ②	14. ③	15. ④
16. ④	17. ④	18. ②	19. ③	20. ④
21. ④	22. ①	23. ③	24. ③	25. ④

제12회 모의고사 정답				
01. ①	02. ③	03. ③	04. ②	05. ②
06. ②	07. ①	08. ①	09. ③	10. ②
11. ①	12. ④	13. ④	14. ②	15. ③
16. ③	17. ④	18. ④	19. ①	20. ①
21. ①	22. ②	23. ③	24. ①	25. ①

01. ③ 300,000 + 50,000 + 10,000 + 20,000 + 40,000 + 20,000
= 440,000(총비용)

02. ④ 신용카드 결제시 일반적상거래에서 발생한 채무는 외상매입금계정이고, 일반적상거래가 아니면 미지급금계정으로 한다.

03. ① 재무상태표는 일정시점 기업의 재무상태를 나타낸다.

04. ③ 재고자산은 상품, 소모품(저장품), 원재료, 재공품, 제품 등을 말한다.

05. ① 보험료 지급액은 ₩480,000이다.
② 보험료 선급액은 ₩280,000이다.
④ 비용처리법이다.

06. ③ 가나는 비용이므로 수선비이고, 다라는 자산이므로 건물에 포함시킨다.

07. ④ 5/1 400,000 + 50,000 = 450,000이 처분가액이다.

08. ③ 현금계정 차변이 수입란이고 대변이 지출란이다.

현 금			
전 월 이 월	10,000	매 입	4,000
외상매출금	8,000	소모품비	500

09. ② 10/31 (차) 현금과부족 5,000 (대) 현 금 5,000
11/ 2 (차) 임 차 료 2,000 (대) 현금과부족 2,000
12/31 (차) 잡 손 실 3,000 (대) 현금과부족 3,000

10. ① ~감액손실을 인식할 수 있다.
② 연구비는 비용이고, 개발비는 자산이다.
④ 무형자산은 정액법, 체감잔액법, 생산량비례법으로 상각한다. 단, 합리적 방법을 정할 수 없는 경우 정액법으로 상각한다.

12. ② 5/ 3 (차) 가 지 급 금 20,000 (대) 현 금 20,000
5/10 (차) 여비교통비 18,000 (대) 가지급금 20,000
현 금 2,000

13. ② ㉠ 기초재고액(1,000)+순매입액(8,000)-기말재고액(3,000)=매출원가(6,000)
㉡ 순매출액(8,000)-매출원가(6,000)=매출총이익(2,000)

14. ③ 자본의 증가요인은 수익이고, 자본의 감소요인은 비용이다.

15. ④ 컴퓨터소프트웨어는 무형자산이다.

16. ④ 약속어음 당사자는 수취인과 발행인(지급인) 2인이다.

17. ④ 미지급이자는 부채이므로 재무상태표계정이다.

18. ② 250,000 - 100,000 = 150,000

19. ③ 재무제표 작성책임은 경영진에게 있다.

20. ④ 계약금을 지급하면 선급금이고, 계약금을 받으면 선수금이다.

21. ④ 자산과 비용은 차변금액이 크고, 부채와 자본 그리고 수익은 대변금액이 크다. 외상매입금은 부채이다.

22. ① 40,000 + 10,000 + 2,000 + 20,000 = 72,000

23. ③ ㉠ (총매입액 12,000+매입운임 2,000)-환출및에누리 0 = 순매입액 14,000
㉡ 기초재고액 3,000+순매입액 14,000-기말재고액 2,000 = 매출원가 15,000
㉢ 순매출액 20,000 - 매출원가 15,000 = 매출총이익 5,000

24. ③ 상품매출시 발송운임은 운반비계정으로 한다.

25. ④ 개인기업의 기업주 국민연금을 회사에서 대신납부하면 인출금계정 차변에 기입한다.

01. ① 영미식결산법은 이월시산표, 대륙식결산법은 잔액계정을 기초로 재무상태표를 작성한다.

02. ③ 기타금융자산에는 당기손익-공정가치측정금융자산, 상각후원가측정금융자산, 기타포괄손익-공정가치측정금융자산 등이 있다.

03. ③ 단기대여금, 산업재산권, 개발비는 자산이다.

04. ② 시산표작성 → 원장의 수정기입 → 포괄손익계산서계정마감 → 재무상태표계정마감 → 재무제표작성

05. ② 임차보증금은 비유동자산중 기타비유동자산에 속한다.

06. ② 영업권에 대한 설명이다.

07. ① 전표제도는 분개장 대신 이용된다.

08. ① 기계장치 구입시 제비용은 취득원가에 가산한다.

09. ③ 매입에누리는 총매입액에서 차감항목이다.

10. ② 일반적상거래 이외의 거래에서 발생하는 채권은 미수금이다.

11. ① 매출에누리는 상품재고장에 기입하지 않는다.

12. ④ 10월 1일 (차) 감가상각누계액 5,000,000 (대) 차량운반구 20,000,000
미 수 금 12,000,000
유형자산처분손실 3,000,000
10월 2일 (차) 비 품 2,000,000 (대) 현 금 1,500,000
미 지 급 금 500,000

13. ④ (차) 단기차입금(부채의 감소) 500,000 (대) 현금(자산의 감소) 502,000
이자비용(비용의 발생) 2,000

14. ② 전기의 정확성을 검증하는 것이 시산표이다.

15. ① (차) 받을어음 ×× (대) 매 출 ××
② (차) 매 입 ×× (대) 당 좌 예 금 ××
③ (차) 현 금 ×× (대) 외상매출금 ××
④ (차) 당좌예금 ×× (대) 현 금 ××

16. ③

외상매출금			
전 기 이 월	20,000	회 수 액	100,000
외상매출액	250,000	매출환입액	10,000
		차 기 이 월	(160,000)

17. ④ $\frac{(3,300,000 - 0)}{10} = 330,000$

18. ④ 매출채권처분손실 - 기타(영업외)비용

19. ① ㉠ 월 임대료 30,000 ÷ 6 = 5,000
㉡ 미경과 임대료 5,000 × (6개월 - 4개월) = 10,000(선수임대료)

20. ① ㉠ 총매입액 300,000 - 환출 및 매입에누리 25,000 = 순매입액 275,000
㉡ 기초재고액 200,000+순매입액 275,000-기말재고액(75,000)
= 매출원가 400,000

21. ① 선입선출법은 먼저 매입한 것을 먼저 판매하는 매입순법을 말한다.

22. ② 당기손익-공정가치측정금융자산 처분시 장부금액으로 감소한다.

23. ③ 포괄손익계산서는 발생주의 회계를 적용해야 한다.

24. ① 배당금의 지급은 자본(이익잉여금)이 감소한다.

25. ① 건물 준공 후 지급한 이자비용(금융원가)은 금융비용의 자본화가 아니다.

제13회 모의고사 정답

01. ③	02. ④	03. ④	04. ①	05. ③
06. ③	07. ③	08. ③	09. ③	10. ①
11. ④	12. ④	13. ③	14. ①	15. ②
16. ③	17. ④	18. ①	19. ④	20. ③
21. ②	22. ②	23. ③	24. ④	25. ①

01. ③ (차) 외상매입금 ××　　　　　　(대) 외상매출금 ××
02. ④ 국채, 사채, 공채, 주식을 일시소유목적으로 구입하면 당기손익-공정가치측정금융자산으로 한다.
03. ④ 출장사원에게 여비개산액을 지급하면 차변에 가지급금계정이다.
04. ① 보조원장에는 상품재고장, 매출처원장, 매입처원장 등이 있고, 현금출납장은 보조기입장이다.
05. ③ 선급비용(비용의 이연), 선수수익(수익의 이연)
　　　미수수익(수익의 예상), 미지급비용(비용의 예상)
06. ③ 손익계정대변은 총수익이고, 손익계정차변에는 총비용이다. 즉, 당기순이익을 자본금계정에 대체한 것이다.
07. ③ 500,000 + 50,000 − 80,000 = 470,000
08. ③ 기업주 사용액은 차변에 인출금계정이다.
09. ③ ㉠ 매입계정 차변은 총매입액이고, 매입계정 대변은 환출 및 매입에누리·매입할인이다.
　　　㉡ 매입계정 차변의 이월상품은 기초상품재고액이고, 매입계정 대변의 이월상품은 기말상품재고액이다.
10. ① 재무제표에는 재무상태표, 포괄손익계산서, 현금흐름표, 자본변동표에 주석을 포함한다.
11. ④ 체감잔액법은 감가상각방법이다.
12. ④ 순매출액 − 매출원가 = 매출총이익
13. ③ ㉠ 56,000 − (2,000 + 1,000) = 53,000
　　　㉡ 25,000 + 53,000 − 40,000 = 38,000
14. ① 매출계정 대변은 총매출액이고, 매출계정 차변은 환입 및 매출에누리·매출할인 이다.
15. ② (10개 × 200) + (50개 × 220) = 13,000
16. ③

자 본 금

인 출 액	−	기초자본금	100,000
당기순손실	−	추가출자액	10,000
기말자본금	(160,000)	당기순이익	50,000

17. ④ 판매를 목적으로 하지 않는 자산은 상품이 아니라는 것이고, 영업활동에 사용되는 물리적실체가 있는 자산은 유형자산을 말하고, 토지와 건설중인자산은 감가상각을 하지 않는다.
18. ① 외상매출금 미회수액은 차월이월이다.

외상매출금

전 기 이 월	100,000	회 수 액	800,000
외상매출액	1,000,000	매출환입액	20,000
		차 기 이 월	(280,000)

19. ④ 매입처원장 잔액은 외상매입금 미지급액이다.
20. ③ 금융부채는 매입채무(외상매입금, 지급어음), 기타채무(차입금, 미지급금)이며, 선수금과 선수수익은 비금융부채이다.
21. ② 공정가치 − 취득원가 = 평가이익
22. ② 상품계약금을 지급하면 차변에 선급금계정이다.
23. ③ 건물의 차감적 평가계정은 감가상각누계액이다.
24. ④ 매출에누리는 상품재고장에 기입하지 않는다.
25. ① 총수익 − 총비용 = 당기순이익

제14회 모의고사 정답

01. ④	02. ③	03. ①	04. ②	05. ①
06. ②	07. ①	08. ④	09. ③	10. ③
11. ②	12. ④	13. ④	14. ④	15. ②
16. ②	17. ④	18. ④	19. ②	20. ①
21. ①	22. ②	23. ④	24. ③	25. ④

01. ④

외상매입금

지 급 액	80,000	전 기 이 월	10,000
환 출 액	20,000	외상매입액	300,000
차 기 이 월	210,000		

02. ③ 이해하기 쉽게 간단명료하게 작성해야 된다.
03. ① 유형자산을 처분하면 자산이 감소하고, 동시에 감가상각누계액도 소멸된다.
04. ② 기업주 소득세를 납부하면 차변에 인출금계정으로 한다.
05. ① 240,000 ÷ 12 × 4 = 80,000
06. ② 상품계약금 수취액은 선수금에 해당된다.
07. ① 판매용은 상품이고, 업무용 비품이다.
08. ④ 매입순법이라 하고 계산이 물량흐름과 일치한다.
09. ③ 동점발행수표는 현금이다.
10. ③ 자산, 부채, 자본을 차기이월로 마감하는 것을 영미식결산법 이라고 한다.
11. ② ㉠ 총수익(800,000) − 총비용(500,000) = 순이익(300,000)
　　　㉡ 기말자본(550,000) − {(기초자본(300,000) + 추가출자(100,000)
　　　　　 − 인출금(150,000)} = 순이익(300,000)
12. ④ 상품권을 회수하고 상품을 인도한날 매출수익을 인식한다.
13. ④ 금액이 적은 잡다한 비용지출을 원활하게 관리하는 것이 소액현금출납장이다.
14. ④ 당기손익-공정가치측정금융자산의 처분은 수시로 하는 것이고, 당기손익-공정가치측정금융자산의 평가는 보고기간말에 한다.
15. ② ㉠ 30,000 − (3,000+2,000) = 25,000
　　　㉡ 25,000 − 21,000 = 4,000
16. ② ㉠ 50,000 − 30,000 = 20,000
　　　㉡ 110,000 − 90,000 = 20,000
　　　㉢ 160,000 − 50,000 = 110,000
17. ④ 선급금 계정 − 증가시 차변기록
18. ④ (차) 지급어음 500,000 (대) 당좌예금 500,000
19. ② 토지와 건설중인자산은 감가상각을 하지 않는다.
20. ① 보고기간말로부터 1년 이내는 기타유동금융자산(유동자산)으로 분류하고, 보고기간말로부터 1년을 초과하는 경우는 기타비유동금융자산(비유동자산)으로 분류한다.
21. ① 장부금액 ₩200,000을 ₩190,000에 처분하면 처분손실이 ₩10,000이다.
22. ② 이자비용은 금융원가로 별도 표시한다.
23. ④ 선수수익(부채), 선급비용(자산)
24. ① (차) 건물(자산의 증가)　　　　　(대) 당좌예금(자산의 감소)
　　② (차) 현금(자산의 증가)　　　　　(대) 단기차입금(부채의 증가)
　　③ (차) 현금(자산의 증가)　　　　　(대) 이자수익(수익의 발생) ⇒ 손익거래
　　④ (차) 외상매입금(부채의 감소)　　(대) 지급어음(부채의 증가)
25. ④ 선수금과 선수수익은 재화나 용역을 제공해야 하는 것이므로 금융부채에 포함하지 않는다.